中國學術思想 研究輯刊

十六編

林慶彰 主編

第14冊

黃宗羲理學思想之研究
——以心理氣是一爲詮釋進路（上）

陳正宜 著

花木蘭文化出版社

國家圖書館出版品預行編目資料

黃宗羲理學思想之研究——以心理氣是一為詮釋進路（上）／
陳正宜 著 — 初版 — 新北市：花木蘭文化出版社，2013〔民
102〕
目 2+186 面；19×26 公分
（中國學術思想研究輯刊 十六編；第 14 冊）
ISBN：978-986-322-139-5（精裝）
1.（清）黃宗羲　2. 學術思想　3. 理學
030.8　　　　　　　　　　　　　　　　　102002268

ISBN-978-986-322-139-5

9 789863 221395

中國學術思想研究輯刊
十六編　第十四冊　　　　　　　ISBN：978-986-322-139-5

黃宗羲理學思想之研究
——以心理氣是一為詮釋進路（上）

作　　者　陳正宜
主　　編　林慶彰
總 編 輯　杜潔祥
出　　版　花木蘭文化出版社
發 行 所　花木蘭文化出版社
發 行 人　高小娟
聯絡地址　235 新北市中和區中安街七二號十三樓
　　　　　電話：02-2923-1455／傳真：02-2923-1452
網　　址　http://www.huamulan.tw 信箱 sut81518@gmail.com
印　　刷　普羅文化出版廣告事業
封面設計　劉開工作室
初　　版　2013 年 3 月
定　　價　十六編 25 冊（精裝）新台幣 42,000 元

黃宗羲理學思想之研究
——以心理氣是一爲詮釋進路（上）

陳正宜　著

作者簡介

陳正宜，臺北市人，中國文化大學中國文學博士。現任教於中國文化大學、醒吾科技大學、臺北市立大學。主要研究領域：「先秦諸子學」、「宋明理學」與「明清氣學」。撰有《黃宗羲理學思想之研究》、《羅欽順理學思想之研究》等專著，另有〈戴震「陰陽氣化」說〉、〈陳淳《北溪字義》的理氣論〉等單篇論文。

提　　要

　　明代初期，由於明太祖大力提倡程朱理學，使程朱理學成為學術上的正統思想。但隨著程朱理學的僵化，及本身「躬行踐履」的內在修養工夫轉向，導致程朱格致所得之理，往往無法契合於本心，於是諸儒在尋求心理合一的過程中，自然走向了心學，而成為明中期的思想主流。不過，一則由於「心學」本身理論層次較高，不易掌握；二則由於「心學」畢竟吸收了佛學部分思路，極易近於禪學；三則因為自明英宗之後，國家便步入衰落，而「心學」的發展在此時雖為成熟理論，但卻處於社會政治衰亂的歷史環境下，加上滿清異族的入主中國，「心學」似乎束手無策，於是明末清初另一種「崇實黜虛」的氣學思潮便因應而起。故黃宗羲在此明清鼎革之際，提出了「盈天地皆氣」的「理氣合一」說，不僅彌補了朱學缺乏形上本體氣，而造成理管不住氣的缺漏外，亦修正了心學末流「情識而肆」、「玄虛而蕩」的錯會，更將氣學重實踐的特性落實於抗清戰爭與大量著述上。最後，在理氣合一的基礎上，透過心理是一的模式，發展了「盈天地皆心」的理路，進而完成理氣心性是一的氣本體論思想架構。

第一章　緒　論

第一節　研究動機與目的

黃宗羲於〈罵先賢〉一文有云：

> 偶閱徐芳所記錢蒙叟言，吳郡秦生某，同載北舟中，往往罵李卓吾
> 不實。蒙叟笑曰：「卓吾非可輕罵之人也。」至京師，生忽大病，見
> 一人前讓曰：「我卓老也，子何人斯，而亦罵我？」生大懼。翌日，
> 市楮幣羹飯祭而拜之，以謝愆焉，病始愈。余於是爲今之罵象山、
> 陽明者大懼焉。……雖然，今之敢於罵象山、陽明者，以晦翁爲之
> 主耳。此如豪奴之慢賓客，猘犬之逐行人，其主未嘗知也。假使鵝
> 湖之會，朱、陸方賦詩問答，去短集長，而朱氏之舟子輿人，忽起
> 而闌堂罵詈，以助晦翁，晦翁其喜之乎？不喜之乎？吾知其必撻而
> 逐之也。今人於兩先生之學，不過習德性問學之常談，其識見無以
> 甚異於舟子輿人也。晦翁有靈，必且撻之冥冥之中。〔註1〕

宗羲此處雖爲玩笑之言，但就文末可知，其共同維護朱、陸之學的立場，明
顯可見。然而此論亦產生一個有趣的疑問，就是宗羲以何者內容爲其評斷的
標準。筆者以爲明代以朱學爲「制義」科考的標準，造成學者只知讀《四書》、
《五經》以求功名，而學術思想於是停滯僵化，即「此亦一述朱，彼亦一述
朱，宜其學者之愈多而愈晦也。」〔註2〕而後隨之興起的心學，亦因爲高度成

〔註 1〕　（明）黃宗羲：《破邪論・罵先賢》（沈善洪主編，吳光執行主編：《黃宗羲全
　　　　集》增訂版，杭州：浙江古籍出版社，2005 年 9 月第 1 版第 2 次印刷），冊一，
　　　　頁 206。（以下簡稱《黃宗羲全集》增訂版。）
〔註 2〕　（明）黃宗羲：《孟子師說・題辭》（《黃宗羲全集》增訂版），冊一，頁 48。

熟的理論不易瞭解，故又導致心學分化為數家之派；即或由超越「工夫」修養而直悟「本體」存在，如浙中王門的王畿、江右王門的鄒元標、北方王門的穆孔暉等人，皆流於佛老之論；或以知識為「良知」，故工夫即在「致知」之上，如南中王門的楊豫孫、北方王門的張後覺等人，其學術走向，明顯以博學務實來修正心學空疏之弊，而又近朱學「道問學」之一路；或甚至「泰州之後，其人多能赤手以搏龍蛇，傳至顏山農、何心隱一派，遂復非名教之所能羈絡矣。」〔註3〕至此心學的分裂，引發了明中後期學術的不明，〔註4〕即「大道以多歧亡羊，學者以多方喪生。」〔註5〕的思想混亂情形。據此。

第一，由學術立場言研究動機

透過上述的論點可知，宗羲必然反對程朱之學所造成的思想僵化，亦批評心學末流「情識而肆」，與「玄虛而蕩」〔註6〕的錯會。於是宗羲必須另尋

〔註3〕（明）黃宗羲：《明儒學案》，卷三十二，〈泰州學案〉序論（《黃宗羲全集》增訂版），冊七，頁820。

〔註4〕王陽明曾言：「今夫天下之不治，由於士風之衰薄；而士風之衰薄，由於學術之不明。」（《王陽明文集》，卷二，〈送別省吾林都憲序〉（戊子）。《王陽明全集》，臺北：文友書店，1980年8月出版，頁47。），（以下簡稱《王陽明全集》。）

〔註5〕（周）列禦寇撰、（晉）張湛注：《宋本列子》，卷八，〈說符〉（臺北：廣文書局有限公司，1987年3月再版，景印清光緒甲申鐵琴銅劍樓摹刻宋本），頁7上。

〔註6〕劉宗周云：「今天下爭言良知矣，及其弊也，猖狂者參之以情識，而一是皆良；超潔者蕩之以玄虛，而夷良於賊，亦用知者之過也。」（《證學雜解·解二十五》。《劉宗周全集》，臺北：中央研究院中國文哲研究所籌備處，1996年6月初版，冊二，頁325。）（以下簡稱《劉宗周全集》。）宗羲承其師說表示當時言良知者，漸失其傳而產生弊端之因，在於泰州與王畿（王龍溪）的不滿其師說；宗羲云：「陽明先生之學，有泰州、龍溪而風行天下，亦因泰州、龍溪而漸失其傳。泰州、龍溪時時不滿其師說，益啓瞿曇之秘而歸之師，蓋躋陽明而為禪矣。然龍溪之後，力量無過於龍溪者；又得江右為之救正，故不至十分決裂。泰州之後，其人多能赤手以搏龍蛇，傳至顏山農、何心隱一派，遂復非名教之所能羈絡矣。顏端文曰：『心隱輩坐在利欲膠漆盆中，所以能鼓動得人。只緣他一種聰明，亦自有不可到處。』義以為非其聰明，正其學術也。所謂祖師禪者，以作用見性。諸公掀翻天地，前不見有古人，後不見有來者。釋氏一棒一喝，當機橫行，放下拄杖，便如愚人一般。諸公赤身擔當，無有放下時節，故其害如是。」（《明儒學案》，卷三十二，〈泰州學案〉序論。《黃宗羲全集》增訂版，冊七，頁820。）對此，牟宗三先生進一步指出「此一派（泰州）即所謂『猖狂者參之以情識，而一是皆良』。不嚴辨良知與情識，一任自然情識之鼓蕩，則情識亦皆良矣。此所謂『流入情識而肆』矣。至於順龍溪之風而趨者，則所謂『超潔者蕩之以玄虛，而夷良於賊。』『夷良於賊』

求一條完全異於傳統朱學與王學路數的思想理論來解決當前的課題；換言之，當中便逼顯出一條既可挽救朱學僵化，又可修正心學之分歧的學術思路，這一思路便使「氣學」復興於明代中期，而成熟於明末清初之際。不過，此論眞的可以支持氣學乃是爲了修正朱、王之弊而復興的嗎？筆者以爲就宗羲氣學架構而言，其「理氣合一」之說，在形上層面彌補了朱學只談形上之理的存在，卻無有形上之氣的缺漏；並在形下層面挽救了朱學「理管不住氣」的形氣放失之危機。而其「在天爲氣者，在人爲心；在天爲理者，在人爲性。理氣如是，則心性亦如是，決無異也。」〔註7〕明確是氣理心性合一於「人」之上，使人不僅是世上唯一的知識與實踐之合一者，更是道德理論與道德行爲的合一踐履者，完全修正了心學「情識而肆」與「玄虛而蕩」之病，並強化了心學「知行合一」理論。因此，筆者以爲無論就理氣、心性的立場或修養工夫的角度來分析，當時以「氣學」來復興理學是自然亦必然的發生。故本論文冀透過宗羲氣本體理論模型的建立，以證明明末清初「氣學」不僅眞實存在，而且更是明清思潮發展的主軸。

第二，再就外在的歷史環境論研究動機

宗羲曾云：

> 余嘗爲《待訪錄》，思復三代之治。崑山顧寧人見之，不以爲迂。今計作此時，已三十餘年矣。秦曉山十二運之言，無乃欺人。方飾巾待盡，因念天人之際，先儒有所未盡者，稍拈一二，名曰《破邪》。〔註8〕

此文爲宗羲《破邪論》一書的〈題辭〉。其中，宗羲指出「寫作《破邪論》的

者言良知而無別於佛老也。此所謂『流於玄虛而蕩』之弊也。」（《宋明儒學的問題與發展・陸王一系之心性之學》。臺北：聯經出版事業股份有限公司，2003年12月初版第2刷，頁220。）又云：「象山與陽明既只是一心之朗現，一心之申展，一心之遍潤，故對于客觀地自『於穆不已』之體言道體性體者無甚興趣，對于自客觀面根據『於穆不已』之體而有本體宇宙論的展示者尤無多大興趣。此方面之功力學力皆差。雖其一心之遍潤，充其極，已申展至此境，此亦是一圓滿，但却是純從主觀面申展之圓滿，客觀面究不甚能挺立，不免使人有虛歉之感。……須知王學之流弊，即因陽明于此處稍虛歉，故人提不住，遂流于『虛玄而蕩』或『情識而肆』。」（《心體與性體》。臺北：正中書局，1996年2月臺初版第10次印刷行，冊一，頁47。）

〔註7〕（明）黃宗羲：《明儒學案》，卷四十七，〈諸儒學案中一〉，「文莊羅整菴先生欽順」（《黃宗羲全集》增訂版），冊八，頁408。

〔註8〕（明）黃宗羲：《破邪論・題辭》（《黃宗羲全集》增訂版），冊一，頁192。

目的，同寫《待訪錄》一樣，是欲破當時世俗之『邪』，發先儒『未盡』之意，『思復三代之治』。」〔註 9〕首先就宗羲的生平而言，其歷經了明亡之痛，抗清失敗到復興明政權的無望，開始接受滿清異族的統治。在此歷史環境之下，宗羲便開始深思明亡之因，除了上述由內在學術思想所造成尚空疏而不務人事的因素之外，其痛定思痛，深究以往政治制度的優劣，並總結明亡的歷史教訓，提出新的政治思想，具體的表現在《明夷待訪錄》一書之中；在書中，宗羲進一步主張理想之社會；第一、學校議政，限制君權。第二、計戶授田，工商皆本。第三、反對科舉，提倡絕學。〔註 10〕

　　不過，此處馬上又產生兩個疑問；一則是宗羲所提出的這些具體政治主張，是否完全受當時外在歷史環境所影響，而無其他內在思路。另一則是其在此書之中，依舊主張回復三代之治，〔註 11〕但其回復的具體方式究竟如何呢？筆者以為這兩個問題是交結不可分的。因為要回復三代之治，即需要具體的政治經濟制度，而這些具體的制度，則又是由總結明亡之因而來；完全是就外在歷史環境條件而言。但是若加上宗羲本身對朱學與王學修正的精神態度，其總結明亡之因亦是一種修正的精神態度，而此內在精神態度明顯就是由「氣學」重實踐能力的延伸。至此，可以看到一條明末清初「事功」與「心性」結合於「氣」的思想路。對此，林保淳先生有云：

　　　　這一個階段的「經世」思想，與前此的「心性」、「事功」二派有很
　　　　明顯的區別，一方面，他們較「心性派」重視事功的完成，可謂略
　　　　近於「事功派」，此所以歷來學者往往將明末清初的「經世」思想推
　　　　源於南宋永康、永嘉一脈的緣故。但另一方面，他們對事功亦非一
　　　　味傾到，事實上，除了稍後的「顏李學派」外，其他的學者，對事

<hr>

〔註 9〕　吳光先生以為宗羲《破邪論》一書「是一部批評時政積弊，反對世俗迷信的
　　　　哲學——政治思想著作。」（《黃宗羲著作彙考》。臺北：臺灣學生書局，1990
　　　　年 5 月初版，頁 63。）其中〈題辭〉之義有二，除了正文所引「思復三代之
　　　　治」外；還有指出「《破邪論》的寫作年代，在《明夷待訪錄》之後三十餘年，
　　　　也即康熙三十年（1691）以後，當時宗羲已年逾八十二歲。」（同上）
〔註10〕　參考朱葵菊《中國歷代思想史・清代卷》（臺北：文津出版社，1993 年 12 月
　　　　初版 1 刷），冊六，頁 117～122。
〔註11〕　黃宗羲云：「余嘗疑孟子一治一亂之言，何三代而下之有亂無治也？乃觀胡翰
　　　　所謂十二運者，起周敬王甲子以至於今，皆在一亂之運。向後二十年交入『大
　　　　壯』，始得一治，則三代之盛猶未絕望也。」（《明夷待訪錄・題辭》。《黃宗羲
　　　　全集》增訂版，冊一，頁 1。）

> 功都採取了相當審慎的保留態度，於肯定事功必須納入個人自我完
> 成的環節中之外，亦嚴防其所可能產生的流弊，而以道德爲最高的
> 約束原則；在這一點上，似又近於「心性派」。……而明末清初的「經
> 世」思想之特色，即在於將此分趨再作整合，因此，道德與事功的
> 統融，可以說是明末清初「經世」思想的最大特徵。〔註12〕

林先生此處雖明確的說明明末清初經世之學乃心性與事功的結合，是就心性
包涵事功的作用，事功隱涵心性之道德，即從結果上論二者的整合。但若加
入明末清初「氣學」對內在思想學術上及外在歷史環境上的修正，明顯就是
「心性」與「事功」結合於「氣學」之上；換言之，在宗羲「氣即理」的架
構下，本體之氣本身即道德本性具足，而且通過形而上下之氣的相貫穿，同
時發爲外在具體道德行爲，並表現在現實政治理論上；即「心性」「事功」的
合一。故筆者透過經世的概念，進一步論證「氣學」本身所以能發爲實踐的
作用，是否是本體之氣與本體之氣之理的結合，而爲氣本論之說。

　　因此，筆者以爲明中期到明末清初，正是「氣學」由先秦發其端至成熟
的時期，其中宗羲便處於氣學成熟發展的時代。而宗羲的氣學概念，一則由
於對程朱之學與陸王心學的修正，而凸顯絕對是異於程朱、陸王的新思想學
說；二則由於宗羲身處明清鼎革之際，其由內在氣學思想融合心性與事功，
發爲實際的經世致用主張，使其不僅在義理上有所成就，甚至在經學、史學
的成就亦不相上下。故筆者冀通過對宗羲思想的分析，建構其理論架構，以
凸顯宗羲氣學主張，並確立其在明末清初學術思潮之地位。

第二節　研究方法與材料

　　宗羲一生著述弘富，尤其當浙東抗清失敗之後，更將所有精力著書立說，
其涉及領域亦是廣闊，舉凡經學、史學、哲學、政治、文學、曆算、地理、
科學、金石、音律等，皆有豐富著作成果，再加上詩文、記、銘、誌及應酬
文章等，已不可計數其量。可惜累遭水火之災，戰亂之劫，與清政府文綱禁
錮，因此著作嚴重散亡，難以搜羅齊全。

　　據吳光先生考證，「梨洲著作總計一百十一種，一千三百餘卷，不少於兩

〔註12〕林保淳：《經世思想與文學經世——明末清初經世文論研究》（臺北：文津出
　　　　版社，1991 年 12 月初版），頁 72。

千萬字。這些『著作』，並非全屬本人撰著，其中十餘種近千卷是由黃宗羲主持編選的宋、元、明人著作。如果按著作性質分類，則可分爲三類：一是文選彙編類，如《明文案》、《明文海》、《明史案》等，共十九種，約一千卷，二是自撰專著類，如《易學象數論》、《行朝錄》、《明儒學案》等，共六十四種，約三百卷（其中《宋元學案》按一百卷計，但非全由宗羲編著）；三是自著詩文集類，如《南雷文案》、《文定》、《詩曆》等，共二十八種，七十餘卷（其中多數是重復結集，如刪其重出者，則只有四十餘卷）。現在尙存著，有文選十種，八百九十五卷；專著二十六種，二百九卷；詩文集十八種，六十七卷（其中有重復計算者，詳見本書（《黃宗羲著作彙考》）南雷詩文集考），總計尙存五十四種，一千一百七十卷，其中屬於宗羲本人撰著的僅存四十四種，二百餘卷。其他都已亡佚難尋了。」〔註13〕

由此可見，宗羲的文選彙編、專著、詩文集等不僅龐雜，而且散佚亦多。故吳光先生據此製作〈黃宗羲著作總目表〉〔註14〕以便後人查閱使用；其總目表最後有云：「以上合計一百十一種，現存五十四種，亡佚五十七種。所存梨洲自撰之專著、詩文已編入《黃宗羲全集》各冊，將由浙江古籍出版社陸續出版。」〔註15〕不過，筆者所採用的則是《黃宗羲全集》增訂版；其是根據浙江古籍出版社於1985年11月所出版之《黃宗羲全集》爲底本，除了保留《黃宗羲全集》第一、二、六、八、九、十一與第十二冊書後所附錄吳光先生對各冊所收宗羲著作之考證（今合編爲《黃宗羲著作彙考》一書），以及第一、二、三、七、九、十與十一冊書前之點校說明（即指出其點校底本之版本，並參以諸家刻本、鈔本、稿本等爲之校本，或輯遺補缺，或蒐集彙校。）之外；更在增訂版的第一冊增補了《黃宗羲全集》總目錄，在第十一冊增補了宗羲《台雁筆記》、《登西臺慟哭記》、《讀龜山先生字說辨》三種專著與〈邑侯康公救災記〉、〈小野集圖〉、〈致鄭禹梅帖〉、〈冬青閣集序〉、〈鄭義門詩評〉、〈題黃炳小影〉、〈十二月十二日雪〉、〈崇祀議附議〉、〈明庠生懲庵朱君傳〉、〈清誥授中憲大夫雲南大理府知府湛侯朱公傳〉十篇佚文，並參考了學者意見，重新對《黃宗羲全集》進行了勘誤，〔註16〕彌補了初版的缺失。因此，

〔註13〕吳光：《黃宗羲著作彙考·梨洲遺著總數考（代序）》（臺北：臺灣學生書局，1990年5月初版），頁5。
〔註14〕吳光：《黃宗羲著作彙考》，附錄一，〈黃宗羲著作總目表〉，頁265。
〔註15〕吳光：《黃宗羲著作彙考》，附錄一，〈黃宗羲著作總目表〉，頁272。
〔註16〕參考〈黃宗羲全集增訂版說明〉（《黃宗羲全集》增訂版），冊一，頁1。

浙江古籍出版社於 2005 年所出版的《黃宗羲全集》增訂版，可謂目前蒐集最齊全，校對最精，版本最好，考證最佳的黃宗羲著作全集；故筆者即採用此《黃宗羲全集》增訂版作爲義理學演繹與詮釋的基本材料。

　　待確定以《黃宗羲全集》增訂版爲基本原典材料之後，本論文便先就宗羲原典資料進行分類，並加以分析研究之後再由縱橫兩條主脈進行深度與廣度的擴充推論：

　　一、原典資料的分類與分析研究。首先將宗羲的原典資料，依「理氣」、「心性」、「工夫修養」之特性分爲三大理論部分；之後再就每一部分進行更細緻的義理擇錄。即將「氣」、「理」、「道」、「天」、「太極」、「陰陽」等文句彼此單獨分類，但統歸於「理氣論」部分；將「心」、「性」、「情」、「人心」、「道心」、「義理之性」、「氣質之性」、「善惡」等文句分類後，歸於「心性論」部分；將「格物」、「致知」、「靜存」、「動察」、「知」、「行」、「學」、「敬」等文句分類後，歸之「工夫修養論」。之後透過義理屬性相同的文句彼此分析、比較，以凸顯其義理特色。

　　二、縱向研究分析。此部分著重時代思潮之演變，以及師承之關係。換言之，即討論明初期朱學乃正統學術主流者，轉向明中期心學的高度成熟，至明中後期氣學一路由潛隱到發端，以至於明末清初的理論完成。再加上劉宗周對宗羲思路的啓發與轉向之分析，藉以凸顯宗羲自身的學術性格。簡言之，就是以直線「學術思想史」的角度，並覽觀相關專著與論文，以期融會呈現明初至清初理學發展之脈絡，即對此時期思潮的轉變，能有一通盤了解與準確之認識後，冀能精準分析宗羲本身思想脈絡。

　　三、橫向研究分析，在徹底了解宗羲思想理論架構之後，接著透過與朱學、王學的比較，以及透過與其師的對照，最後再與明、清代諸儒做一對比，就相關的議題進行分析，以期能由思想上正反兩面的相對性，進一步凸顯宗羲的學術思想，並從當中思想上的共通性與差異性，來討論其思想理論的特色。簡言之，就是經由與他人思想上的互動，藉以確立其時代之地位。

第二章　黃宗羲之成學過程與明清思潮之轉移

第一節　黃宗羲之生平及學術思想歷程

　　黃宗羲，字太沖，又字德冰、號南雷，又號梨洲，學者稱之爲梨洲先生，藍水漁人，漁澄洞主等；浙江紹興府，餘姚縣黃竹浦人。生於明神宗萬曆三十八年（1610 年）八月八日戌時；卒於清聖祖康熙三十四年（1695 年）七月三日卯時，享年八十六歲。其門人感其學博，認同他的學問「當炳炳百世」，私諡之曰「文孝」，〔註1〕然全祖望指出世人多不以此稱之。〔註2〕

　　宗羲生逢明、清更迭之際，有舊朝遺民心態，其具體抗清之舉動，使其一生「可謂瀕於十死者矣」！〔註3〕然而，對於宗羲生平之際遇，可謂：「初

〔註 1〕 萬言記載宗羲之門生曾折衷眾論而斷之曰：「『道德博聞，先生之文不待言矣。顧非先生之孝，無以啓先生之節之奇；抑惟先生之節，愈以成先生之孝之大。蓋言節而先生之制行固直而彰，言孝而先生之立心更曲而苦也。』爰取諡法『秉德不回曰孝』之義，而以『文孝』擬正；更取『好廉自克曰節』之義，而以『文節』擬陪。共就先生像前決之，得『文孝』二字。」（〈文孝梨洲先生私諡議〉。《黃宗羲全集》增訂版，冊十一，頁 398。）宗羲七世孫黃炳垕亦嘗云：「（宗羲）卒後門人私諡曰文孝。」（《黃宗羲年譜》（原名《黃梨洲先生年譜》）。北京：中華書局，2006 年 6 月第 1 版第 2 次印刷，卷上，頁 9。）

〔註 2〕 全祖望以爲「公之卒也，及門私諡之曰『文孝』。予謂私諡非古，乃溫公所不欲加之橫渠者，恐非公意，故弗稱。」（《鮚埼亭集》，內編，卷十一，〈梨洲先生神道碑文〉。臺北：國立編譯館，2003 年 12 月初版，頁 261。）

〔註 3〕 （明）黃宗羲：《南雷餘集·怪說》（《黃宗羲全集》增訂版），冊十一，頁 70。

錮之爲黨人，繼指之爲游俠，終厠之於儒林，其爲人也，蓋三變而至今，豈其時爲之耶，抑夫人之有退心！」，〔註4〕換言之，此「三變」正可說明宗羲從年少經歷黨錮禍難，到壯年奮起抗清復明，迄老論學著述三大蛻變之縮影，可謂充滿傳奇色彩之一生。

至於其身世家族，根據黃炳垕《黃宗羲年譜》之記載，可知其先祖在宋代之時，曾仕慶元（今寧波）通判，但在宋高宗建炎四年（1130年），金人南下，攻打慶元時，通判遇難殉國，遺下三子，四處漂零，其次子黃萬河輾轉來到浙江省餘姚縣通德鄉黃竹橋的地方，於是躬耕自足，避難全身，遂成爲黃竹橋黃氏的開基祖先，尊稱爲安定公；之後子孫繁衍，成爲餘姚縣境內一個大姓，傳到宗羲之時已經是第十七代了；在安定公之後，家族繁衍數百年間，凡經起伏，頗多坎坷，安定公的七世孫黃茂，在元朝中葉時，不僅中了進士並且還官居州判，其三子也各別的做了官。元明易代，家族怕被羅織爲亡元餘孽之罪，只得改姓爲「王」，直到明成化年間，家族中又出了幾位達官顯宦，才能說明緣由，恢復本姓。〔註5〕

宗羲的祖父黃日中，字鯤溟，根據清朝撰修的《餘姚縣志》〔註6〕之記載，是讀書人出身，以《易》教授吳興諸子，當地弟子經其指授皆爲名士；其奉親至孝，以釋父母之怒爲喜，且爲人狷介正直，無論貴賤皆能爲之論斷調停；尤其是其子黃尊素（宗羲之父親）以彈劾逆閹而下獄，黃日中赴京救之，反遭閹人所囚禁，並逼其供出所與往來者之名單，黃日中不以死懼而拒絕，更

〔註4〕 吳光先生以爲「黃炳垕撰《黃梨洲先生年譜》（留書種閣刻本），內有一幅黃炳垕臨摹的梨洲圖像，背面有『自題』一段文字，云『初錮之爲黨人，繼指之爲游俠，終厠之於儒林。其爲人也，蓋三變而至今。豈其時爲之耶，抑夫人之有退心？』許多人都以爲這是『黃梨洲自題』手迹，其實完全是誤解。『自題』書法活潑，與梨洲工整瘦長的楷書或行書相差懸殊，決非梨洲手迹。即使按其內容分析，也非黃宗羲的自我評價之辭，而可能是黃炳垕的贊辭。況且，根據現存梨洲遺著及《竹橋黃氏宗譜》分析，黃宗羲生前並沒有畫像，《宗譜》所載梨洲遺像注明是道光年間修譜時補畫的，又何來『自題』之辭？」（《古書考辨集》。臺北：允晨文化實業股份有限公司，1989年12月出版，頁124。）不過，筆者以爲此處暫且不論「自題」之內容，是否爲宗羲所自敍，但其由黨人、游俠、最終厠身於儒林的三個階段，確實符合其一身之經歷。

〔註5〕 （明）黃宗羲：《南雷文案》三刻，〈書神宗皇后事〉（《黃宗羲全集》增訂版），冊十，頁662。

〔註6〕 （清）邵友濂修、孫德祖等纂：《浙江省餘姚縣志》，卷二十三，列傳十三，〈黃日中〉（臺北：成文出版社有限公司，1983年3月臺1版景印光緒二十五年刊本），頁629～630。

顯其忠貞操守；累封至太僕寺卿。因此，宗羲在此家風影響之下，不僅是書香子弟，更是培養其松筠之節而不爲過。

一、年少黨錮時期

宗羲生而岐嶷，及壯能舉鼎，貌古而口微吃，額角左右各有一紅黑之痣。其出生之時辰，與聖人孔子生辰只差一字；無怪乎其母姚太夫人分娩之時，夢有麟瑞，因而取其乳名曰「麟」。對於此事，日後宗羲嘗自謂：「予祿命與先聖只換一字」，〔註7〕頗有繼承孔孟聖賢之學，唯我一人的自命不凡之意。

宗羲的父親黃尊素，字真長，號白安，爲黃日中之長子，年輕時爲鄉村塾師，黃尊素自幼接受正統儒學的薰陶，胸懷修身齊家治國平天下的大志，而父親剛正不阿的性格，在他的身上又得到了潛移默化的效果；明萬曆四十四年（1616年），他考中了進士，翌年出任寧國府（今安徽省宣城縣）推官（相當於今日之司法官），宗羲時年八歲，隨父往任；而此同時亦是黃尊素政治生涯的起點，由於他個性梗直，不屈於地方權貴的勢力，執法公正，郡中震慄，不過誰也沒想到，此種不懼權威、善惡分明之個性，雖深深影響了宗羲性格，卻也得罪了閹黨，埋下日後（明天啓六年，1626年）的遭遇不測；明天啓二年（1622年），宗羲十三歲，自寧國回餘姚赴紹興應童子試。十四歲（天啓三年，1623年）補仁和博士弟子員；同年，又隨已升任山東道監察御史的父親至京城，在京邸期間，好窺群籍，不瑣守章句，其父課以制義，宗羲於完課之餘，潛購諸小說觀之，太夫人以告，其父曰：「亦足開其智慧」。〔註8〕

天啓年間，逆閹竊政，黨論方興，時楊漣、左光斗、魏大中諸公，與黃尊素爲同志，常夜過邸寓，屏左右論時事，獨宗羲在側，故得「盡知朝局清流、濁流之分」。〔註9〕然而明末朝政敗壞，尤其是神宗萬曆皇帝期間，此君十一歲即帝位，做了四十八年的皇帝，到了近晚三十年，居然只上朝一次，至此大權旁落，閹黨擅權。特別是神宗建儲定國本一事，更是引發日後一連串黨爭；然其因在於神宗之后不曾生子，而妃子王氏生朱常洛，又五年，妃子鄭氏生朱常洵。不過神宗寵愛鄭氏，於生朱常洵後，冊封鄭氏爲貴妃，並

〔註7〕　（明）黃宗羲：《南雷詩曆》，卷一，〈四十初度〉（《黃宗羲全集》增訂版），冊十一，頁225。
〔註8〕　（清）黃炳垕：《黃宗羲年譜》，卷上，天啓三年（1623年）癸亥條，頁11。
〔註9〕　（清）全祖望：《鮚埼亭集》，內編，卷十一，〈梨洲先生神道碑文〉，頁262。

有意立朱常洵為太子；一時群臣紛紛反對，請求確立朱常洛之太子地位。直到萬曆二十九年（1601年），神宗終於屈服，立朱常洛為太子，封朱常洵為福王，但卻拖至萬曆四十二年（1614年）才令朱常洵就封地洛陽。然而，隔年（萬曆四十三年，1615年），便有男子張差受鄭貴妃內侍劉成、龐保之主使，持挺闖入東宮，見人便加以攻擊，議者以為此乃鄭氏謀害太子之舉，即所謂「挺擊案」。而萬曆四十八年（1620年）神宗逝世，太子朱常洛即位，是為光宗，改元泰昌，其在位僅二十九日便因服用鴻臚寺丞李可灼獻上之「紅丸」而卒，不出萬曆四十八年這一年間，是為「紅丸案」。之後朱由校登基為熹宗，光宗寵姬李選侍藉撫養為名，仍居乾清宮，並與太監魏忠賢交好，大有後宮主政之態勢；不過大臣聯合上疏要李氏遷居，其中楊漣、左光斗尤聲色俱厲，最後熹宗乃下旨迫李氏移宮，即「移宮案」。而此三大案，大致為東林黨人主張撤查張差、李可灼，並以移宮為防範牝雞司晨的女主之禍；其剛方正直的氣節自然與閹黨及魏忠賢形同水火，至此雙方爭持，朝局益亂。

天啓四年（1624年）二月，氣象反常，大風揚沙，白晝如夜，天聲鼓鳴，如是者十日；三月朔，京師三次地震，而乾清宮尤甚，黃尊素就趁此天之異象，上疏力陳時政十失，疏中末言：「陛下厭薄言官，人懷忌諱，遂有剽竊皮毛，莫犯中扃者，今阿保重於趙嬈，禁旅近於唐末，蕭牆之憂慘於敵國。廷無謀幄，邊無折衝。當國者昧安危之機，誤國者護恥敗之局。不於此進賢退不肖，而疾剛方正直之士如仇讎，陛下獨不為社稷計乎。」〔註10〕疏入，觸怒魏忠賢，先欲以「中旨」的意思要對他施以廷杖，幸經內閣次輔韓爌等人反對，乃才以奪俸一年〔註11〕處之，既而左副都御史楊漣上疏，歷數魏忠賢二十四條大罪，由於受了黃尊素與楊漣的無畏精神影響，有志之士群起上疏彈劾魏忠賢，至此東林黨人與閹黨之間的鬥爭，日益激烈。

天啓五年（1625年），閹黨大興冤獄，楊漣、左光斗、魏大中、袁化中、周朝瑞、顧大章等東林黨人，被囚於鎮撫司獄，以酷刑處死，腥風血雨彌漫朝野，當然閹黨也不會放過黃尊素；同年二月，黃尊素受命前往陝西巡視，甫出京門，即遭彈劾，說他是東林黨的護法且狠心辣手，專擊善類，結果黃

〔註10〕 （清）張廷玉等撰《明史》，卷二百四十五，列傳一百三十三，〈黃尊素〉（臺北：臺灣商務印書館，1988年1月臺6版景印清乾隆武英殿刊本），頁12下。

〔註11〕 （清）張廷玉等撰《明史》，卷二百四十五，列傳一百三十三，〈黃尊素〉，頁12下。

尊素被削籍，趕回餘姚故里。十二月，宗羲娶同邑廣西按察使葉六桐先生之女，宗羲時年十六。

天啓六年（1626 年），宗羲十七歲，閹黨以除黃尊素爲快，下令逮黃尊素，然而前往逮捕者竟失駕帖，故不敢至，黃尊素聞知後，反而自更囚服詣吏自投詔獄，當押送至郡城之時，劉宗周在蕭寺爲之餞別，黃尊素便命宗羲從之遊，開啓了他們師生之情誼。同年六月朔日，黃尊素受酷刑，活活被打死於詔獄；其不屈不撓的浩然正氣，對宗羲往後的人生歷程，的確有莫大的影響。俟凶問至，太夫人痛哭至暈絕，醒後對宗羲曰：「汝欲解我，第毋忘大父拈壁書耳」，〔註12〕原來宗羲的祖父黃日中，在家中出入處，大書「爾忘勾踐殺爾父乎」八字於壁，〔註13〕時時刻刻提醒他要報仇雪恨。

天啓七年（1627 年），熹宗不愼落水而致病重，不經數月即亡故，由其五弟信王朱由檢繼位，改元崇禎，崇禎帝在爲信王時，即耳聞魏忠賢惡跡，即位後魏閹盡失寵信。

崇禎元年（1628 年），宗羲十九歲，單疏奏章，袖藏鐵錐，赴京爲父申冤，途中遇到父親生前好友，亦是名重當世之大學者陳繼儒，宗羲爲愼重起見，便出頌冤疏，請陳繼儒座上隨筆改正，〔註14〕到了京城，崇禎皇帝已平反了天啓年間之冤案，並撫恤死難諸臣家屬，黃尊素追贈爲大中大夫太僕寺卿，正三品，賜於祭葬，蔭子一人。時有嘉興貢生錢嘉徵，上疏彈劾魏忠賢十大罪狀，崇禎心知魏忠賢罪孽，將他趕出宮城，召令前去鳳陽守墳，在鳳陽魏忠賢依然召集朋黨，作威作福，崇禎聞之大怒，召令回京問罪，魏忠賢自知不免於死，於返京途中，上吊身亡。魏忠賢雖然已死，但宗羲依舊上疏奏請誅殺閹黨許顯純、崔應元、李實、李永貞等人。同年五月刑部奉旨會審錦衣衛許顯純，崔應元；宗羲於公堂對簿時，突出袖中鐵錐，將許顯純打得流血蔽體，〔註15〕接著痛毆崔應元，拔其鬚，歸而祭之於父親靈位前；之後又與吳江周忠毅之子周延祚，光山夏之令之子夏承，三人共捶獄卒葉咨、顏文仲，二人應時而斃，蓋此二人

〔註12〕　（清）黃炳垕：《黃宗羲年譜》，卷上，天啓六年（1626 年）丙寅條，頁 12。
〔註13〕　（清）黃炳垕：《黃宗羲年譜》，卷上，天啓六年（1626 年）丙寅條，頁 12。
〔註14〕　（明）黃宗羲：《思舊錄・陳繼儒》（《黃宗羲全集》增訂版），冊一，頁 343。
〔註15〕　許顯純自訴：「爲孝定皇后外甥，律有議親之條。」宗羲謂：「顯純與奄搆難，忠良盡死其手，當與謀逆同科；夫謀逆，則以親王高煦尚不免誅，況皇后之外親。」遂論斬。（全祖望：《鮚埼亭集》，內編，卷十一，〈梨洲先生神道碑文〉，頁 262。）

乃殺害東林諸公之兇手。六月會審李實、李永貞等人，李實辯稱當初逮捕黃尊素之原疏，不是出於自己的手筆，而是魏忠賢取其印信空本，令李永貞填寫，並暗中派人致三千金予宗羲，以求私了，宗羲即奏之曰：「實（李實）當今日猶能賄賂公行，其所辨豈足信」，〔註16〕復於對簿時，以錐刺之。筆者以爲從這些事情看來，閹黨的逆行已至公憤地步，否則，堂堂刑庭豈容事主公開報仇而枉顧刑法；事後，大仇已報，宗羲偕同遭難諸子弟設祭詔獄中門，哭聲傳達紫禁城中，崇禎帝聞聲嘆曰：「忠臣孤子，甚惻朕懷」，〔註17〕從此「姚江黃孝子」〔註18〕之聲名傳遍天下，四方名士無不停舟黃竹浦，願交孝子者。隨後宗羲還將當時同受閹禍之各家子弟，依照各人爵里年紀，編成《同難錄》，並與他們交結爲友，互通訊息。

二、青年博覽群書，結社時期

宗羲父冤既伸，便離京返回家鄉，日夜勤讀，其實早在天啓三年（1623年）宗羲十四歲隨父在京邸時，便每日學習八股制義之課業，然在正式課業完畢後，便會私下覽閱演義小說如《三國》、殘唐之類，每每藏於帳中，俟父母熟睡之後，則燃燈而觀之；此事爲姚太夫人所悉，深怕雜文亂章會耽誤了宗羲的正課，就將此事告知其父黃尊素，不期黃尊素非常通達，並對曰：「禁之則傷其邁往之氣，姑以是誘其聰明可也。」〔註19〕自此太夫人每夜必巡視宗羲所居之處，終不告宗羲爲父黃尊素所知也。然而此不禁止的態度，不但開啓了宗羲喜博覽經義外群書之習性，也開啓了他思考的精神，這個對他後來批評科舉制義之弊，以及提倡「經世致用」之實學，〔註20〕應是有很大的影響。

崇禎三年（1630年），宗羲二十一歲，應南京解試，結果卻名落孫山，不第之後，宗羲深思反省，以爲八股制義之類文章，只是求取功名之階梯，

〔註16〕 （清）全祖望：《鮚埼亭集》，內編，卷十一，〈梨洲先生神道碑文〉，頁262。
〔註17〕 （清）全祖望：《鮚埼亭集》，內編，卷十一，〈梨洲先生神道碑文〉，頁262。
〔註18〕 （清）邵廷采：《思復堂文集》，卷三，〈遺獻黃文孝先生（宗羲）傳〉（臺北：華世出版社，1977年6月臺一版景印清光緒十九年會稽徐氏（友蘭）鑄學齋刊本），冊上，頁340。
〔註19〕 （明）黃宗羲：《南雷文鈔·家母求文節略》（《黃宗羲全集》增訂版），冊十一，頁24。
〔註20〕 吳光先生亦有相同的觀點，其云：「宗羲在少年時代就不熱衷科名，而喜愛博覽群書、獨立思考。這對他後來揭露批判科舉流弊、提倡『經世』實學是有很大影響的。」（《黃宗羲著作彙考·清初啓蒙思想家黃宗羲傳》，頁277。）

無助於國計民生，更而限制了個人思想之發展，所以爾後在《明夷待訪錄》中，便提出許多改革科舉考試制度的辦法。因此，筆者以為宗羲從小的廣博閱覽，確實開拓了他個人視野與獨立思考的精神；再加上宗羲十八歲（天啟七年，1627 年）時，其父之門生徐石麒教之曰：「學不可雜，雜則無成。無亦將兵農禮樂以至天時地利人情物理，凡可佐廟謨裨掌故者，隨其性之所近，併當一路，以為用世張本。」〔註21〕對於此事，日後宗羲常憶及而言：「此猶蘇子瞻教秦太虛多著實用之書之意也。」〔註22〕以及後來科考未能中舉之刺激，〔註23〕與當時西洋科學思維漸漸地浸入中國社會，〔註24〕應皆是導引其思想偏重於經世致用的主要因素。

東林黨有一個主要的成員劉宗周，與黃尊素為同朝好友，也是浙江紹興人，為人正直有氣節，道德文章皆屬一流，黃尊素在世之時，曾安排宗羲拜劉宗周為師，當之時劉宗周正講學於蕺山（浙江紹興縣東北），時人尊之為「蕺山先生」，宗羲便遵照父親遺命，隨蕺山先生求學。崇禎二年（1629 年），劉宗周在紹興邀陶石梁共筆「證人講會」，劉、陶兩人私誼不錯，但學術見解則存有較大分歧，劉氏主「慎獨」，而陶氏卻因承繼泰州學派周汝登之遺緒，喜將佛學來附會儒家思想，甚至直接宣傳因果報應之說，故不久陶氏便另立講會於白馬山，宗羲也曾前往聽講，但宗羲以為陶氏之學近於禪學，是非常荒

〔註21〕　（明）黃宗羲：《南雷續文案》，卷三，〈光祿大夫太子太保吏部尚書諡忠襄徐公神道碑銘〉（《黃宗羲全集》增訂版），冊十，頁 248。

〔註22〕　（明）黃宗羲：《南雷續文案》，卷三，〈光祿大夫太子太保吏部尚書諡忠襄徐公神道碑銘〉（《黃宗羲全集》增訂版），冊十，頁 248。

〔註23〕　筆者亦以為宗羲對科舉考試的反對，其實凸顯出宗羲已欲修正明代程朱之學所造成的思想僵化與學術停滯的情形，應直接或間接觸發其以「氣」的實用概念來挽救當時的學術思潮；即「憤科舉之學錮人，思所以變之。」（《清史稿》，卷四百八十六，列傳二百六十七，儒林一，〈黃宗羲〉。臺北：博愛出版社，1983 年 9 月初版，頁 3535。）

〔註24〕　吳光先生表示明代自萬曆年間起，許多西方傳教士紛紛來到中國，帶來了當時西方科學文化知識；而宗羲即受此西學新思潮影響，將其自然科學觀具體表現在天文學、數學與地理學三方面。若總結其科學思想，則大致有三個特點：第一、「學習西方的曆算科學知識，結合中國科學傳統加以消化，從而會通古今中西之學，歸於一家之學，即所謂『會通歸一』。」第二、「堅持『實得實用』的實學學風，提出了『窮理者必原其始』的科學研究方法論。」第三、「嚴厲批判了各種宗教邪說與世俗迷信。」最後，吳先生更明確指出宗羲此科學思想的哲學基礎，正是根據其自身自然觀方面的氣一元論思想所建構發展。（參考：《黃宗羲與清代浙東學派》，第七章，〈兼融務實的科學觀〉。北京：中國人民大學出版社，2009 年 9 月第 1 版第 1 次印刷，頁 171～頁 184。）

謬的，故邀一輩時名之士四十餘人執贄劉宗周門下，以力駁陶氏邪說；不過此四十餘人雖喜闢佛，但卻沒有經學根基，「於學問之事，亦浮慕而已，反資學佛者之口實。」〔註25〕到最後眞正得師門眞諦的也只有宗義一人而已。

宗義在劉宗周教導之下，學問大有進步，再加上當初黃尊素被押赴京的路上，曾告誡宗義云：「學者不可不通知史事，將架上《獻徵錄》涉略可也」，〔註26〕故宗義至是發憤，自明十三朝實錄，上溯二十一史，每日丹鉛一本，遲明而起，雞鳴方已，兩年而畢，加上他本身喜閱群籍，不守章句，對於天文、地理、曆法、數學、音樂、佛教、道教，以及由西洋教士傳入的自然科學，無不涉略，終爲宗義奠定了實用學問之基礎。筆者以爲，從宗義爲父報仇之激烈態度及後來武力抗清之具體行動（詳見下節），都可看出宗義個性之剛毅，故對父親之遺命必然確切實行，因此對於「不可不通知史事」，必促使宗義去博覽經史及諸子百家之書，而此重「史」之態度，亦應是對後來提倡實用之學有很大的關係。

此時之宗義，除了博覽群籍之外，亦是其參與結社活動最活躍的時期。明萬曆以後，文人學士往往結成社團，以文會友，或研究學問，或議論朝政，集合成各類文社，然其中組織最大，影響最深，便是崇禎年間成立以張溥，張采爲首之「復社」，取復興絕學之意。崇禎三年（1630年），宗義奉祖母盧太夫人到南京，時南方各社正舉行大會，故周仲馭便推薦宗義參之「復社」，何喬遠又邀宗義入「詩社」，並與南中詞人汪逸、林古度、黃居中、林雲鳳、閔景賢等人相契合。此次宗義參與「復社」大會，除研討文章學問外，更重要是主張改革朝政，反對閹黨亂政，並共同擁護東林立場，而有「小東林」之稱。

崇禎五年（1632年），宗義二十三歲，在慈溪（今寧波）參加了由馮元颺、馮元飆兄弟所主持之「文昌社」；其爲「復社」在浙東一個分支，參與成員主要是慈溪，鄞縣及餘姚等地士人。「文昌社」的創立，使僻居東南沿海寧波等地，初知東林之學，士風爲之一變，他們共同反對閹黨勢力，開始留意經世之學，其中「文昌社成員學文又學道，給他的氣節觀和學術思想帶來不可忽視的影響。」〔註27〕當中不少成員「在清初成爲黃宗義抗清鬥爭的戰友，也

〔註25〕 （明）黃宗義：《明儒學案》，卷六十二，〈蕺山學案〉，「忠端劉念臺先生宗周」（《黃宗義全集》增訂版），冊八，頁890。
〔註26〕 （清）黃炳垕：《黃宗義年譜》，卷上，崇禎四年（1631年）辛未條，頁15。
〔註27〕 方祖猷：《清初浙東學派論叢·黃宗義與文昌社》（臺北：萬卷樓圖書有限公司，1996年7月初版），頁115。

為他後來在甬上講學創造了條件」。〔註28〕

崇禎六年（1633年），宗羲二十四歲讀書杭州南屏山下，與張岐然同學，張岐然在杭州曾組「讀書會」，後又與吳夢寅在石門組「澄社」，宗羲都曾參加，其中「讀書會」早在崇禎二年（1629年）時便加入「復社」，亦為「復社」一個分支，然而這些結社成員，雖多為通今學古之士，並以文章風節相許，但不重事實之做法，宗羲並不贊同；故後來宗羲在鄞縣舉行講經會，由講文而講經，主張講學以經史為依歸，力求實事求是，應是鑑於當初結社諸友不求實事弊病之影響。

崇禎十一年（1638年），朝廷起用馬士英為鳳陽都督，而馬士英又以阮大鋮為援手；阮大鋮者，文采尚佳，但為人不正，心胸狹窄，曾拜魏忠賢為義父，並編一部《百官圖》以表精忠，對於攻擊東林諸人更是不遺餘力；魏忠賢事敗後，他立刻轉變立場，反而上疏彈劾魏忠賢，以求自保，但是仍被列入逆案，削職為民。此時阮大鋮因與馬士英相為接濟，故暗中招納一批亡命之徒，成天談兵論武，冀引起朝廷關注，以邊才招用，大有東山再起之勢。此事為「復社」人士所悉後，復社諸君以為阮大鋮圖謀復出，很可能成為第二個魏忠賢，於是出了一編《南都防亂揭》，聲討揭發阮大鋮之罪行，此文由吳應箕、陳貞慧、周仲馭共同起章，公推顧杲（顧憲成之孫）帶頭署名，宗羲居次，共凡一百四十人；之後，宗羲又與當初被閹黨所害東林子弟及「復社」文人，大會桃葉渡，痛斥阮大鋮罪狀，阮大鋮心虛懼怕，躲到南京城外牛首山中寺廟，處心積慮，伺機報仇。

崇禎十七年（1644年）五月，宗羲三十五歲。清軍入關據北京，為清世祖順治元年（1644年）。鳳陽都督馬士英等人在南京擁立福王朱由崧即位，為弘光皇帝；因馬士英擁護福王且定策有功，便獨攬軍政大權，起用阮大鋮為兵部侍郎，於是阮大鋮便開始其報復計劃，先向弘光皇帝進讒言，以復社諸人乃東林餘孽，其議論朝政將不利於朝廷，並按《南都防亂揭》中署名復社諸士，編成一份《蝗蝻錄》，〔註29〕依名單搜捕，大興牢獄，欲一網殺盡，首先是周仲馭在獄中勒令自盡，而宗羲與顧杲亦在名單之中，幸顧杲與撫司有

〔註28〕方祖猷：《清初浙東學派論叢·黃宗羲與文昌社》，頁118。
〔註29〕黃宗羲：「小人之攻東林者，蔓延及於復社，作為《蝗蝻錄》，言東林之有復社，猶蝗之有蝻，所以傳衣缽者也。」（《南雷雜著稿·錢孝直墓誌銘》。《黃宗羲全集》增訂版，冊十一，頁46。）蝻為蝗之幼蟲；阮大鋮誣稱東林黨人為蝗，復社諸人為蝻。

姻親之緣，將捕帖延後發出，加上清軍攻破南京，宗羲得以乘亂脫身回到家鄉，而後宗羲便進入自己所謂的「瀕於十死者」〔註30〕的抗清時期。

三、壯年反清復明時期

崇禎十七年（1644 年），流寇李自成攻陷北京，崇禎帝殉難，山海關總兵吳三桂，冀藉清兵之力以逐流寇，故開關引清兵入；同年五月清將多爾袞率兵攻入北京，殮葬崇禎帝後，正式開始清朝長達二百六十八年的統治，與此同時，南明在馬士英等人主持下，擁立福王繼位，改元弘光。次年（順治二年，1645年）五月，南京失守，弘光帝退走蕪湖被俘遇害；同年六月，清軍攻佔杭州，豫親王多鐸繼續率部向浙東推進，當時浙東遺臣義士，先後投入抗清行列，原明九江道僉事孫嘉績，吏科給事中熊汝霖一方面起兵餘姚以一旅之師畫江而守，另一方面派遣舉人張煌言，迎接魯王朱以海於紹興監國。同時，定海總兵王之仁、方國安等，亦先後來歸，而宗羲糾合黃竹浦子弟數百人，隨諸軍於江上，江上人呼之曰：「世忠營」，〔註31〕開始長達八年浙東抗清之行動。

順治三年（1646 年），宗羲三十七歲。當魯王與諸臣尚在共襄抗清大計之時，原弘光政權標將張國柱，縱兵大肆劫掠地方，諸營大震，廷議欲封以伯，宗羲言於孫嘉績曰：「如此，則益橫矣，何以待後？請署爲將軍。」〔註32〕從之；不久又有前明總兵陳梧亦縱兵擄掠鄉民，導致民怨四起，餘姚縣令王正中便派兵平亂，殺了陳梧，此時朝中有忌於王正中者皆以此聲討，宗羲則謂：「梧（陳梧）之見殺，犯眾怒也。正中爲國保民，不當罪。」〔註33〕此嚴辭義正之論，遂爲魯王所採納，而未再追究此事。

魯王政權內部，多畏首畏尾之輩，安於現況，不謀進取，宗羲以爲畫江而守，僅能苟安於一時，故致書予王之仁曰：「諸公何不沉舟決戰，由赭山直趨浙西，而日於江上放船鳴鼓，攻其有備，蓋意在自守也。蕞爾三府以供十萬之眾，北兵即不發一矢，一年之後，恐不能支，何守之爲？」又曰：「崇明，江海之門戶，曷以兵擾之，亦足分江上之勢。」〔註34〕當時魯王諸臣雖大都同意宗羲之意見，卻始終無法付諸實踐。同年五月，孫嘉績以所部「火攻營」

〔註30〕　（清）黃宗羲：《南雷餘集・怪說》（《黃宗羲全集》增訂版），冊十一，頁 70。
〔註31〕　（清）全祖望：《鮚埼亭集》，內編，卷十一，〈梨洲先生神道碑文〉，頁 265。
〔註32〕　（清）全祖望：《鮚埼亭集》，內編，卷十一，〈梨洲先生神道碑文〉，頁 265。
〔註33〕　（清）黃炳垕：《黃宗羲年譜》，卷中，順治三年（1646 年）丙戌條，頁 25。
〔註34〕　（清）全祖望：《鮚埼亭集》，內編，卷十一，〈梨洲先生神道碑文〉，頁 265。

交付宗羲指揮，宗羲又與王正中合軍，得一支三千人之隊伍，西行渡海，箚壇山，烽火遍浙西，尚寶司卿朱大定，兵部主事吳乃武等皆以兵來會，議由海寧取海鹽，以入太湖，直取乍浦；宗羲約崇德義士孫爽等為內應，會清軍主力已抵錢塘江岸，守軍方國安無備，被清軍突破錢塘江防線，方國安、馬士英與阮大鋮不加抵抗，列軍投降，而王之仁戰死，全師大敗潰散，魯王及隨從敗逃入海，宗羲在浙西聞報，急回師餘姚，但已無可收拾，便率領殘部五百餘人退入浙東四明山區，駐軍杖錫寺，結寨自固；但是為了查訪魯王下落，宗羲微服潛出，臨行特別告誡部將要團結山民，勿事騷擾。然部下絕糧，不得已違背宗羲之節制而取之山民，加上山民畏禍，以語邏卒，導之焚寨，夜半火起，部屬汪涵，茅瀚出戰死之，宗羲無所歸，而清軍緝捕之檄甚急，宗羲只得先潛返餘姚家中，將太夫人及家小避居化安山其父黃尊素之墓舍旁，自己另擇一深山處，結廬獨居，潛心研究象數曆學。〔註35〕

順治六年（1649年），宗羲四十歲。魯王由閩入浙，駐軍於臨海之海面上，宗羲聞訊立即趕赴前往，魯王任命為左僉都御史，接著又遷為左副都御史；此時，宗羲雖名列大臣，但既無兵權，建議又屢遭武將反對，實處於無用武之地；不得已，只好每日與尚書吳鍾巒對坐舟中，正襟講學，其暇時則註解《授時》、《泰西》、《回回》三曆。是年十月，魯王移駐舟山，派宗羲與馮京第等人，乞師日本，抵長崎，不得請，宗羲為賦〈式微〉之章以感將士，乃還。

順治七年（1650年），清軍加緊鎮壓四明山和舟山地區之抗清義軍，當時立寨而守的，尚有馮京第、王翊二人，但清軍為攻取舟山，恐馮、王二人援襲其後，故大軍先進攻浙東，以絕後患，義軍兵少，馮、王二人兵敗被俘成仁。順治八年（1651年），清軍已掃清浙東後顧之患，便準備攻取舟山之役，宗羲獲悉此一情資，恐舟山無備，便秘密派人入海報警，未至，而舟山已陷，魯王在張名振，張煌言等人救護下，投奔鄭成功。順治十年（1653年），宗羲四十四歲，魯王勢孤力單，被迫取消監國名號，至此，浙東抗清事業徹底失敗。〔註36〕

〔註35〕（清）黃炳垕：《黃宗羲年譜》，卷中，順治四年（1647年）丁亥條，頁26，案語：「所著有《春秋日食曆》、《授時曆故》、《大統曆推法》、《授時曆假如》、《回回曆假如》、《西曆假如》、《氣運算法》、《勾股圖說》、《開方命算》、《測圓要義》諸書，約在此數年中。」

〔註36〕徐定寶先生指出浙東抗清事業如此快速崩潰之因，大致有兩點。「其一，就魯王朝內部而言，雖擁立了魯（朱）以海監國，實則是個傀儡政權，小朝廷中

順治十一年（1654 年），宗羲四十五歲。張名振、張煌言、鄭成功率水師進攻長江，同時派出密使至浙東與宗羲等抗清人士，密謀抗清行動；孰料，密使於浙南天臺被清軍逮捕，清政府以宗羲爲主謀，故又到處張檄通緝，懸賞捉拿，宗羲不得不輾轉藏匿，過著屢臨危境之生活。事後，宗羲回憶此一時期的日子而自謂：「自北兵南下，懸書購余者二，名捕者一，守圍城者一，以謀反告訐者二三，絕氣沙墠者一晝夜，其他連染邏哨之所及，無歲無之，可謂瀕於十死者矣。」〔註37〕

順治十八年（1661 年），宗羲五十二歲。南明在最後一位桂王朱由榔於緬甸被俘後，而宣告覆亡；加上各地抗清之行動逐漸平息，僅鄭成功率部入臺灣，清廷已穩固了統治中國之地位；此時，已嘗盡戰亂滋味之民眾，也希望過著安寧和平的日子，宗羲眼見恢復明朝已無希望，且明白歷史之變遷，亦非人力所能扭轉，故停止了實際反清復明活動，轉向著書講學的學術事業；然而，由於宗羲前半生之坎坷經歷與抗清復明的實際行動，加深其哲學思辨之能力，並讓自身不尋常之閱歷，激發對歷史和社會作進一步深入探索，故而奠定了宗羲學術理論根基，即其所自謂：「治亂之故，觀之也熟。」〔註38〕因而開始了宗羲晚年大量著作時期。

四、老年廁身儒林時期

康熙元年（1662 年），宗羲五十三歲。吳三桂殺桂王於雲南昆明，魯王亦死於金門，而抗清將領鄭成功退入臺灣不幸病亡，復明希望完全破滅；在此「海氛漸滅，公（宗羲）無復望，乃奉太夫人返里門，于是始畢力於著述，而四方請業之士漸至矣。」〔註39〕因此，宗羲辭別了顛沛流離的生活，開始

盡管也有幾位像黃宗羲這般俊彥豪傑，但這些謙謙君子多無實權，握有重兵的又是些專斷蠻橫、不服制約的悍將，反清武裝實際上就是以他們爲主，前景自然沒有指望。其二，就魯王朝的外部而言，其與福建的唐王政權不和，間隙很深。唐王與魯王係叔侄輩，故唐王曾發詔至魯王，要後者稱臣，但受到魯王朝要臣們的一致反對，結果兩者交惡，形同水火。大敵當前，兩個小朝廷本可以聯合一起，對付共同敵人，結果反成了互相牽制、各懷鬼胎的異己者，導致清兵迅速予以各個擊破，恢復之事終成泡影。」（《黃宗羲評傳》。南京：南京大學出版社，2007 年 4 月第 1 版第 2 次印刷，頁 89。）

〔註37〕　（明）黃宗羲：《南雷餘集・怪說》（《黃宗羲全集》增訂版），冊十一，頁 70。
〔註38〕　（明）黃宗羲：《留書・自序》（《黃宗羲全集》增訂版），冊十一，頁 1。
〔註39〕　（清）全祖望：《鮚埼亭集》，內編，卷十一，〈梨洲先生神道碑文〉，頁 267。

講學與著述而厠身於儒林。然而，此時期宗羲之所以能由清政府的緝捕到公開講學與著述，其因大致有二。第一，宗羲從順治二年（1645 年）起，便開始具體抗清行動，故受到清廷的通緝，於是到處躲藏避難直至康熙元年（1662 年），其間約二十年的時光亦使宗羲老而將至，其曾回憶云：「最此二十年兮，無年不避，避不一地；念遷播之未定兮，老冉冉其已至。」〔註40〕再加上之後各地反清的戰爭大致上也已敉平，清廷實質上已掌握了對中國的統治。因此，一方面宗羲年紀已邁入老大，銳氣已減；另一方面清廷亦已確立了中國的統治地位，自然無須再耽心宗羲的反清行動。第二，清廷為了籠絡漢人，並消除知識份子的異心，除了採取高壓的文字獄手段外，同時亦徵召大批前明學者，以「博學鴻儒」起用；而宗羲本人則由康熙二年（1663 年）開始設館講學浙江語溪，並先後至紹興、寧波、海昌等地開講，已成為學識廣博名重一時的學者，當然為清廷所徵召挺攬之對象，所以對於其早年抗清的通緝之令，雖不曾公開赦免，卻也私下默許不再追究了。

康熙二年（1663 年），五十四歲的宗羲受呂留良之邀，開始設館講學於語溪，並先後寓於呂留良之梅花閣與吳之振、吳自牧父子之水生草堂；在此期間，宗羲幾乎將吳之振家藏之書讀遍，而收集了大量史料。直至日後宗羲與呂留良關係破裂，〔註41〕以及應同門姜希轍之請，於是離開了語溪轉赴紹興

〔註40〕　（明）黃宗羲：《南雷文案》，卷十，〈避地賦〉（《黃宗羲全集》增訂版），冊十，頁 630。

〔註41〕　黃宗羲與呂留良關係的破裂，至今尚未有定論，筆者根據方祖猷先生《清初浙東學派論叢·黃宗羲與呂留良》（頁 125～139）與徐定寶先生《黃宗羲評論》（頁 103～109）的研究成果，大致歸納出六種說法。第一，兩人因爭購祁氏澹生堂藏書引起爭端，全祖望《小山堂藏書記》以為呂氏使用了不正當手段竊取宗羲所購得之書；而沈冰壺《黃梨洲小傳》以為宗羲自購奇秘難得之書後，再將剩餘之書致於呂氏。第二，因《高旦中墓誌銘》引起二人不和，宗羲以高旦中之醫術甚善，而呂氏以為譏己而產生紛爭。第三，全祖望《高隱君斗魁》以為呂氏負氣，酒後時出大言；而沈冰壺《黃梨洲小傳》則以為宗羲高傲以學問相炫耀。因此一個負氣自大，一個恃才傲物，自然引起兩人衝突。第四，錢穆在《中國近三百年學術史》中指出宗羲崇尚王、劉之心學，而呂氏崇尚程朱理學，二人學術宗旨不同，故導致兩人分道揚鑣。第五，嚴鴻逵在其師呂留良《問燕》詩後作註指責宗羲之人品，喜詆舊交以示親信於新知。第六，徐定寶先生指出兩人的衝突在於華夷之辨的觀念不同，呂氏對清廷有著固執的華夷之分，而宗羲則只局限自身的「不仕」卻不反對子孫與門人參與清廷的活動，即兩人在華夷之辨的政治態度並不一致。據此，筆者綜合上述推論以為兩人關係的破裂，或許非單一事件引起，而應是日積月累對事物認知的角度與觀念上的差異，所造成兩人間的嫌隙，最後才導致關係的破裂。

繼續講學。

康熙六年（1667年），宗羲五十八歲，在紹興恢復證人書院。次年三月，宗羲前往鄞城講席，在寧波組織甬上證人書院，其論學宗旨以經學與史學並重，反對束書空談，主張明經通史以經世致用，即全祖望所言：「公（宗羲）謂明人講學，襲語錄之糟粕，不以《六經》爲根柢，束書而從事於遊談，故受業者必先窮經。經術所以經世，方不爲迂儒之學，故兼令讀史。」〔註42〕又「學必原本於經術而後不爲蹈虛；必證明於史籍，而後足以應務。」〔註43〕於是「經術所以經世」以及「《二十一史》所載，凡經世之業亦無不備矣。」〔註44〕明確將經學與史學的知識導向經世致用的實踐層面，使之不爲「迂儒之學」；再加上宗羲務實的學風，以爲「今之言心學者，則無事乎讀書窮理；言理學者，其所讀之書不過經生之章句，其所窮之理不過字義之從違。」〔註45〕反對只埋首固封於經書之中，摘索不出於一卷之內的情形。由此可見，宗羲不僅導正理學的空談於務實，更結合了經學與史學的知識，擴大了學術領域，故其門生「如陳夔獻、萬充宗、陳同亮、仇滄柱、陳介眉之經術，王文三、萬公擇之名理，張旦復、董吳仲之躬行，萬季野之史學，鄭寒村之文章，其著焉者也。」〔註46〕在經學、史學、理學、文學等方面皆有所成就，至此開創了清代一種新的學風，並形成日後影響清代學術甚深的「浙東學派」。

康熙十五年（1676年），六十七歲的宗羲應海昌（今浙江海寧）縣令許三禮之邀前往講學。講學期間，其雖以《四書》或《五經》作講義，但卻秉持務實的學風而不死守章句訓詁，以爲「各人自用得著的，方是學問。尋行數墨，以附會一先生之言，則聖經賢傳，皆是糊心之具，朱子所謂譬之燭籠，添得一條骨子，則障了一路光明也。」〔註47〕其中「各人自用得著的，方是學問。」之論點，可謂是呼應了宗羲「經世致用」的論點。不僅如此，宗羲除了繼續講授儒學經籍之外，其對於科學知識亦非常重視，他向許三禮等人

〔註42〕（清）全祖望：《鮚埼亭集》，內編，卷十一，〈梨洲先生神道碑文〉，頁267。
〔註43〕（清）全祖望：《鮚埼亭集》，外編，卷十六，〈甬上證人書院記〉，頁350。
〔註44〕（明）黃宗羲：《南雷文定》四集，卷一，〈補歷代史表序〉（《黃宗羲全集》增訂版），冊十，頁81。
〔註45〕（明）黃宗羲：《南雷文案》，卷二，〈留別海昌同學序〉（《黃宗羲全集》增訂版），冊十，頁645。
〔註46〕（清）黃炳垕：《黃宗羲年譜》，卷中，康熙七年（1668年）戊申條，頁35，案語。
〔註47〕（清）黃炳垕：《黃宗羲年譜》，卷下，康熙十六年（1677年）丁巳條，頁40。

傳授「黃石齋先生《三易洞璣》及《授時》、《西》、《回》三曆」，〔註48〕向陳言揚教授勾股之數學，此皆是凸顯了宗羲講學的多樣性與實用性。

康熙十七年（1678年），清廷詔徵「博學鴻儒」，以懷柔的手段籠絡知識份子，故翰林院掌院學士葉方藹利用經筵講學之便，面奏康熙皇帝舉薦時年六十九歲的宗羲；此事之後由宗羲門生翰林院庶吉士陳錫嘏所悉知而大驚，陳錫嘏深知師意，以為此舉「是將使先生（宗羲）為疊山、九靈之殺身也！」〔註49〕即將逼其走上絕路，故代為力辭，此事才暫告中止。康熙十九年（1680年），監修《明史》總裁徐元文建議康熙皇帝不以博學鴻儒召宗羲，改以聘入明史館參與修史，然宗羲以「老病疏辭」，康熙皇帝只好特旨：「凡黃宗羲有所論著及所見聞，有資《明史》者，著該地方官鈔錄來京，宣付史館。」〔註50〕而徐元文則延請宗羲季子百家與門生萬斯同、萬言參與修史；因此，宗羲雖未直接參與編修《明史》，但其影響《明史》的編修至深。例如宗羲反對仿《宋史》的寫法，在《明史》中另立《理學傳》，其云：「夫《十七史》以來，止有儒林。以鄒、魯之盛，司馬遷但言《孔子世家》、《孔子弟子列傳》、《孟子列傳》而已，未嘗加以道學之名也。」〔註51〕直到康熙二十九年（1690年），刑部尚書徐乾學仍稱讚宗羲學問淵博，可備顧問；故康熙皇帝有意再次徵聘已高齡八十一歲的宗羲。不過「乾學對：『前業以老病辭，恐不能就道也。』聖祖（康熙）因歎人才之難如此。」〔註52〕

至此，宗羲終身不仕於新朝異主，始終保持故國遺民的節操。因此，筆者進一步以為宗羲此種不仕新政權的士大夫氣節，與其主張「經世致用」的理論，看似對立的矛盾思路，其實已合理轉化為雖堅持終身不仕的原則，卻不反對其子孫和門生參與修史以及科舉考試，甚至是透過對史料的搜集與整理，確實記錄下抗戰之事蹟與慷慨赴義之人物，為四明文獻的保存做出了貢獻。

宗羲的後半生以講學與著述為主，其講學的地點，遍及浙東，而所述之著，亦非常豐富，內容涉及文學、史學、經學、哲學、政治、經濟、天文、

〔註48〕　（明）黃宗羲：《南雷文定》四集，卷三，〈兵部督捕右侍郎酉山許先生墓誌銘〉（《黃宗羲全集》增訂版），冊十，頁480。

〔註49〕　（清）黃炳垕：《黃宗羲年譜》，卷下，康熙十七年（1678年）戊午條，頁41。

〔註50〕　（清）黃炳垕：《黃宗羲年譜》，卷下，康熙十九年（1680年）庚申條，頁42。

〔註51〕　（明）黃宗羲：《南雷文案》三刻，〈移史館論不宜立理學傳書〉（《黃宗羲全集》增訂版），冊十，頁222。

〔註52〕　（清）黃炳垕：《黃宗羲年譜》，卷下，康熙二十九年（1690年）庚午條，頁47。

地理、曆法、數學等；加上其每到一處必求藏書以鈔錄閱讀，故其所曾經到過的傳書樓，較知名的便有鈕石溪的世學樓，祁承業的澹生堂，黃居中的千頃齋，錢謙益的絳雲樓，范欽的天一閣，鄭平子的叢桂堂，曹秋岳的倦圃，徐乾學的傳是樓等處，於是宗羲便在此晚年講學之餘，將日積月累所涉獵的知識，努力落實爲文字著作，故從康熙元年（1662 年）抗清戰爭徹底失敗後，宗羲厠身儒林著《明夷待訪錄》開始，其《明文案》、《孟子師說》、《明儒學案》、《行朝錄》、《南雷文案》、《文定》、《文約》、《明文海》、《明文授讀》、《梨洲末命》、《葬制或問》、《破邪論》以及未完成的《宋元學案》等，皆在此一時期先後著書完成。根據吳光先生《黃宗羲著作彙考》〔註 53〕一書的整理與統計，宗羲的著作大致分爲三類，一是文選彙編類；二是自撰專著類；三是自著詩文集類；總計一百十一種，一千三百餘卷。總之，宗羲的著作成就是有目共睹的，而與之同時期的學者，恐怕亦只有王夫之一人在著作成就上能與之媲美的，至於並稱清初三大儒〔註 54〕的顧炎武，在著作數量上是遠不及黃、王二人的。

　　宗羲一生歷經明末政治黑暗，明亡的傷痛，以及抗清之危難而頻於十死，直至著書講學到老，不應新朝之徵招，可謂是精彩的一生；甚至在逝世之前，先自營生壙於父親黃尊素墓旁，中置石牀，不用棺槨，並做〈末命〉一篇，交代家人在其死後，將遺體抬至壙中，只需「一被一褥，不得增益。」〔註 55〕而且宗羲爲了避免家人無法接受「易棺以石牀，易槨以石穴」〔註 56〕的遺命，其又做〈葬制或問〉一文以釋家人之疑，重申其不用棺槨之意。對此，全祖望以爲「公（宗羲）自以身遭國家之變，期於速朽，而不欲顯言其故也。」〔註 57〕最後，宗羲即帶著對舊朝的懷念與儒家的氣節，於康熙三十四年（1695 年）離開人世，時年八十六歲，但其卻已開展了清代全新的思想學術風潮。

〔註 53〕 吳光：《黃宗羲著作彙考‧梨洲遺著總數考（代序）》，頁 5。

〔註 54〕 何冠彪先生對於清初三大儒之考證十分詳盡，其結論指出「到了光緒中葉，無論在朝或在野，多稱顧炎武、黃宗羲、王夫之爲明末或清初三大儒；原先黃宗羲、孫奇逢及李顒爲清初三大儒的說法，漸不爲人留意。」（《明清人物與著述‧黃宗羲、顧炎武、王夫之合稱清初三大儒考》。臺北：臺灣商務印書館，1996 年 12 月臺灣初版第 1 次印刷，頁 59。）

〔註 55〕 （明）黃宗羲：〈梨洲末命〉（《黃宗羲全集》增訂版），冊一，頁 191。

〔註 56〕 （明）黃宗羲：〈葬制或問〉（《黃宗羲全集》增訂版），冊一，頁 189。

〔註 57〕 （清）全祖望：《鮚埼亭集》，內編，卷十一，〈梨洲先生神道碑文〉，頁 269。

第二節　明清時代思潮之演變

一、明初期至中期學術思潮之轉變

《明史‧儒林傳》：

> 明太祖起布衣定天下，當干戈搶攘之時，所至徵召耆儒，講論道德，
> 修明治術，興起教化，煥乎成一代之宏規。雖天亶英姿，而諸儒之
> 功不爲無助也。制科取士，一以經義爲先，網羅碩學，嗣世承平，
> 文教特盛。大臣以文學登用者，林立朝右。〔註58〕

由於明太祖朱元璋出身布衣，其知識水平並不甚高，故自元末群雄並起的爭
亂之中，便不得不任用劉基、宋濂、葉琛以及方孝孺等耆儒之輔佐以平天下，
安邦定國。如明太祖即採劉基的軍事謀略與安定之策，先後打敗陳友諒、張
士誠、方國珍等軍閥，並在兵馬倥傯之際，仍隨時參拜孔廟，獎勵儒學；及
攻城略地後，致儒學於實用之中，積極設官治理，安撫百姓；開國之後，更
經常垂問國是於宋濂，尊同太師，以制定完善的禮儀典章制度。〔註59〕然而
這些碩儒無一不是尊孔崇孟，以倡導儒學爲志；再加上明太祖頗能領會儒學
在倫理與政治上之價值，故於日後平定天下之後，一方面留心文治，徵召各
地耆儒，並廣設學校講述程朱理學；一方面亦爲了加強思想控制，更大力提
倡程朱理學，並以《四書》、《五經》爲科舉「制義」的標準內容。至此，建
立了朱學「官學」地位。不僅如此，明成祖朱棣又於永樂十二年（1414年），
敕命胡廣等人編纂《五經大全》、《四書大全》、《性理大全》三部《大全》頒
佈天下，更是維護了明初朱學的正統地位。此時期即陳鼎所云：

> 我太祖高皇帝即位之初，首立太學，命許存仁爲祭酒，一宗朱氏之
> 學，令學者非《五經》、孔孟之書不讀，非濂、洛、關、閩之學不講。
> 成祖文皇帝，益張而大之，命儒臣輯《五經》、《四書大全》及《性
> 理全書》，頒布天下。饒州儒士朱季友，詣闕上書，專詆周、程、張、
> 朱之說，上覽而怒曰：「此儒之賊也。」命有司聲罪杖遣，悉焚其所
> 著書。曰：「毋誤後人。」〔註60〕

〔註58〕（清）張廷玉等撰：《明史》，卷二百八十二，列傳一百七十，〈儒林〉（臺北：
　　　　臺灣商務印書館，1988年1月臺6版景印清乾隆武英殿刊本），頁1上。

〔註59〕（清）張廷玉等撰：《明史》，卷一百二十八，列傳十六，〈宋濂〉，頁8下。

〔註60〕（明）陳鼎：《東林列傳》，卷二，〈高攀龍傳〉。（臺北：新文豐出版社，1975

因此，明代理學大體上仍是沿襲宋代理學思想而來，而且是一宗朱子之學，
紹承先聖之統，非《五經》、孔孟之書不讀，非濂、洛、關、閩之學不講。然
而就在朱學居明初學術正統地位的同時，其實正有一股潛隱轉向心學的思
潮，正慢慢改變朱學的優勢地位。據《明史》所載：

> 英宗之世，河東薛瑄以醇儒預機政，雖弗究於用，其清修篤學，海
> 內宗焉。吳與弼以名儒被薦，天子修幣聘之殊禮，前席延見，想望
> 風彩，而譽隆於實，詬誶叢滋，自是積重甲科，儒風少替。白沙而
> 後，曠典缺如。原夫明初諸儒，皆朱子門人之支流餘裔，師承有自，
> 矩矱秩然，曹端，胡居仁，篤踐履，謹繩墨，守儒先之正傳，無敢
> 改錯，學術之分，則自陳獻章，王守仁始。宗獻章者曰江門之學，
> 孤行獨詣，其傳不遠。宗守仁者曰姚江之學，別立宗旨，顯與朱子
> 背馳，門徒徧天下，流傳逾百年，其教大行，其弊滋甚。嘉、隆而
> 後，篤信程朱，不遷異說者，無復幾人矣。〔註61〕

此處對明代初期到中期學術盛衰變化之記載，確實是符合事實的概況。其中
學術之分，更指出以陳獻章與王守仁學說的出現，作爲明代初、中期思想之
分際。初期以薛瑄、吳與弼、曹端與胡居仁等爲主，皆爲嚴遵師道，篤行踐
履，謹守繩墨的朱學學者，其沿襲了宋代程朱修身養性與居恭持敬之工夫，
恪尊朱學爲正傳。故宗羲對此直言：「河東之學（薛瑄、呂柟等），悃愊無華，
恪守宋人矩矱，故數傳之後，其議論設施，不問而可知其出於河東也。」〔註
62〕又「康齋（吳與弼）倡道小陂，一稟宋人成說，言心則以知覺而與理爲
二，言工夫則靜時存養，動時省察。故必敬義夾持，明誠兩道，而後爲學問
之全功。其相傳一派，雖一齋（婁諒）、莊渠（魏校）稍爲轉手，終不敢離
此矩矱也。」〔註63〕最後「諸儒學案者，……上卷（方孝孺、曹端等）則國
初爲多，宋人規範猶在。」〔註64〕爲此宗羲列出了〈河東〉、〈崇仁〉、〈諸儒〉

年 11 月初版），冊上，頁 14 上。

〔註61〕（清）張廷玉等撰：《明史》，卷二百八十二，列傳一百七十，〈儒林〉，頁 1
下。

〔註62〕（明）黃宗羲：《明儒學案》，卷七，〈河東學案〉序論（《黃宗羲全集》增訂
版），冊七，頁 117。

〔註63〕（明）黃宗羲：《明儒學案》，卷一，〈崇仁學案〉序論（《黃宗羲全集》增訂
版），冊七，頁 1。

〔註64〕（明）黃宗羲：《明儒學案》，卷四十三，〈諸儒學案上〉序論（《黃宗羲全集》
增訂版），冊八，頁 331。

（上）等學案，說明了明初朱學確實繼承宋代程朱理學而來。然而學術思潮的興起與變化，絕非陳獻章、王守仁一時所能更改；事實上，當中隱含了由「篤實踐履」之修養工夫轉至「操存涵養」之德性工夫的思路。因此，對於當時的學術氛圍，由朱學而逐步轉向心學一路，甚至成為明中期的學術主流，便不得不從明初到明中期諸儒的內在思路來分析，討論其何以能造成明代學術思想的轉變。

（一）薛　瑄

薛瑄，字德溫，號敬軒，山西河津人。生於明太祖洪武二十二年（1389年），卒於明英宗天順八年（1464年）。薛瑄之學，「以復性為宗，濂、洛為鵠。所著《讀書錄》，大概為《太極圖說》《西銘》《正蒙》之義疏，然多重複雜出，未經刪削，蓋惟體驗身心，非欲成書也。」〔註65〕即以為治學之道，只要依據宋代理學家之思路去踐履實踐，恢復本性即可，不須再著書立說，另立他意。因此，薛瑄繼承了程朱「性即理」之主張，以天命之性乃天賦之善性，而氣質之性則因氣稟有清濁之分，故有善惡；所以，人的本性即本天命之性而來是為純善，只是由於被氣質所蔽而為惡，故要變化氣質之性以恢復本然之天命之性，即透過「復性」以回復至善之本性。故其云：

> 張子曰：「形而後有氣質之性，善反之則天地之性存焉。故氣質之性，君子有弗性者焉。」此言氣質昏濁，則天地之性為其所蔽，故為氣質之性，善反之而變其昏濁，則天地之性復明；若氣質本清，則天地之性自存，初無待於反之之功也。〔註66〕

薛瑄以為人性本善，只是稟受了昏濁的氣質之性而遮蔽至善清明的本然之性，使人為惡；所以要使受遮蔽的本然之性復明，返回至善的湛然本體，就須要變化氣質之性以恢復本然之性，即所謂「復性」的主張。所以薛瑄表示「千古聖賢教人之法，只欲人復其性而已。」〔註67〕以上思路完全承宋代理學「天命」與「氣質」之性之論而來，其「復性」之修養工夫亦是如此，沿襲了程朱「涵養須用敬，進學在致知」的具體修養方法。薛瑄云：

〔註65〕　（明）黃宗羲：《明儒學案》，卷七，〈河東學案上〉，「文清薛敬軒先生瑄」（《黃宗羲全集》增訂版），冊七，頁121。

〔註66〕　（明）薛瑄：《讀書續錄》，卷七（《薛瑄全書》。山西：人民出版社，1990年8月第1版第1次印刷），頁1448。（以下簡稱《薛瑄全書》。）

〔註67〕　（明）薛瑄：《讀書續錄》，卷五（《薛瑄全書》），頁1423。

> 一刻之謹，心在理存；一刻之怠，心放理昏，是知「敬」之一字，
> 乃直內之樞機，養性之本根。昔在伊、洛，道繼孔學，開示群迷，
> 敬爲要約。其曰「主一無適」者，欲人必專其念，而不雜於多歧。
> 其曰：「整齊嚴肅」者，欲人必極其莊，而不失於怠墮。〔註68〕

薛瑄明確指出修養心性的樞機、根本，就是知「敬」，即以敬涵養人的內在本性與本心，使人之心性不會一刻之間爲外物所拘，使心專一於天理，不爲雜念所亂。換言之，薛瑄以爲人之性本善，卻受氣質之性與物欲所蔽，而失其本然之善性；故透過以「主敬」爲內容的具體修養工夫，去除氣質、物欲之蔽，即變化氣質以恢復善良之本體，此完整之過程就是「復性」的表現。因此，主敬以復性，知敬以養心，此處明顯可見薛瑄採用了朱學持敬篤行的修養工夫言心性之存養；故其又云：

> 爲學第一功夫，立心爲本，心存則讀書窮理，躬行踐履，皆自此進。
> 孟子曰：「學問之道無他，求其放心而已。」程子曰：「聖賢千言萬
> 語，只是欲人將已放之心收之，反入身來，自能尋向上去。」皆去
> 意也。〔註69〕

此處確實可以看出薛瑄立心之本，在於透過讀書窮理，以「躬行踐履」的實踐工夫，來克制物欲雜念，使之不受氣質物欲所蔽。因此，「主敬」就是「立心」之本，立心之後便可「復性」，而其根本工夫在道德上之篤實踐履以修養本心。簡言之，薛瑄之學即透過「躬行踐履」的道德實踐，以存養本心而後復性。至此，已可明顯感受到薛瑄雖承朱學篤實踐履的修養工夫，但其主敬以立本心之志的復性之論，其實已產生一股強調先存養本心再反身而誠之主張，隱約已染上心學色彩而開啟了明代心學之路。

（二）吳與弼

吳與弼，字子傳，號康齋，撫州崇仁人。生於明太祖洪武二十四年（1391年），卒於明憲宗成化五年（1469 年）。其學「上無所傳，而聞道最早，身體力驗，只在走趨語默之間，出作入息，刻刻不忘，久之自成片段，所謂『敬義夾持，誠明兩進』者也。一切玄遠之言，絕口不道。」〔註 70〕由此可見，

〔註68〕（明）薛瑄：《文清公薛先生文集》，卷二十四，〈持敬箴〉（《薛瑄全書》），頁938。

〔註69〕（明）薛瑄：《讀書錄》，卷十（《薛瑄全書》），頁 1268。

〔註70〕（明）黃宗羲：《明儒學案》，卷一，〈崇仁學案一〉，「聘君吳康齋先生與弼」

吳與弼爲學，皆由貧窮困苦的生活中，透過對日常生活作息之間來涵養性情，以體認聖賢之教；因此，吳與弼一身刻苦勤奮治學，以躬行實踐爲親身體驗之法，並恪守宋人成說，以操存涵養之工夫，修養心性，篤志力行，以達安貧樂道之境。至於其修養工夫仍承朱學「靜時涵養，動時省察」的思路，以爲敬義夾持，明誠兩進，方爲學問之全功。故其云：

> 一事少含容，蓋一事差，則當痛加克己復禮之功，務使此心湛然虛明，則應事可以無失。靜時涵養，動時省察，不可須臾忘也。苟本心爲事物所撓，無澄清之功，則心愈亂，氣愈濁，梏之反覆，失愈遠矣。〔註71〕

吳與弼一生讀聖賢之書，體驗聖人之道，以爲要使本心湛然清明，必須不可間斷的「涵養、省察」篤行實踐。因此爲了維持本心之湛然澄清，不爲事物所撓，就必須遵循理學敬內義外的修養工夫，對本心直接操持存養。其云：

> 夫心，虛靈之府，神明之舍，妙古今而貫穹壤，主宰一身而根柢萬事，本自瑩徹昭融，何垢之有？然氣稟拘而耳目口鼻四肢百骸之欲爲垢無窮，不假浣之之功，則神妙不測之體，幾何而不化於物哉？……於是退而求諸日用之間，從事乎主一無適，及整齊嚴肅之規，與夫利斧之喻，而日孜孜焉，廉隅辨而器宇寧，然後知敬義夾持，實洗心之要法。〔註72〕

吳與弼以爲人心本瑩徹昭融，但由於受外在氣稟所拘，使人心遭感官之欲所垢而不能瑩徹湛然。因此，吳與弼主張由諸日用之間著手，刻苦自勵篤行涵養工夫，即以「敬義夾持」來恢復本心之湛然清澈。由此可見，吳與弼此處不僅將其篤實踐履的修養工夫用於操持涵養本心，更已強調了心之主宰作用。其所謂「洗心」之要法，明顯是將嚴謹精苦的踐履工夫用以涵養本心之清明，而後渾然化於諸日用生活之間，故一旦此心體瑩徹昭融，則此神妙不可測之體，自然能感通而化育萬物。至此，吳與弼已完全將朱學的修養工夫用於「洗心」的操持上而接近心學涵養之工夫，再加上其強調了心的主宰作用能力，其已不自覺的由朱學修養工夫轉向心學之發展了。

　　《黃宗羲全集》增訂版），冊七，頁5。
〔註71〕　（明）吳與弼：《康齋集》，卷十一，〈日錄〉（臺北：臺灣商務印書館，景印文淵閣四庫全書，第1251冊），頁7下。
〔註72〕　（明）吳與弼：《康齋集》，卷十，〈浣齋記〉，頁13上。

（三）胡居仁

胡居仁，字叔心，江西餘干人，學者稱為敬齋先生。生於明宣宗宣德九年（1434年），卒於明憲宗成化二十年（1484年）。其人「嚴毅清苦，左繩右矩，每日必立課程，詳書得失以自考。雖器物之微，區別精審，沒齒不亂。……一生得力於敬，故其持守可觀。」〔註73〕胡居仁為學亦由「主敬」著手，視其為存心養性的聖學入門之要，因此胡居仁以為既然「心」乃虛靈本體而具備眾理，就必須對此心涵養使之不放逸，所以涵養此心的首要功夫就在「主敬」。其云：

> 聖賢工夫雖多，莫切要如敬字。敬有自畏慎底意思，敬有肅然自整頓底意思，敬有卓然精明底意思，敬有湛然純一底意思，故聖學就此做根本。凡事都靠著此做去，存養省察皆由此。〔註74〕

胡居仁此處沿襲了程朱之涵養須用敬的思路，以為對本心的存養與省察之修養工夫，是以「敬」為其根本之要；詳言之，胡居仁完全遵循朱子以心含眾理而能發為作用，故對此心加以涵養與窮理二端交養，而以「敬」主其要。由此可見，胡居仁的持敬修養工夫，自然會從篤實踐履走向內在本心的操存，故其直云：

> 今人言心學者，便要說靜時無心。居仁問之：「設若無心，亦須有理。」彼又應曰：「靜無而動有。」彼信以為靜時眞無心與理矣。夫天命之性與生俱生，不可須臾離，故靜而未有事接之時，則此心未動，此理未發，然此時此心寂然在內，此理全具于中，故戒謹恐懼以存養之。若眞無心與理，又戒懼做甚，又存養箇甚，必有物在內，故須主敬、須存養。〔註75〕

此處暫且不論胡居仁的朱學基本立場，而直截就此文意而言；明顯是理在心中、心外無理之主張，而且此時再以戒愼恐懼的存養工夫操持眾理具足之本心，完全就是心學直截就本體涵養的修養工夫論。於是再回頭由胡居仁的立場來看，其以為「主敬」即是存心養性之工夫，確實已將朱學篤實的戒愼恐懼之修養工夫轉向至內心境界之涵養。所以胡居仁雖承朱學嚴毅清苦的窮理

〔註73〕（明）黃宗羲：《明儒學案》，卷二，〈崇仁學案二〉，「文敬胡敬齋先生居仁」（《黃宗羲全集》增訂版），冊七，頁21。

〔註74〕（明）胡居仁：《居業錄》，卷二，〈學問〉第二（臺北：臺灣商務印書館，景印文淵閣四庫全書，第714冊），頁1上。

〔註75〕（明）胡居仁：《居業錄》，卷一，〈心性〉第一，頁1上。

實踐之途轍，以篤實踐履之工夫爲聖人旨要；不過其修養工夫的範圍與對象，其實已無形的轉向於對本心的操存涵養。因此，若不再由表面朱學的傳承立場來分析，胡居仁的思路可以是離心學之論不遠矣。

（四）陳獻章

陳獻章，字公甫，號石齋，晚號紫水歸人，廣東新會白沙里人，世稱白沙先生。生於明宣宗宣德三年（1428 年），卒於明孝宗弘治十三年（1500 年）。其曾自述己身學術思想之形成云：

> 僕才不逮人，年二十七始發憤從吳聘君（與弼）學，其於古聖賢垂訓之書，蓋無所不講，然未知入處。比歸白沙，杜門不出，專求所以用力之方。既無師友指引，惟日靠書冊尋之，忘寐忘食，如是者亦累年，而卒未得焉。所謂未得，謂吾心與此理未有湊泊吻合處也。於是舍彼之繁，求吾之約，惟在靜坐，久之，然後見吾此心之體隱然呈露，常若有物。日用間種種應酬，隨吾所欲，如馬之御銜勒也。體認物理，稽諸聖訓，各有頭緒來歷，如水之有源委也。於是渙然自信曰：「作聖之功，其在茲乎！」〔註76〕

陳獻章從學於吳與弼，由朱學格物致知的爲學途徑入手，但卻無法從「古聖賢垂訓之書」中尋求本心與理之湊泊吻合處；於是在無法尋得生命之安頓處後，返家苦讀，靜坐其中，體悟到以靜坐養心，反觀自得之學；即以靜養心，使之不累於書冊，不擾於外物，而後發現心之本體「隱然呈露」，於日用應酬之間無不契合。

因此，陳獻章雖循朱學格物窮理的修養工夫之路而行，但本心之發見卻無法與客觀格致工夫所得之物理相湊合，於是陳獻章不免對朱學進德之途徑產生質疑，以爲透過繁瑣的格物窮理工夫之所得，並不一定契合於本心；故不如捨繁求約，另闢一蹊徑，以靜坐養心爲主，放下一切情識之累，使本心不爲外物所擾，如此才能發明本心使心體渙然澄澈。所以，陳獻章的靜坐養心之學，雖無師友指導而自得，但其靜養中體認本心的守約、易簡工夫，確實是能掌握心之大本。故宗羲即云：

> 先生（陳獻章）學宗自然，而要歸於自得。自得故資深逢源，與鳶魚同一活潑，而還以握造化之樞機，可謂獨開門戶，超然不凡。至

〔註76〕（明）陳獻章：《白沙子》，卷二，〈復趙提學僉憲〉（上海：商務印書館，四部叢刊三編集部景印東莞莫氏五十萬卷樓藏明嘉靖刊本），頁27上。

> 問所謂得，則曰：「靜中養出端倪」。向求之典冊，累年無所得，而
> 一朝以靜坐得之，似與古人之言自得異。〔註77〕

宗羲指出陳獻章之學乃從靜坐之中體認本心之自然，是完全異於傳統程朱理學透過篤實踐履或格物窮理的修養工夫，以求得心與理之湊合。所以陳獻章以爲只要直接涵養本心，並使之渙然呈現，自然能成就其道德本性，而其所發用亦必鳶飛魚躍。因此，陳獻章將外在客觀認知之「理」，轉化爲本體所內存之心與理湊合處，故其直截就心本體之涵養，即心與理合，是靜中養心的易簡工夫；此可謂是對程朱透過躬行篤實的修養工夫來體認性理的質疑。故陳獻章由懷疑篤實踐履的修養工夫而另闢靜坐養心的易簡工夫，自然是爲朱學轉向心學的開始。至此「有明之學，至白沙始入精微，其喫緊工夫，全在涵養，喜怒未發而非空，萬感交集而不動，至陽明而後大。」〔註78〕

（五）王守仁

王守仁，字伯安，浙江餘姚人，學者稱爲「陽明先生」。生於明憲宗成化八年（1472年），卒於明世宗嘉靖七年（1529年）。陽明學術思路的轉變，其實可從兩方面來看；首先，陽明於當時已發現社會開始動盪不安，其以爲政治動盪與經濟衰落之因，在於道德淪喪，而道德淪喪則是由於學術不明所致；學術不明卻是朱學流弊所引起；所以陽明開始攻訐朱學，另闢其他學術蹊徑。再者，陽明早年亦遵循朱子格物窮理以致知的爲學途徑，冀於聖賢書中求其義理以安頓生命，但「物理、吾心終判爲二」，故其思想開始轉變。對此，宗羲以陽明思想有「三變」，其云：

> 先生（陽明）之學，始泛濫於詞章，繼而徧讀考亭之書，循序格物，
> 顧物理吾心終判爲二，無所得入。於是出入於佛、老者久之。及至
> 居夷處困，動心忍性，因念聖人處此更有何道，忽悟格物致知之旨，
> 聖人之道，吾性自足，不假外求。其學凡三變而始得其門。自此以
> 後，盡去枝葉，一意本原，以默坐澄心爲學的。〔註79〕

由此可見，陽明「學凡三變」，首先「泛濫於詞章」；之後「徧讀考亭之書」，

〔註77〕（明）黃宗羲：《明儒學案》，師說，〈陳白沙獻章〉（《黃宗羲全集》增訂版），冊七，頁12。

〔註78〕（明）黃宗羲：《明儒學案》，卷五，〈白沙學案〉序論（《黃宗羲全集》增訂版），冊七，頁78。

〔註79〕（明）黃宗羲：《明儒學案》，卷十，〈姚江學案〉，「文成王陽明先生守仁」（《黃宗羲全集》增訂版），冊七，頁201。

不過陽明此時雖已由朱子格物窮理之徑入手，依舊無法使本心所發之流行與物之理相湊合，以爲朱學之工夫仍是析心與理爲二者；於是最後轉入佛、道兩家，藉空寂之學以求得心與理之相契合，竟還是無法通貫無礙。直至後來因忤權宦劉瑾，貶謫貴州龍場驛丞，始大悟格物致知之旨，以爲「吾性自足，不假外求。」即以心體本來具足，故萬殊之理莫不在吾心之中，將心與理融貫爲一，主張「心即理」之說。其云：

> 心即理也；此心無私欲之蔽，即是天理，不須外面添一分。以此純
> 乎天理之心，發之事父便是孝；發之事君便是忠；發之交友治民便
> 是信與仁；只在此心去人欲存天理上用功便是。〔註80〕

陽明此處「心即理」之說，不僅只是心與物之理的融合，其更以「天理」乃「心」之「無私欲之蔽」者，將心與道德天理相結合，故其對本心的操存涵養，自然以「去人欲、存天理」的道德修養工夫爲主。至此，陽明「心即理」之論可謂是成熟的心學主張，因爲其已超越了心與物之理結合的層面，而成爲一切道德價值之本源處。詳言之，陽明以爲一切事物之理皆在吾心之中，若離開了心之本體，則外在的一切事物便不存在；因此，陽明進一步轉入道德層面，主張本心發用流行的當下，理便在其中，所以只要先有忠孝之心，當下便是忠孝之理，而非先有忠孝之理後，本心才去認知識得，此明顯在工夫上多費轉手。所以陽明據此「心即理」的思路，進一步確立心學「致良知」之宗旨。其云：

> 若鄙人所謂致知格物者，致吾心之良知於事事物物也。吾心之良知，
> 即所謂天理也；致吾心良知之天理於事事物物，則事事物物皆得其
> 理矣。致吾心之良知者，致知也；事事物物皆得其理者，格物也；
> 是合心與理而爲一者也。〔註81〕

陽明此處將朱子格物致知之學重新賦予了新的意涵，並明確指出「致良知」就是致吾心良知之天理於事事物物上，使事事物物皆得其理。換言之，「良知」乃人心所本具之道德天理，而「致」便是工夫的具體實踐；因此，人能「致良知」便是擴充人內在本心之天理於人倫日用之間，使外在之行爲莫不合於道德規範而功成圓滿；同時致良知的當下即是能知能行的「知行合一」表現。由此可見，陽明從「心即理」到「致良知」與「知行合一」的提出，除了是

〔註80〕　（明）王陽明：《傳習錄》，上（《王陽明全集》），頁2。
〔註81〕　（明）王陽明：《傳習錄》，中，〈答顧東橋書〉（《王陽明全集》），頁35。

修正程朱心與理二分之外，其「致良知」與「知行合一」更是補救了明中期道德淪喪與知先行後所造成言行不一的流弊。所以陽明心學的成立，正式說明了明代中期學風的改變。

綜合上述《明史》之記載與明初期到明中期諸儒的內在思路分析，大致可以從兩方面討論明代初期至中期學術思路的轉變：

第一，對明初朱學僵化的反對（外緣因素）：

一、明王朝建立之後，明太祖朱元璋深知程朱理學對政權的鞏固與江山的統治，有極大的助益，故其以程朱理學爲治國的綱領，令學者非孔孟之書不讀，非濂、洛、關、閩之學不講，再加上明成祖三部《大全》的頒佈，更確立朱學在明初的正統地位。

二、明太祖透過學校教育與科舉取士兩條途徑來培養與選拔統治人才。在學校教育方面，在京師設立國子監，而其授課之內容，除了明太祖自己編撰的《御制大誥》、《大誥續編》、《大誥三編》等書之外，更以《四書》、《五經》等儒家經典爲必讀課目。在科舉取士方面，不僅以朱注的《四書》與《五經》〔註82〕爲科舉考試之內容外，更規定文章略仿宋經義，以古人語氣爲之，其體裁以固定格式的八股制義應試。

三、明初統治者對讀書人詆毀程朱之說者，莫不殺伐治罪，如前所述饒州儒士朱季友，因上書專詆周、程、張、朱之說，而被「聲罪杖遣，悉焚其所著書。」即興文字之獄，控制學者思想，只能尊崇程朱之說，而不能有所非議。又如方孝儒，直斥明成祖「篡國」而夷其十族，坐罪而死者共八百四十七人。至此，文人士子爲避殺身之禍，只知程朱之旨而不論其他之學。

綜合上述三點，明初以朱子學爲官學，其教育與科考亦以朱學爲其標準，並以制義方式論文應答，最後再以文字獄之殺戮控制士子思路。於是士子或爲功名利祿，死背濂洛關閩之書；或爲避禍逃罪，空談天理性命之學。故造

〔註82〕　《明史》：「科目者，沿唐、宋之舊，而稍變其試士之法，專取四子書及《易》、《書》、《詩》、《春秋》、《禮記》『五經』命題試士，蓋太祖與劉基所定，其文略仿宋經義，然代古人語氣爲之，體用排偶，謂之八股，通謂之制義。……《四書》主朱子《集註》，《易》主程《傳》、朱子《本義》，《書》主蔡氏《傳》及《古注疏》，《詩》主朱子《集傳》，《春秋》主《左氏》、《公羊》、《穀梁》三傳及胡安國《張洽傳》，《禮記》主《古註疏》。永樂間，頒《四書》、《五經》大全，廢註疏不用，其後《春秋》亦不用《張洽傳》，《禮記》止用陳澔《集說》。」（（清）張廷玉等撰：《明史》，卷七十，〈選舉志〉二，頁1上。）

成思想僵化、學術停滯的情形。對此，許多學者便開始對理學產生質疑，〔註83〕如王陽明等人，便主張以「心學」取代「理學」以端正當時學術風氣，即開始了朱學的轉向。

第二、朱學「躬行踐履」的內在修養工夫轉向（內緣因素）

明初諸儒如薛瑄、吳與弼、胡居仁〔註84〕等人，雖皆嚴守程朱理學矩矱，但其篤實踐履的道德修養與專注心性之眞實體驗，其實已經在無形中強調了本心之操存涵養，明顯走向了心學之路。〔註85〕不僅如此，江門之學的陳獻

〔註83〕　容肇祖先生曾表示：「由於明王朝的思想文化的專制主義統治，而造成思想僵化、學術停滯、思想懶惰、人才空乏。人們只能規行矩步，篤信程朱。……理學雖然獨霸明代論壇，但由於其遠人事而尚天道，尚空疏而不務實際，而使不少知識分子爲了功名利祿，只知死背周、程、張、朱之書，空談天理性命之學，對於經世致用，利濟蒼生之學，却不甚了了，如此『安望有內聖外王之業？』面對這種思想統治局面，許多思想家對理學的統治產生了異議，發生了懷疑。」（《中國歷代思想史》，明代卷。臺北：文津出版社，1993 年12 月初版 1 刷，頁 9。）于化民先生亦云：「總而言之，通過對薛、吳、胡思想的簡要勾勒，我們可以看到，程朱理學經過二、三百年的發展，到明初雖在政治上取得顯赫地位，其內部卻由於缺少新思想、新觀念、新理論而漸漸變得陳腐。程朱理學從內容到形式的式微，爲王學的興起準備了條件。」（《明中晚期理學的對峙與合流》，臺北：文津出版社，1993 年 2 月初版，頁 120。）

〔註84〕　古清美先生對此三人思想的轉向，皆有評述。其云：「這位（薛瑄）學問風格、規模最近朱子理學的明儒，在心性的體驗上已經跨出一步，把心性涵養的境界做出來，並說出來，使後學知道心性之說一定需要脫離理論往前走，而涵養實踐之路確是可以達到『心無一物』、『行所無事』、『此心怛覺性天通』這種不必避高盧之譏的境界，可見理學入明後逐將顯現的不同風貌，及變化的端倪。」（《明代理學論文集・明代前半期理學的變化與發展》。臺北：大安出版社，1990 年 5 月第 1 版第 1 刷，頁 18。）又云：「康齋（吳與弼）宗仰程朱、教人讀書明理、涵養心地都不出朱學之域，然其謹嚴精苦的工夫全然渾化於一平淡安分、曠然自足的人格表現中，而幾乎完全不講格物致知、窮究物理，不可不說是明代理學的一種變化；同時，也給予明代學者一份極深遠的影響和啟發。」（同上，頁 23。）又云：「敬齋（胡居仁）所嚴守的程朱理學，在他專注於心性的體驗及踐履的方式下，已經無形中有所轉變了。在這種轉變中，我們若擱下其表面樹立的程朱學的鮮明旗幟不論，而從整個明代思想的發展來看，幾乎可說，這種風格實與心學不遠反近，甚而更可能是間接助長了心學興起的潮流。」（同上，頁 30。）

〔註85〕　張豈之先生對此亦表示：「崇奉朱學而又改鑄朱學，是明初思想史上一個值得注意的事實。就注重對『心』的探討這一點來說，固然與明初思想家強調道德踐履與修養密切相關，同時還應該看到，這也是朱熹的格物致知在付諸實踐中所得到的一個必然結果：由於朱熹的格致論在實質上不是求知識之眞，而是明道德之善，所以，沿著朱熹的格致論去求知，並不能走入科學的實證

章與姚江之學的王陽明，兩人之治學亦由程朱學入手，但其經年鑽研孔孟之
旨與聖賢之學後，發現無法從這些聖賢書中尋得生命之安頓處，以為本心與
理未能湊泊吻合；故轉向心學，直截就心本體涵養，即依「心即理」的思路，
而開啓了明中期心學的興起。

由此可見，朱學「躬行踐履」的內在修養工夫之轉向；一方面是由於諸
儒透過篤實踐履的修養工夫來涵養本心，自然提供了心學發展的條件；另一
方面，程朱格物致知所得之理，往往無法契合於本心，於是諸儒在尋求心理
合一的過程中，自然走向了心學，而成為明中期的思想主流。

二、明中期至清初期學術思潮之發展

明中期以後，由於內有「奪門之變」、「藩王之亂」（安化王寘鐇之亂、寧
王宸濠之亂），「爭國本」，「三案」（挺擊案、紅丸案、移宮案），以及閹黨與
黨議紛爭等內憂；外又有瓦剌、韃靼與倭寇等相互肆掠禍亂，而加深了明代
政治危機。對此，明中後期之諸儒，自然肩負起興亡圖存的責任，而此處可
分從兩個階段來討論：

第一階段：

明代中期「心學」成為當時學術思想之主流，其興起之因，一方面由於
明初諸儒恪守朱學「躬行實踐」之途徑，而專注於內在本心之操存涵養，故
自然轉向「心即理」之思路發展；此即內在思路的轉變。另一方面則是為了
改變從明初到中期嚴遵朱學之體制下，所造成的思想僵化與空談天理性命之
學而不務實際的學風；所以陽明便主張「心即理」之說，以「致良知」、「知
行合一」之學來挽救已頹疲的明初朱學；此即外在因素之影響。

因此，陽明指出「今夫天下之不治，由於士風之衰薄；而士風之衰薄，
由於學術之不明。」〔註86〕其中「學術之不明」，即是指從明初奉為正統的程
朱之學，其造成了「天下不治」、「士風衰薄」。所以陽明提倡「致良知」之心
學，除了是學術思想自然的發展外；更重要的一點，就是要以「心學」來明
學術，正士風，最後治天下。故容肇祖先生亦即直言：「因理學派的墮落，容

道路，而只能走入捨外而求內的歧途。」（《新中國思想史》。臺北：水牛圖書
出版事業有限公司，1992 年 11 月 1 日 1 版 1 刷，冊下，頁 741。）
〔註86〕 （明）王陽明：《王陽明文集》，卷二，〈送別省吾林都憲序〉（戊子）（《王陽
明全集》），頁 47。

易起本身的革命。國家所提倡的爲朱學，革命派遂依傍了陸學。」〔註87〕不過此處對於容先生之言必須稍加說明；首先，對於程朱理學因墮落而成爲僵化之教育，所引發的革命，並非指武力意義之革命，而是指陽明以「心學」挽救當時因學術不明而造成士風衰敗、天下不治的情況，即根本思想上之革命。至此，明顯可知陽明「致良知」、「知行合一」之學，是爲了修正學者死守禮義教條而不務實際的思想改革。

不過，此處馬上產生一個疑問，既然明中期所興起的「心學」，是對外在政治的反對，內在思想的反省，卻爲何到明代末期反而成爲被批評的對象。筆者以爲其因大致有四點。

一、心學由陳獻章倡「靜中養出端倪」開始，爲明代心學之發端，隨即陽明承之而心學大盛。然而心學大盛的同時，亦是其「心性論」高度成熟的時候，因爲「心性論」之「內在問題」，〔註88〕即指人在自覺活動中，以「應然意識」爲起點來體驗反省，不過當其反省思路超越經驗層面時，若缺乏形上論證之能力，則易造成心性觀念的誤解與混亂，故其理論自然遠較「天道觀」與「本性論」爲複雜，所以其所需的思辨工夫、文字之整理以及理論之架構，皆較「天道觀」、「本性論」困難；加上「心性論」之根本義，在於「主體性」及「最高自由」即在超經驗層面上建立一最高主體者，所以距經驗意

〔註87〕 容肇祖先生對於明中期心學的復興，除了正文所引的一點之外，尚有其他兩個論點。其云：「一方面因爲朱學中博學致知派的衰落，走入了繁瑣的，拘守的，躬行實踐的一途，爲有天才人所厭棄；一方面因爲由窮理致知而到偏畸的主敬之學，自易發生進一步的心學。」（《明代思想史》。臺灣：開明書店，1982 年 7 月臺 6 版，頁 34。）

〔註88〕 勞思光先生指出「『心性論』在理論標準一面說，原較『天道觀』及『本性論』爲成熟，其理論效力，在嚴格意義上，本較他說爲高：然此種理論建立時，所需要之語言清理及思辯工夫亦較多較難。故建立一心性論型之學說，每每最不易使人能確切了解。此即所謂『內在問題』。……『心性論』之根本義，在於『主體性』及『最高自由』，距經驗意識最遠；不似『天道觀』或『本性論』皆依『存有』立說，易於接近。此是『心性論』內在特性使然，故從此角度說，『心性論』即有難於建立，難於使人確切了解之『內在問題』。」（《新編中國哲學史》，三上。臺北：三民書局股份有限公司，1993 年 8 月 7 版，頁 490。）又云：「所謂『外緣』自指歷史環境而言。細分之又可有兩層：第一是一學說興起時，其他已有之學說所造成之思想情況；此自亦是一種歷史環境，但只限於學說思想一層。第二則是一般意義之歷史環境，主要指當時之社會政治情況。」（同上，頁 491。）其中第一層指陽明及其後學受佛教影響而提出之哲學問題；第二層是指明中、末期社會政治走向衰敗之中，而陽明之學遂陷於此極不利又極易受責難的歷史環境中。

識最遠，反而不如「天道觀」或「本性論」由「存有」立場論說來得容易。因此，心學之「心性論」涉及較深曲理論的「內在問題」，故不僅不易明瞭，反而容易造成誤解。

二、再由「外緣問題」〔註89〕而言；第一，從學術思想層來看：陽明心學不免吸取了佛學部分思想精神，雖不礙「化成」與「捨離」之別，但學者若不能掌握儒學之「主體性」，則極易誤會心學乃近於禪學之論。第二，從當時社會政治層來看：明代自英宗之後，步步進入衰世，而陽明一生歷經憲、孝、武、世四代，正是明代衰落之階段，其心學之說未傳數代，明代便結束了歷史生命。故陽明心學此時雖正爲成熟之理論，但卻處於社會政治衰敗之時，所以在此衰亂的歷史環境下，加上滿清異族的入主中國，「心學」似乎束手無策，於是學者紛紛斥其心學之論，更指其爲明亡之主因。倘若心學之流行不在此衰亂的歷史環境下，也許世人的反應或許有所不同。

因此，綜合上述由勞思光先生所分析「內在問題」與「外緣問題」兩點來看。明末對心學的反對，一則由於「心學」本身即是理論層次較高的學問，不僅不易掌握，反而容易誤解。二則由於「心學」畢竟吸收了佛學部分思路，在無法掌握其「主體性」之下，極易近於禪學。三則因爲「心學」的發展，正處於明代衰落的階段，所以明代的滅亡，完全是國勢衰敗所引起，即政治社會問題，與心學之發展其實毫無相關，不可倒果爲因的論斷。

三、對「宋明理學」的反動；梁啓超先生指出「『清代思潮』果何物耶？簡單言之：則對於宋明理學之一大反動。」〔註90〕梁先生此處雖是針對清代思想之興起而言，然而清初思潮莫不依明末思想而來，絕非一封閉之思路。梁先生表示謂「反動者，凡以求建設新思潮也；然建設必先之以破壞。」〔註91〕此處明顯是針對陽明心學所造成的空談心性之弊，以及程朱理學所造成的思想僵化之反對，於是透過明末對心學與理學的反動，走向清初另一種「崇實黜虛」〔註92〕的思潮。

然而細究梁先生的理學反動說，可以發現明顯與上述勞先生的「歷史環

〔註89〕勞思光：《新編中國哲學史》，三上，頁491。

〔註90〕梁啓超：《清代學術概論》。（臺北：臺灣商務印書館股份有限公司，1994年1月臺2版第1次印刷，頁6。）

〔註91〕梁啓超：《清代學術概論》，頁3。

〔註92〕參考陳鼓應、辛冠潔、葛榮晉主編：《明清實學思潮史》，上卷，〈導論〉（濟南：齊魯書社，1989年7月第1次刷），頁1～6。

境」（外緣問題）說相衝突，一是主張理學心學的思想束縛，造成了學術的僵化停滯，使學者只知空談心性天理，不知起而力行，最後導致國家的衰敗；一則是以爲明中期以後，內憂外患的加劇以及政治危機的加深，其自然走向滅亡這一歷史循環之中，並無關心學之發展。筆者以爲學術研究本是多元發展，故對此二位先生之論，不僅皆認同其觀點，甚至以爲二位先生之論，其實是互補的說法；因爲政治社會的衰敗，導致國家滅亡是一事實；而理學的空疏，無法挽救日益嚴重的政治、社會危機，亦是一事實。故兩種理路的結合，確實指出明王朝已做好退出歷史舞臺的準備了。

　　四、筆者以爲從明中期至明末之間，其實還有一條隱藏的線索。然此條隱藏線索，筆者以爲有兩個源頭。第一個源頭：當初陽明心學的興起，除了是朱學內在理路的自然轉向之外，就是針對當時程朱理學造成思想僵化的修正。其中對程朱理學的修正，眞的只有心學一派嗎？筆者以爲並非如此，因爲與陽明同時代的羅欽順，其實對朱學亦有所修正，其云：

> 僕從來認理氣爲一物，……《易、大傳》曰：「易有太極，是生兩儀，兩儀生四象，四象生八卦。」夫太極形而上者也，兩儀四象八卦形而下者也。聖人只是一直說下來，更不分別，可見理氣不容分矣。
> 〔註 93〕

羅欽順以「即氣即理，絕無罅縫。」〔註 94〕之「理氣是一」觀，修正當時已走入僵化的程朱理學，其以「氣」的重實踐之義來補救當時程朱之學尚空疏而不務實際，以及爲求功名利祿而死背孔孟程朱之書，而不知利濟蒼生的學子，提供了具體實踐的機會。但多數學者皆認爲羅欽順只是朱學的繼承者，〔註

〔註93〕（明）羅欽順：《困知記》，附錄，〈與林次崖僉憲〉（明嘉靖十六年吳郡陸粲刻本），頁 59 上。

〔註94〕（明）羅欽順：《困知記》，卷下，頁 8 上。

〔註95〕容肇祖先生以爲「羅欽順的思想，爲王守仁一派思想的反動，而爲程朱一派思想的擁護者。」（《明代思想史》，頁 184。）並稱羅欽順爲「朱學的後勁」。（同上，頁 183。）陳福濱先生亦指出「陽明的同期學者中，有見於良知說的空疏所可能帶來的流弊，而對其思想作了相當之修正的重要學者有：湛若水、羅欽順等。」（《晚明理學思想通論》。臺北：環球書局，1983 年 9 月初版，頁 11。）不過其又表示「欽順爲明代『程朱』學派之巨擘，學識賅博，然於心學辯難之同時，其亦對朱子學說中所謂的『理先氣後』、『理治於氣上』等論點加以質駁，但其學宗法『程朱』，於其學說中仍可窺見一斑。」（同上，頁 18。）因此筆者以爲陳先生雖主張羅欽順之學是與心學辯難而成，但卻也指出羅欽順同時對朱學理氣觀有所修正，只是其仍宗「程朱」；由此正凸顯在羅

95〕其學說仍是針對陽明心學之弊所提出而已。筆者對此並不同意，因爲羅欽順雖與心學有思路上的歧見而格格不入，但此並不表示羅欽順與陽明沒有共同的時代課題，即對程朱學的修正。對此，向世陵先生有云：

> 王守仁心學興起和對朱熹學術的批判，構成爲明代中後期最引人注目的思想運動。但明代哲學的發展，並不僅僅表現爲心學與道學的相互爭辯，同時它也表現爲氣學的復興及其對朱熹理氣觀的清理。
> 〔註96〕

向先生明確指出在心學與朱學的論辯中，其實「氣學」正在復興，此「氣學」的發展不僅只是對心學的修正而已，亦同時對朱學提出了挽救之道。由此可見，明中後期「氣學」其實已是存在的思想，亦是對時代課題提出修正意見。不過，此處又產生一個新疑問，既然「氣學」亦是對時代課題修正所提出的學說，卻爲何目前仍處於隱藏階段而未大放光彩呢？對此，筆者以爲「氣學」在當時雖異於「心學」與「理學」而爲不同的思想理論，但在當時朱學全盛時期以及心學理論高度成熟之下，兩者的學術的架構規模皆遠超過「氣學」理論，所以「氣學」的發展空間於是受到壓迫而成爲一隱藏線索，但卻也凸顯了明中後期「氣學」思想已確實開始復興發展。〔註97〕

　　第二個源頭：陽明心學在明中期便已高度成熟，之後便開始分化爲浙中、江右、南中、楚中、北方、粵閩以及泰州等門派；而各派學說皆有其所偏重之處，或傾向程朱道問學，或出入佛、老之間，或調和朱陸異同等，於是造

欽順的時期，「氣」學的實踐仍爲隱藏之線索。

〔註96〕 向世陵：《理氣性心之間——宋明理學的分系與四系》（北京：人民出版社，2008年2月第1版第1次印刷），頁315。

〔註97〕 劉又銘先生對明中後期「氣學」的發展，亦有相類似的觀點，其云：「到了明代中葉，羅欽順和王廷相（也可以加上吳廷翰）處在批判朱子學、走出朱子學的時代，而他們又選擇了跟初興的王陽明不一樣的進路來建構自己的思想。因此，他們兩人基本上是同時跟朱子、王陽明採取距離，形成鼎足爲三的關係的。……到明末清初的時候，『以氣爲本』的主張漸成氣候，已經有許多學者或多或少地接受這個前提了；然而這時王學末流的弊病卻導致一股由王返朱的風潮，而陽明學修正派在深厚的根基上也有新的建樹（也就是說，陽明學的成熟與規模已經遠遠超過羅欽順、王廷相那個時代，因而影響力也遠超過那個時代。）……從理學發展史來看，最先是程朱學盛行，再來是陽明學成爲主流，……當朱子學、陽明學勢力還盛的時候，社會留給氣本論的空間通常也不會太大。然而當前二者走完了它們的歷史階段，這便是氣本論上場的時候了。」（《理在氣中——羅欽順、王廷相、顧炎武、戴震氣本論研究》。臺灣：五南圖書出版有限公司，2000年3月初版1刷，頁158。）

成了心學的分化。

　　然而，心學的分化即表示各門派對陽明心學之內容，各有其不同的認知，而此不同的認知即反顯出諸儒對陽明心學之思想掌握不定，又此思想的掌握不定即是對其學術思想之不明；於是回歸陽明自己所言「今夫天下之不治，由於士風之衰薄，而士風之衰薄，由於學術之不明。」至此明顯可見，當初心學是為了挽救朱學僵化、學術不明而興起的學說，如今心學自己卻也淪為學術不明而導致士風衰薄、天下不治的主因之一。

　　於是此處馬上逼顯出一條隱藏的線索，即是明中末期學者開始由王返朱，修正心學遠人事而尚心性天理之弊時；這些學者（如羅欽順等）真的由王返「朱」了嗎？換言之，若明中末期的學者因心學之弊而重返朱學，不就是回到原本朱學理論僵化，思想停滯的窠臼之中嗎？因此，學者既要修正王學，又要挽救朱學，其實並非調和理學與心學的異同就可以解決的，所以當中便產生了一個新思想，即以真實存在的「氣學」來修正心學或挽救朱學。至此這條隱藏的線索，便由羅欽順、王廷相等人發其端，而至明末清初時，自然成為普遍性之概念，而宗羲便身處其中，開始了另一個新的清初思潮。

　　綜合上述四點結論來分析，明中期到清初期的思想轉變，因為心學發展的本身內在問題；社會政治衰敗的歷史環境；對宋明理學的反動；以及氣學的復興等；於是開始轉變理學與心學為主的學風，再加上總結明亡的教訓，因此「氣學」正式成為清初普遍性概念，即為清初思潮打下了基礎。

　　第二階段：

　　清初思潮大體上仍承明末思想而來，但卻多了明亡的刺激而略有改變。一般而言，大致有下列數種說法：

　　一、「理學反動說」。梁啟超先生以為清代思潮就是對宋明理學的反動，「而以『復古』為其職志者也；其動機及其內容，皆與歐洲之『文藝復興』絕相類。」〔註98〕故其直云：

> 綜觀二百餘年之學史，其影響及於全思想界者；一言蔽之，曰：「以復古為解放」。第一步：復宋之古，對於王學而得解放；第二步：復漢唐之古，對於程朱而得解放；第三步：復西漢之古，對於許鄭而得解放；第四步：復先秦之古，對於一切傳注而得解放；夫既已復

〔註98〕梁啟超：《清代學術概論》，頁 6。

先秦之古，則非至對於孔孟而得解放爲不止矣。〔註99〕
梁先生以爲理學的反動，即要透過訓詁考據的方法，企圖回歸到漢、唐經典，
恢復先秦孔孟之旨，以復興漢唐經學的「實學」來修正宋明理學之「虛學」。
簡言之，就是以「復古爲解放」，以經學考據爲清代思流主流。

二、「移情作用」。錢穆先生以爲清初思想的轉變，在於學者精神上的轉
移。其云：

> 蓋當其時，正值國家顛覆，中原陸沉，斯民塗炭，淪於夷狄，創鉅
> 痛深，莫可控訴。一時魁儒畸士，遺民逸老，抱故國之感，堅長避
> 之志，心思氣力，無所放洩。乃一注於學問，以寄其守先待後之想。
> 其精神意氣，自與夫乾、嘉諸儒，優遊於太平祿食之境者不同也。
> 〔註100〕

錢先生以爲清代學術由宋學走向漢學之因，在於明末諸儒共同遭遇國家喪亡
之痛，導致諸儒身負莫大的精神壓力而無處釋放，遂將精神意氣轉移至考據
之學上。

筆者以爲以上兩種說法，雖解釋了清代學術思想已有轉入乾嘉考據之學
的部分因素；但其皆非由明末思潮直線的延伸，而皆只是外在的對明末尚虛
黜實的風氣反對以及精神意志的轉移而已，僅可謂其爲清初思潮演變的「外
緣因素」。於是，余英時先生便對上述兩種說法提出修正，主張「內在理路」
說。〔註101〕

三、「內在理路說」。余英時先生云：

> 跟反理學之說有關的一種解釋是說清代學術的發展，基本上是一種
> 方法論的運動，由於反玄談，反理學，大家便從主觀冥想轉到客觀
> 研究的新方法上來了。這些說法，在我看來，並不是不對，而是不
> 足以稱爲嚴格意義上的歷史解釋。因爲它們只是一種描寫，對歷史
> 現象的描寫。……所以在外緣之外，我們還特別要講到思想史的內
> 在發展。我稱之爲內在的理路（inner logic），也就是每一個特定的
> 思想傳統本身都有一套問題，需要不斷地解決，這些問題，有的暫

〔註99〕 梁啓超：《清代學術概論》，頁13。
〔註100〕 錢穆：《國學概論》，第九章，〈清代考證學〉（臺北：臺灣商務印書館，1998
　　　　　年5月），頁264。
〔註101〕 余英時：《歷史與思想·清代思想史的一個新解釋》（臺北：聯經出版事業公
　　　　　司，1978年7月初版第4次印行），頁124。

時解決了，有的沒有解決，有的當時重要，後來不重要，而且舊問
題又衍生新問題，如此流轉不已。這中間是有線索條理可尋的……
如果我們專從思想史的內在發展著眼，撇開政治、經濟及外面因素
不問，也可以講出一套思想史。從宋明理學到清代經學這一階段的
儒學發展史也正可以這樣來處理。〔註102〕

余先生此處「內在的理路」之說，其實針對梁、錢兩位先生「從外緣來解釋
學術思想的演變，不是從思想史的內在發展著眼，忽略了思想史本身的生命。」
〔註103〕之不同角度的分析法。即其透過「內在理路」的方法，提出儒學內部
「尊德性」與「道問學」的內在緊張與變遷，用以說明明末清初思潮的轉變，
其主張：

（「尊德性」與「道問學」）這本來是儒家的兩個輪子，從大學中庸
以來，就有這兩個輪子，不能分的。儒家傳統中還有其他的名詞和
這兩個輪子相應的。比如說「博學」和「一貫」，或者「博」與「約」，
或者「聞見之知」和「德性之知」，或者「居敬」與「窮理」，這些
都是成套的，你不能把它割裂開來看。〔註104〕

余先生以為由於「尊德性」與「道問學」兩派爭執不下，於是最後只好走向
將「義理是非必須取證於經學」的觀點，故在此明末清初之際，學風明顯轉
向義理須取決於經典的訓詁考據之路上了。〔註105〕

　　四、「明清氣學」。張麗珠先生曾表示：「總論從宋到清，儒學從『宋明理學』
到『明清氣學』的思想嬗變。落在儒學的思想領域內，筆者持論『宋明理學』
→『明清氣學』→『清代新義理學』的演進線索。其中『清代新義理學』是『明
清氣學』下的產物。」〔註106〕對於張麗珠先生此論，筆者深表贊同。

〔註102〕余英時：《歷史與思想·清代思想史的一個新解釋》，頁123。
〔註103〕余英時：《歷史與思想·清代思想史的一個新解釋》，頁124。
〔註104〕余英時：《歷史與思想·清代思想史的一個新解釋》，頁127。
〔註105〕何冠彪先生則以為當時的理學家並無以經學取代理學之意。其云：「誠如錢穆
　　　　和余英時指出，理學家取證於經典乃為自己的門戶所持的義理而爭辯，他們
　　　　取證的經典往往有意無意之間受其理學背景支配。所以義理之學雖折入考
　　　　據，卻毫無以經學取代理學的意味……總括來說，顧炎武通經的動機和明代
　　　　理學家求證於經的目的大相逕庭。……總之，自明中葉以後，因義理之爭而
　　　　折入考證及以經學代替理學的主張成為兩股潮流，並進同趨，匯合而成乾嘉
　　　　考據學。」（《明末清初學術思想研究》。臺北：文津出版社，1992年12月初
　　　　版，頁282。）
〔註106〕張麗珠：《清代的義理學轉型》（臺北：里仁書局，2006年10月30日初版），

　　因為總結前述的推論來看，「氣學」在明中期便已開始發端復興，但是一則受到當是朱學全盛與心學成熟的雙重夾擊下，「氣學」被逼成為一隱藏線索；二則由於明末開始對心學分化及其末流作進一步的修正批評，於是風潮走向「由王返朱」一途，然而就在此「由王返朱」的概念下，以為只要是修正心學之弊者，皆以「朱學」歸納之，此可謂是失之籠統。因為當時學者如羅欽順、王廷相，到後來的宗羲等人，莫不以「氣學」立場來對心學修正亦同時對朱學挽救，但在「由王返朱」的概念下，「氣學」又隱藏至朱學底下了。據此，筆者以為明末清初應是理學、心學以及氣學三條思想線路交錯，其中又以氣學為修正理學與心學之弊者而為主流。

　　最後，再結合上述的內、外緣因素來分析，於是大致可以推得明清之際的學術思想概況。即是從明中後期開始，朱學雖造成思想停滯僵化，但其仍為明朝政府的正統之學；而為了挽救朱學之弊的心學，亦在其理論學說高度成熟之後開始分化，造成了學術不明而產生心學思想內容混亂之弊。所以在當時理學與心學二者雖各有其弊病卻又互相爭辯之中，於是「氣學」便開始發端，用以修正心學與挽救朱學；但是由於理學與心學畢竟是當時主流思潮，加上明末「由王返朱」的概念包含之下，「氣學」反而成為事實存在卻又隱藏的學說。然而「一葉知秋」，「氣學」的潛隱只是暫時的；故就內緣因素而言，到了明末「蕺山之學是明代王學之殿軍和總結者；那麼，東林之學則是明代朱學的殿軍。」﹝註107﹞即說明了明末蕺山與東林之學的出現，就代表了王學與朱學的學術地位已經結束，取而代之的便是「氣學」的興盛，故氣學已由明中期羅欽順、王廷相、吳廷翰、呂坤等人開起端，到明末黃宗羲、王夫之的氣學理論成熟，即表示氣學正式成立於明清之際。再就外緣因素而言，明末流寇、教匪的禍亂，經濟財政的窘迫，以及清軍的近逼，引發新一波政治危機，但此時的理學與心學仍空論心性天理而毫無具體救國之策，最後導致明亡；至此，完全暴露出理學與心學缺乏「實用」的弊病，所以一股重實用的氣學隨之興起。

　　簡言之，氣學復興於明代中期，其有兩條隱藏的線索，一則因氣學雖是修正理學與心學而發端，但其受到明中期理學與心學仍為全盛時期而潛隱；二則受到「由王返朱」的籠統概念所包含，以為修正王學之論者，就是朱學

頁365。
﹝註107﹞侯外廬、邱漢生、張豈之主編：《宋明理學史》，下卷，第二十八章（北京：人民出版社，1987年6月第1版第1次印刷），頁812。

學者，皆誤以朱學論之。直到了明末清初理學與心學的衰微，氣學才得以復興，而此時期氣學重實踐的特色隨即表現出來，因爲一方面氣學爲了挽救理學與心學空談學術之論，一方面又以氣學重實踐的特性來救國與復國。〔註108〕

　　因此，宗羲身處在明清鼎革之際，其自然受內、外緣等條件的影響，而主張氣本體之論。而宗羲氣論重實踐的特性，亦表現在上述知識道德面與政治面。就知識道德面而言，宗羲主張理氣合一之論，修正了朱子理氣二分之下，理管不住氣而造成人爲不善的情況；而其形上氣本體的存在，也彌補了朱學缺少形上氣的理論架構。相對的，宗羲理氣是一的主張，亦挽救心學空談心性之弊，宗羲以形上下理氣是一的架構，主張人是世上唯一的道德實踐者，使氣本體的道德意識之理下貫於氣質之人身上，此形質之人便能依其內在氣之理直接發爲作用而實踐道德，不僅修正心學以爲此心所到才有此理而易產生的空談之弊外，更較心學的知行合一容易準確踐履知識道德。

　　就政治層面而言，宗羲將氣學重實踐的特性落實於抗清戰爭上；即明亡之後，宗羲還鄉，組織黃竹浦弟子數百人，組成「世忠營」追隨魯王對抗清軍；之後由海路轉入太湖，聯絡吳中義軍繼續抗清；兵敗，宗羲退入四明山，結寨自守，以期成爲將來從事復興事業的基地，無奈因部屬徵糧而與山民起了衝突，導致焚寨；之後又奔隨魯王於福建，並乞師日本，力圖復明，先後將近十年，宗羲總是義無反顧的投入實際復明行動之中。筆者以爲此不懈怠的精神，不僅是民族意識的支撐而已，更完全是「實用」的氣學之論於現實世上的發用。〔註109〕

〔註108〕張麗珠先生亦有相同的主張，其云：「『明清氣學』所面對的時代課題爲何？那是緣起於明清之際對理學盛極後流露的學術疲態之反思，儒者面對『學術蹈空』之知識危機——除了學術脫離現實又道德敗壞的末流流弊以外，更有清初對理學『清談亡國』之責備與嚴肅思考，這才是決定儒者選擇『由虛返實』之『崇實』學風的關鍵因素；也是明清以來經驗實證備受重視，經驗界與現象界之人情現實皆被肯定的原因。是故『明清氣學』此一表面上看似與宋儒張載同爲『氣本論』的出發，形成其內在問題意識的挑戰卻其實不同，而這也就是決定彼此所要解決學術課題不同，義理走向終歸出現『心性／氣性』發展路數不同，後來所形成的思想體系也大不相同的關鍵因素。」（《清代的義理學轉型》，頁373。）

〔註109〕方祖猷先生表示：「浙東抗清是從順治乙酉二年開始的，……是全國抗清時間最長的地區。在這期間滿清貴族在寧波殘酷的屠殺，使清初以總結明亡教訓爲目的，以經世致用爲內容，具有強烈民族意識的實學思潮，在寧波地區迅速高漲。然而，浙東地區固有的心學影響，並未消失，人文主義思潮結合於

　　由此可見，宗羲在此氣學重實踐的氛圍下，其思想發展必定異於前代諸儒。故就其氣學思想的發展來看，宗羲既然主張以氣為本體的形上形下之理氣合一，使人不僅是世上唯一的知識實踐者，亦是唯一的道德踐履者，賦予了道德價值意義。此外，宗羲本於氣學的重實踐立場，其內在思路自然發展為重視經學，〔註110〕重視史學，〔註111〕以及重視科學的「實用」之學。所以筆者以為宗羲的學術特色，就是將潛隱的氣學之論復興於明末清初，並建構了完整的氣學理論架構，且進一步以氣學為發展主軸，依此內在思路而延伸其義理、史學與經學的主張，使明末清初的學術風潮，異於前代，而走向了一條「氣」學之路。

第三節　黃宗羲之成學過程

一、黃宗羲對劉宗周思想之繼承

　　劉宗周，字起東，號念臺，學者稱之為蕺山先生。宗羲受業於劉宗周，

實學思潮之中，推動實學思潮的發展，正是這股思潮的特點，孕育了黃宗羲這樣一位光輝的思想家。」（《清初浙東學派論叢》，頁 24。）

〔註110〕方祖猷先生有云：「實學思潮的一個重要內容是經學的復興。黃宗羲反求六經，首先由於他總結明亡教訓，看到明末政治腐敗是滅亡的原因，於是企圖通過六經來探求上古聖王的政治制度，以作借鑒。……其次，陽明後學往往注腳六經，把六經僅看作表達『吾心』的工具，晚明實學思潮代表者則轉向『聖人之經，即聖人之道』，主張從六經中探求聖人的道，而不是從個人主觀的『吾心』來解釋道。黃宗羲是很強調這一點的，他一再提出：『窮經者，窮其理也』、『六經皆載道之書』。與他同時的顧炎武也提出『經學即理學』的命題，顧黃兩人皆從晚明的明道經世轉向經學經世，這是實學思潮的發展。」（《清初浙東學派論叢》，頁 28。）

〔註111〕對於黃宗羲史學的發展，尚有兩條進路。一、方祖猷先生由「經學經世」角度以為「從經世的目的來講，僅求三代的制度是不夠的，需要了解三代以後制度的發展變化，這就需要史學作證明和補充。……於是，從經世的經學，走向經世的史學。」（《清初浙東學派論叢》，頁 29。）二，林保淳先生以為黃宗羲組「世忠營」及渡海乞師等明末清初「經世」思想的表現，發展為「諸凡與時局、變數密切相關的學問，也必然成為個人涵養的重點，最明顯的就是兵學與邊地形勢之學。……由於兵、形之學，無可避免的與歷史經驗結合在一起，故史學的分量，無形中也加重了，當時有關史事的考辨撰述之書籍，其數量之多，簡直難以勝數。……此即章學誠所謂的『以史學經世』。這一點，與『心性派』較輕視史學的態度迥然有別。」（《經世思想與文學經世──明末清初經世文論研究》。臺北：文津出版社，1991 年 12 月初版，頁 79。）

最早始於天啓六年（1626 年），宗羲之父黃尊素遭閹黨逮捕赴難前，「劉念臺
先生餞之蕭寺，忠端公（黃尊素）命公（宗羲）從之遊。」〔註 112〕從此開啓
了二人師生情誼。順治二年（1645 年）六月，清軍攻入浙東，劉宗周絕食二
十日而卒，但宗羲對其師的恩情並未忘懷，其晚年嘗言及「某幼遭家難，先
師蕺山先生視某猶子，扶危定傾，日聞諸言，小子踽踽，夢奠之後，始從遺
書得其宗旨。」〔註 113〕由此可見，宗羲之所以能傳劉宗周之學，除了劉宗周
對亡友遺孤的傾心相授之外，尚有下列其他之因。

　　宗羲曾云：「（劉宗周）始雖與陶石梁同講席，爲證人之會，而學不同。
石梁之門人皆學佛，後且流於因果。分會於白馬山，義嘗聽講。石梁言一名
臣轉身爲馬，引其族姑證之，義甚不然其言。退而與王業洵、王毓蓍推擇一
輩時名之士四十餘人，執贄先生（劉宗周）門下。」〔註 114〕至此明顯可知宗
義在學術思想上，是反對混同儒釋之論以及因果報應之說，明確將學問之事
以劉宗周爲宗。不過，此時的宗羲雖爲劉宗周之門下，但還不能傳劉宗周的
學說，直到科考的失敗，劉宗周的亡故，以及明清政權交替等慘痛經歷的刺
激之後，宗羲因此心無旁騖，專心深究劉宗周之學而日進有所得。故其云「余
學于子劉子，其時志在舉業，不能有得，聊備蕺山門人之一數耳。天移地轉，
殭餓深山，盡發藏書而讀之，近二十年，胸中窒礙解剝，始知曩日之孤負爲
不可贖也。」〔註 115〕至此，宗羲已非聊備蕺山之門人，而是得劉宗周之眞傳
者，〔註 116〕所以對於自己的學問「間有發明，一本之先師，非敢有所增損其
間。」〔註 117〕因此，宗羲的思想基礎，確實得自劉宗周。劉宗周有云：

〔註 112〕（清）黃炳垕：《黃宗羲年譜》，卷上，明天啓六年（1626 年）丙寅條，頁 12。
〔註 113〕（明）黃宗羲：《南雷文定》四集，卷一，〈明儒學案序〉（《黃宗羲全集》增
　　　　訂版），冊十，頁 78。
〔註 114〕（明）黃宗羲：《明儒學案》，卷六十二，〈蕺山學案〉，「忠端劉念臺先生宗周」
　　　　（《黃宗羲全集》增訂版）。冊八，頁 890。
〔註 115〕（明）黃宗羲：《南雷文案》，卷一，〈惲仲昇文集序〉（《黃宗羲全集》增訂版）。
　　　　冊十，頁 4。
〔註 116〕全祖望對於此事亦有記載，其云：「公（宗羲）嘗自謂受業蕺山時，頗喜爲氣
　　　　節斬斬一流，又不免牽纏科舉之習，所得尚淺，患難之餘，始多深造，於是
　　　　胸中窒礙爲之盡釋，而追恨爲過時之學，蓋公不以少年之功自足也，問學者
　　　　既多，丁未（康熙六年 1667 年），復舉證人書院之會於越中，以申蕺山之緒。」
　　　　（《鮚埼亭集》，內編，卷十一，〈黎洲先生神道碑文〉，頁 267。）
〔註 117〕（明）黃宗羲：《南雷文定》四集，卷一，〈明儒學案序〉（《黃宗羲全集》增
　　　　訂版），冊十，頁 78。

心無體，以意爲體；意無體，以知爲體；知無體，以物爲體。物無
用，以知爲用；知無用，以意爲用；意無用，以心爲用。此之謂「體
用一原」，此之謂「顯微無間」〔註118〕

對於劉宗周心、意、知、物的關係；牟宗三先生首先提出劉宗周在「攝良知
於意」的原則下，「將良知之顯教歸于『意根最微』之密教也。」〔註119〕即指
出劉宗周乃吸收了良知之教，以歸於誠意慎獨之學中，是對意根獨體做到「歸
顯於密」；故順此思路前進，劉宗周自然產生「意蘊於心」、「知藏於意」〔註
120〕之觀點，並進一步達到「就知中指出最初之機，則僅有體物不遺之物而已。」
而得到心、意、知、物是一的結論。不過，牟宗三先生接著指出劉宗周將心
意知物的合一結合，其實是「『意是心之所存，非心之所發』，『知藏於意，非
意之所起』，這是一系；而『物即是知，非知之所照』，這又是另一系。此兩
系並不能相入，而蕺山混而爲一。……但蕺山却正是混同此兩系而爲一，而
來回滑轉而說成此類幽深曲折，繚繞而又隱晦之語句。」〔註121〕

因此，透過牟宗三先生的研究成果，可以了解到劉周宗心意知物是夾雜
又曲折的糅合爲一，故在此基礎上，〔註122〕回頭分析劉宗周此處的引文。此
處引文除了上述由劉宗周內在思路推論，而得心意知物是一的纏繞結論之
外；更可從現實的道德立場來分析，即以心爲道德本體，意爲意根，知爲良

〔註118〕 （明）劉宗周：《學言》，下（《劉宗周全集》，臺北：中央研究院中國文哲研
究，1996 年初版），冊二，頁 531。

〔註119〕 牟宗三：《從陸象山到劉蕺山》（臺北：臺灣學生書局，1990 年 2 月再版 2 刷），
頁 453。

〔註120〕 劉宗周：「《大學》之言心也，曰：『忿懥、恐懼、好樂、憂患』而已。此四者，
心之體也。其言意也，則曰：『好好色，惡惡臭』。好惡者，此心最初之機，
即四者之所自來，所謂意也。故意蘊於心，非心之所發也。又就意中指出最
初之機，則僅有知好知惡之知而已，此即意之不可欺者也。故知藏於意，非
意之所起也。又就知中指出最初之機，則僅有體物不遺之物而已，此所謂獨
也。故物即是知，非知所照也。」（《學言》，上。《劉宗周全集》，冊二，頁
457。）

〔註121〕 牟宗三：《從陸象山到劉蕺山》，頁 480～484。

〔註122〕 黃敏浩先生則另從劉宗周對四句教的修正（其姑且稱之爲「四善句」），以凸
顯心意知物的關係（參考《劉宗周及其慎獨哲學》，第三章，〈慎獨哲學的完
成——誠意說的確立〉。臺北：臺灣學生書局，2001 年 2 月初版，頁 137～153。）
其結論提出「他（劉宗周）的『四善』句，其中心、意、知、物都是超越的，
而且純善的，它們都是就同一物之較內在或根本的面向而言。如果我們沿著
此一思路再細心觀察，便會發現四句實隱含另一個重要的訊息。依宗周，『物
即是知』、『知藏於意』而『意蘊於心』，四者其實是一。」（同上，頁 151。）

知，物則為形下具體之發用者。據此，「心無體，以意為體」的引文前半段，明確指出道德主體不能只是形上之本體，而是需要以具體的形下發用來充實形上本體，是「體在用中」、「顯中有微」的思路；而「物無用，以知為用」的引文後半段，則又指出形下具體之發用不能只是毫無目的的發動，是需要形上的道德本體指導發用，是「用在體中」、「微中有顯」的主張。所以，本體與發用的相互涵攝，即「體用一原，顯微無間」之論，然此，更可發揮而為形上與形下相通貫的思路。故劉宗周接著表示：

> 性情之德，有即心而見者，有離心而見者。即心而言，則寂然不動，感而遂通，當喜而喜，當怒而怒，當哀而哀，當樂而樂。由中導和，有前後際，而實非判然分為二時。離心而言，則維天於穆，一氣流行，自喜而樂，自樂而怒，自怒而哀，自哀而復喜。由中導和，有顯微際，而亦非截然分為兩在。然即心離心，總見此心之妙，而心與性，不可以分合言也。故寂然不動之中，四氣實相為循環；而感而遂通之際，四氣又迭以時出，即喜怒哀樂之中，各有喜怒哀樂焉。如初喜屬喜，喜之暢屬樂，喜之斂屬怒，喜之藏屬哀，餘倣此是也。
> 〔註123〕

此處分從三點來分析。第一，就性情之德與心之關係而言；首先，性情之德即心而見，指寂然不動之本體透過感而遂通之發用，雖有先後之別，但本體當下發用即是喜怒哀樂，並非判然分為二時。至於性情之德離心而見，則指本體依舊存在且於穆不已，但喜怒哀樂卻非本體當下所發，而顯微有間，不過此喜怒哀樂之循環仍依於穆不已之本體而行，亦非截然分為兩在。因此，綜合來看，劉宗周的形上本體與形下發用，確實是有前後次序與顯微之間的差別；但在「體用一原，顯微無間」思路的貫通下，二者既無有先後次序之差，亦非二物獨立存在。至此，可以明顯得知劉宗周並沒有取消體用的各別作用，而是體在用中，用中有體的一貫相通。換言之，客觀現象上確實存有意與念、體與用、已發與未發等各別作用而有區別，然而劉宗周在體用一原思路之下，將上述分殊之別，視為不同層面的表現而已，本質上卻是相通貫而一致的，即在「歸顯於密」的開展下，不僅使本體成為即體即用之本體，更是體在用中，用中有體的主張。而此內在一元性的觀點確實也成為了宗羲的基本學說。宗羲曾云：

〔註123〕（明）劉宗周：《學言》，中（《劉宗周全集》），冊二，頁487。

> 通天地，亙古今，無非一氣而已。氣本一也。〔註124〕

又

> 理不可見，見之於氣；性不可見，見之於心。〔註125〕

又

> 夫性果在外乎？心果在內乎？心性之名，其不可混者，猶之理與氣，
> 而其終不可得而分者，亦猶之乎理與氣也。〔註126〕

宗羲以爲「氣」是宇宙創生的本源，是「大化之流行，只有一氣充周無間。」〔註127〕明顯以此「氣」是本體義與生化義同時具足，即此本體之氣不只是體亦是用，是體用合一思路的延伸。其中，宗羲的氣中之理以及心中之性，雖是以「體」的形式存在，但卻不可見其「體」的超越性存在，是必須透過形質之氣或心體之發用爲具體實效，才可見其存在，是「體在用中」的主張；又離心別求所謂性，捨氣別求所謂理，即違反了宗羲本身「一氣之流行，流行之中，必有主宰。」〔註128〕的基本立場，故捨「用」是無從見「體」之存在，是「用中有體」的發揮；二者的關係是「不可混」又「不可得而分者」的體用一原論，是如同劉宗周的體用觀。簡而言之，劉宗周體用一原的思想，確實是宗羲學說的基礎。

第二，再從「由中導和」，雖有前後顯微之別，但實非分爲二時兩在來言中和的關係。劉宗周曾云：

> 獨者，心極也。心本無極，而氣機之流行不能無屈伸、往來、消長
> 之位，是爲二儀。而中和從此名焉。中以言乎其陽之動也，和以言
> 乎其陰之靜也，然未發爲中而實以藏已發之和，已發爲和而即以顯
> 未發之中，此陰陽所以互藏其宅而相生不已也。（新本別一條云：「合

〔註124〕（明）黃宗羲：《宋元學案》，卷十二，〈濂溪學案下〉，附「梨洲太極圖講義」
（《黃宗羲全集》增訂版），冊三，頁609。

〔註125〕（明）黃宗羲：《孟子師說》，卷二，〈浩然章〉（《黃宗羲全集》增訂版），冊
一，頁60。

〔註126〕（明）黃宗羲：《明儒學案》，師說，〈羅整菴欽順〉（《黃宗羲全集》增訂版），
冊七，頁18。

〔註127〕（明）黃宗羲：《南雷文案》，卷三，〈與友人論學書〉（《黃宗羲全集》增訂版），
冊十，頁152。

〔註128〕（明）黃宗羲：《孟子師說》，卷二，〈浩然章〉（《黃宗羲全集》增訂版），冊
一，頁61。

陰陽動靜而妙合無閒者，獨之體也。」）〔註 129〕

劉宗周的「未發爲中而實以藏已發之和，已發爲和而即以顯未發之中。」明顯是即中即和之義；加上其又以陰陽動靜之說言中和，於是中和便是即陰即陽即動即靜之「妙合無閒」者，是獨之體；因此就概念上的綜合而言，獨體乃中和是一的體用「不離」，若就概念上的分解而言，獨體本身是體而陰陽是用，是體用的「不即」。故劉宗周又云：「莫見乎隱，亦莫隱乎見；莫顯乎微，亦莫微乎顯，此之謂無隱見，無顯微。無隱見、顯微之謂獨，故君子愼之。」〔註 130〕此隱見顯微之論明確指出中和體用的關係，即做爲顯、見的獨體之用與做爲微、隱之獨體間，是內在相通貫的一致表裡現象，是體用的「相即」「相離」而非前後之次序，是未發之中藏已發之和，已發之和顯未發之中的「表裡對待」〔註 131〕而言。然此「顯微無間」的「表裡對待」正是宗羲理氣關係的特點。宗羲有云：「天地間只有一氣充周，生人生物。……流行而不失其序，是即理也。理不可見，見之於氣。」〔註 132〕即是理在氣中，離氣無以見理的「顯微無間」之發展。

　　第三，劉宗周在此處提出了「一氣流行」的概念，而此「氣」的概念更是影響宗羲至深。劉宗周云：

> 獨中具有喜怒哀樂四者，即仁義禮智之別名。在天爲春夏秋冬，在人爲喜怒哀樂，分明一氣之通復，無少差別。……蓋止一喜怒哀樂，而自其所存者而言謂之中，如四時之有中氣……自其所發者而言謂之和，如四時之有和氣……由中達和，故謂之大本達道，只是一時事，所謂「動靜一原，顯微無閒」者也。中爲天下之大本，即隱即見，即微即顯；和爲天下之達道，即見即隱，即顯即微，故曰：「莫見乎隱，莫顯乎微」，而獨之情狀於此爲最眞。〔註 133〕

劉宗周以爲「喜怒哀樂」之「四氣」，事實上並不是四種不同的異質之「氣」，而是同一之「氣」的不同樣態的表現，是「一氣之通復」，明顯已從超越層面

〔註 129〕　（明）劉宗周：《學言》，上（《劉宗周全集》），冊二，頁 461。
〔註 130〕　（明）劉宗周：《學言》，上（《劉宗周全集》），冊二，頁 461。
〔註 131〕　（明）黃宗羲：〈子劉子行狀〉，卷下（《黃宗羲全集》增訂版），冊一，頁 251。
〔註 132〕　（明）黃宗羲：《孟子師說》，卷二，〈浩然章〉（《黃宗羲全集》增訂版），冊一，頁 60。
〔註 133〕　（明）劉宗周：《聖學宗要》，陽明王子，〈拔本塞源論〉（《劉宗周全集》），冊二，頁 302。

來論「氣」，故以爲此氣「自其所存者」爲「中」，「自其所發者」爲「和」；至此，劉宗周此處之「氣」即是中又是和，即是天下之大本又是天下之達道，是至隱至微又是至顯至見，其概念等同「獨體」者。因此，暫且不論劉宗周是以「心」或「氣」孰爲最高形上本體的問題，單純就此處「氣」概念的發展而言，此「氣」等同「獨體」亦仍是「體用一原，顯微無間」的本體義與作用生化義的具足，所以劉宗周自然產生「盈天地間一氣」的思路，其云：「盈天地間，一氣也。氣即理也，天得之以爲天，地得之以爲地，人物得之以爲人物，一也。」〔註134〕

據此，筆者以爲可以得到一個結論，就是劉宗周在自身「體用一原」的內在一貫性思路發展下，其「氣」論確實亦是即體即用的合一，而此「盈天地間一氣」的主張，就自然成爲理是氣中之理，氣又是顯理的依據，是理氣合一的表現，此觀點完全異於朱學理氣二分的主張，更進一步而言，亦是反對太極之上另有無極存在的二分；因此，宗羲可謂完全繼承其師此處的觀點，並言此乃其師所發明，稱爲「太極爲萬物之總名」，並引劉宗周之言而論云：

> 子曰：「《易》有太極」，周子則云：「無極而太極」。無極則有極之轉語，故曰：「太極本無極」，蓋恐後人執極於有也。而後之人，又執無於有之上，則有是無矣。轉云無是無，語愈玄而道愈晦矣。不知一奇即太極之象，因而偶之，即陰陽兩儀之象。兩儀立，而太極即隱於陰陽之中，故不另存太極之象。於是縱言之，道、理皆從形、氣而立，離形無所謂道，離氣無所謂理，天者萬物之總名，非與物爲君也；道者萬器之總名，非與器爲體也；性者萬形之總名；非與形爲偶也。〔註135〕

宗羲繼承了劉宗周的觀點，指出無極即是太極，且太極不在陰陽之外，而「隱於陰陽之中，故不另存太極之象。」已明顯是氣中有理，理在氣中的思想模式；因此，「道、理皆從形、氣而立，離形無所謂道。離氣無所謂理。」即說明了道不離器，理不離氣的「不離」；而天、道、性又是萬物、器、萬形之總名，卻非爲物之君、器之體、形之偶，則又是天、道、性與物、器、形各有其作用而「不即」。所以至此，明顯可以發現宗羲確實受到劉宗周「體用一原，顯微無間」的思路，而發展爲自身的氣一本論。「因此，黃宗羲標出『太極爲

〔註134〕（明）劉宗周：《學言》，中 （《劉宗周全集》），冊二，頁480。
〔註135〕（明）黃宗羲：〈子劉子行狀〉，卷下（《黃宗羲全集》增訂版），冊一，頁252。

萬物之總名』，似乎眞把握住宗周理氣論的特點了。」〔註136〕不過此處另要注意一點，就是宗羲師生二人不僅同時反對朱子理氣二分之說，對於無極是恐後人執極於有的結論上，亦是有相同的看法。（參考本論文第三章第三節）

最後，透過上述推論可以得知宗羲確實接受了劉宗周「歸顯於密」的思路，並依其「體用一原」「顯微無間」的關係來完成自己的氣一元論；故宗羲根據自己的思想理路，認爲其師劉宗周的學說，除了發先儒所未發的論點有四者外，更是直接證明了自己確實明瞭且繼承了劉宗周思想，否則其是無法從劉宗周的學說中指出不同先儒之說的地方。其云：

> 先生（劉宗周）宗旨爲愼獨。始從主敬入門，中年專用愼獨工夫。愼則敬，敬則誠。晚年愈精微、愈平實，本體只是些子，工夫只是些子。仍不分此爲本體，彼爲工夫。亦幷無這些子可指，合於無聲無臭之本然。從嚴毅清苦之中，發爲光風霽月，消息動靜，步步實歷而見。故發先儒之所未發者，其大端有四：一曰：「靜存之外無動察。」……一曰：「意爲心之所存，非所發。」……一曰：「已發未發，以表裡對待言，不以前後際言。」……一曰：「太極爲萬物之總名。」〔註137〕

其中，宗羲此處所提的後面三點發先儒所未發之內容，即前面所論劉宗周乃根據「歸顯於密」的思路，推展出「心、意、知、物是一」、「中和乃即體即用的表裡對待」，以及發展爲理氣是一的「太極爲萬物之總名」的主張。此三個論點同時皆爲宗羲所繼承，至於第一點「靜存之外無動察」，劉宗周則云：

> 周子主靜之靜，與動靜之靜迥然不同。蓋動靜生陰陽，兩者缺一不得，若於其中偏處一焉，則將何以爲生生化化之本乎？然則何以又下箇靜字？曰：「只爲主宰處著不得註腳，只得就流行處討消息。」亦以見動靜只是一理，而陰陽太極只是一事也。〔註138〕

劉宗周之處引周敦頤「主靜」之觀念，表示「靜存」的工夫是超越相對動靜之靜，即是直截就本體所下的「靜存」之工夫。因此，綜合前述推論可知，劉宗周在本體即用即體的「不即」「不離」結合下，本體是超越的主體性與生化的作用性之合一者，故其修養工夫當然只須直截就本體上用功即可，即「只

〔註136〕黃敏浩：《劉宗周及其愼獨哲學》，第二章，〈愼獨哲學的內容〉，頁68。
〔註137〕（明）黃宗羲：〈子劉子行狀〉，卷下（《黃宗羲全集》增訂版），冊一，頁250。
〔註138〕（明）劉宗周：《學言》，上（《劉宗周全集》），冊二，頁444。

爲主宰處著不得註腳。」亦著不得相對之動靜。由此可見，劉宗周「主靜」
超越層面的修養論，其實仍是由本身體用一原思路所發展；簡言之，其工夫
修養論即歸結在「慎獨」之上。故宗羲表示云：

> 先生（劉宗周）之學，以慎獨爲宗。儒者人人言慎獨，唯先生始得
> 其眞。盈天地間皆氣也，其在人心，一氣之流行，誠通誠復，自然
> 分爲喜怒哀樂。仁義禮智之名，因此而起者也，不待安排品節，自
> 能不過其則，即中和也。此生而有之，人人如是，所以謂之性善，
> 即不無過不及之差，而性體原自周流，不害其爲中和之德。學者但
> 證得性體分明，而以時保之，即是慎矣。慎之工夫，只在主宰上。
> 覺有主，是曰意。離意根一步，便是妄，便非獨矣。故愈收斂，是
> 愈推致。〔註139〕

宗羲以爲此處除了說明一氣之流行自能不過其則，即中和之表現外，更說明
了慎獨的工夫「只在主宰上」，只在「意」上，若向外做修養工夫，「離意根
一步，便是妄，便非獨矣。」明顯是本體收攝一切，工夫只須就本體用功即
可。因此，分從兩個角度而言；第一，在「歸顯於密」的思路下，劉宗周本
體之學愈向內收攝，愈是精緻，故其修養工夫即直截存養本體，不論主靜、
慎獨等，皆是直接就超越層的獨體、意根用功；第二，再由工夫立場而言，
宗羲以爲劉宗周「靜存之外無動察」，是否就只有一種工夫而已呢？即僅有單
純直接就超越本體的存養工夫嗎？其實並非如此，劉宗周雖然沒有言及外在
動察工夫，但並表示其不重視實際工夫。宗羲曾記載劉宗周與陶石梁對本體
工夫的看法，其云：

> 石梁言：「識得本體，不用工夫。」先生曰：「工夫愈精密，則本體愈
> 昭熒。今謂既識後，遂一無事事，可以縱橫自如，六通無礙，勢必至
> 爲無忌憚之歸而已。」其徒甚不然之，曰：「識認即工夫，惡得少之？」
> 先生曰：「識認終屬想像邊事，即偶有所得，亦一時恍惚之見，不可
> 據以爲了徹也。其本體只在日用常行之中，若舍日用常行，以爲別有
> 一物可以兩相湊泊，無乃索吾道于虛無影響之間乎？」〔註140〕

劉宗周以爲「工夫愈精密，則本體愈昭熒。」明確指出本體是落在日用常行

〔註139〕（明）黃宗羲：《明儒學案》，卷六十二，〈蕺山學案〉，「忠端劉念臺先生宗周」
（《黃宗羲全集》增訂版），冊八，頁890。

〔註140〕（明）黃宗羲：〈子劉子行狀〉，卷下（《黃宗羲全集》增訂版），冊一，頁253。

之中，故認知本體的工夫便不可離日用常行之外；若僅憑空想像以「索吾道于虛無影響之間」，是永遠無法通達本體的。因此，可以得知「主靜」雖是直接的本體修養工夫，但本體之理畢竟體顯在日常流行中，若離此日用流行便無處可求識本體，所以此處所言的工夫，其實是與「主靜」工夫互為表裡之工夫。為什麼呢？因為「主靜」的工夫是就超越層面而言，但體認此超越本體卻必須從日用常行中，故此時「工夫愈精密，則本體愈昭熒。」所以「主靜」與實際的本體工夫兩者，其實皆是內向的修養工夫，本身是一致性的；換言之，劉宗周此種工夫修養，正是宗羲「心無本體，工夫所至，即其本體。」〔註141〕的思想基礎。

　　因此，總結上述而言，劉宗周的思想基礎即由「歸顯於密」為其理路，並進一步推展為「體用一原，顯微無間」的思路，而此理論架構正為宗羲所接受而繼承，並發展成自身「氣」一元論。其內在的一貫性，一元性思路明確可循。對此，鄭宗義先生亦有相同的主張，其云：

　　　　蕺山以心著性，突出性天之尊，乃犯了當時過份偏向形上世界的忌諱。由此他遂順著自家證悟的「體用一源，顯微無間」的思路，進一步發揮而為形上形下緊吸的一滾說，甚至不惜以圓融說破斥分別說來將形上世界全部內在化於形下世界中。換言之，消融了形上與形下的外在緊張。……所以後來黃宗羲主張內在一元論，陳乾初反對義理之性只講氣質之性，便不能不說是濫觴於蕺山。〔註142〕

總而言之，宗羲繼承劉宗周「本體只是些子，工夫只是些子。仍不分此為本體，彼為工夫。」的體用一原觀，更是其以「氣」能通貫形上形下之內在一元性思路的開始；而且宗羲還由劉宗周從慎獨工夫的鍛鍊中，感受工夫愈精密，則本體愈昭熒，是為「從嚴毅清苦之中，發為光風霽月。」更可知師生二人之間的關係深厚了。

二、黃宗羲對王陽明思想之修正

　　江藩《漢學師承記》：「宗羲之學出於蕺山，雖姚江之派，然以慎獨為宗，

〔註141〕（明）黃宗羲：《明儒學案・自序》（《黃宗羲全集》增訂版），冊七，頁3。
〔註142〕鄭宗義：《明清儒學轉型探析：從劉蕺山到戴東原》（香港：香港中文大學出版社，2009年增訂版），頁61。

實踐爲主，不恣言心性、墮入禪門，乃姚江之諍子也。」〔註143〕由此可知，宗羲之所以選擇心學發展，其因在於受其師劉宗周的啓發，自覺的走向王學一路，並對其理論提出了修正，「不恣言心性、墮入禪門」，即挽救當時王學末流之弊而起，並非全盤否定王學，故爲「姚江之諍子」。因此，就當時背景而言，宗羲不僅透過劉宗周而繼承了心學，其對王學的修正更直接表現在劉宗周與陶石梁共同講席證人之會時，對陶氏之學參雜禪佛，空守本體之說的不滿；故宗羲對此背景表示：

> 當是時，浙河東之學，新建一傳而爲王龍溪畿，再傳而爲周海門汝登、陶文簡，則湛然澄之，禪入之。三傳而爲陶石梁奭齡，輔之以姚江之沈國謨、管宗聖、史孝咸，而密雲悟之，禪又入之。會稽諸生王朝式者，又以捭闔之術，鼓動以行其教。證人之會，石梁與先生分席而講，而又爲會于白馬山，雜以因果、僻經、妄說，而新建之傳掃地矣。〔註144〕

除了上述宗羲從學劉宗周的內緣動機之外，另一之因在於王陽明出身於浙江餘姚，在地緣的關係下，亦身爲餘姚人士的宗羲，當然自幼便受王學遺風熏陶，因此「陽明先生者出，以心學教天下，示之作聖之路。」〔註145〕的風氣影響下，自然引導宗羲走向成賢致聖之道。加上陽明著名弟子，如徐愛、錢德洪、王龍溪等人，不僅多爲浙江一帶的同籍學生，而徐、錢二氏更爲餘姚當地子弟。所以宗羲即表示「孟子之言，得陽明而益信。今之學脈不絕，衣被天下者，皆吾姚江學校之功也。是以三百年以來，凡國家大節目，必吾姚江學校之人出而揵定。」〔註146〕因此，宗羲成長於姚江王學盛行之處，必然受此氛圍影響，而以王學興衰爲己任，便不足爲怪了。簡言之，宗羲可謂是克紹宗周而遠宗陽明，自然表現出尊王的傾向。故瞭解了宗羲對王學的立場後，於是便可由其《明儒學案》卷十〈姚江學案〉的開頭序論做進一步討論。不過，此處先做一說明，因爲此序論的內容，正好可分從三個角度來分析宗

〔註143〕（清）江藩：《漢學師承記》，卷八，〈黃宗羲〉（臺北：廣文書局有限公司，1977 年 7 月再版），頁 160。

〔註144〕（明）黃宗羲：《子劉子行狀》，卷下（《黃宗羲全集》增訂版），冊一，頁 253。

〔註145〕（明）黃宗羲：《南雷文定》三集，卷一，〈餘姚縣重修儒學記〉（《黃宗羲全集》增訂版），冊十，頁 133。

〔註146〕（明）黃宗羲：《南雷文定》三集，卷一，〈餘姚縣重修儒學記〉（《黃宗羲全集》增訂版），冊十，頁 133。

義對陽明學的態度，即其尊王抑朱的傾向，以及對「致良知」學與「四句教」的修正三個方向；故以下便以此爲進路，分三部分來討論。首先，就尊王抑朱的傾向來看，宗羲在〈姚江學案〉序表示：

> 有明學術，從前習熟先儒之成說，未嘗反身理會，推見至隱。所謂「此亦一述朱，彼亦一述朱」耳。高忠憲云：「薛敬軒、呂涇野語錄中，皆無甚透悟。」亦爲是也。自姚江指點出「良知人人現在，一反觀而自得」，便人人有個作聖之路。故無姚江，則古來之學脈絕矣。〔註147〕

宗羲以爲薛瑄，呂柟都是明初朱學的代表，而歸之於〈東河學案〉之中，其指出「河東之學，悃愊無華，恪守宋人矩矱，故數傳之後，其議論設施，不問而可知其出於河東也。……然河東有未見性之譏，所謂『此心始覺性天通』者，定非欺人語，可見無事乎張皇耳。」〔註148〕宗羲此處與高忠憲的看法可謂一致，認爲明初朱學學者，對於儒學的本質不僅沒有眞正透悟，更有未見性之譏，即誤以爲性與天道爲二，故透過體驗身心，才始覺心性天理相通。所以宗羲指出「先生（薛瑄）謂『水清則見毫毛，心清則見天理。喻理如物，心如鏡，鏡明則物無遁形，心明則理無蔽迹』。義竊謂，仁人心也，心之所以不得爲理者，由於昏也。若反其清明之體，即是理矣。心清而見，則猶二之也。」〔註149〕即以薛瑄的錯誤，如同朱子分心理爲二；接著，宗羲又指出「先生（呂柟）之學，以格物爲窮理，及先知而後行，皆是儒生所習聞。……先生議良知，以爲『聖人教人每因人變化，未嘗規規於一方也。今不論其資稟造詣，刻數字以必人之從，不亦偏乎？』夫因人變化者，言從入之工夫也。良知是言本體，本體無人不同，豈得而變化耶？」〔註150〕即以呂柟之病在於本體不在工夫上，其根本之因，如同薛瑄一般，皆從本質上分心理爲二，故須透過外在工夫修養而後「心始覺性天通」，明顯不合心學心即理的思路，是未見其性。因此，再結合前述宗羲遠宗陽明學的立場來看，宗羲以爲陽明指

〔註147〕（明）黃宗羲：《明儒學案》，卷十，〈姚江學案〉序論（《黃宗羲全集》增訂版），冊七，頁197。

〔註148〕（明）黃宗羲：《明儒學案》，卷七，〈河東學案〉序論（《黃宗羲全集》增訂版），冊七，頁117。

〔註149〕（明）黃宗羲：《明儒學案》，卷七，〈河東學案上〉，「文清薛敬軒先生瑄」（《黃宗羲全集》增訂版），冊七，頁121。

〔註150〕（明）黃宗羲：《明儒學案》，卷八，〈河東學案下〉，「文簡呂涇野先生柟」（《黃宗羲全集》增訂版），冊七，頁151。

點出「良知人人現在，一反觀而自得」之論，是心即理，是即本體即工夫的心理是一之說，更是古今聖學不絕脈之因。所以由此內在理論而言，宗羲確實是站在心理是一的角度，反對朱學心理二分之說，直指薛瑄，呂柟是「非惟不知陽明，并不知聖人矣。」〔註151〕強烈表現出尊王的態度。

第二、再由宗羲對陽明「致良知」的修正來討論。其〈姚江學案〉序論云：

> 「致良知」一語，發自晚年，未及與學者深究其旨，後來門下各以意見攪和，說玄說妙，幾同射覆，非復立言之本意。先生之格物，謂「致吾心良知之天理於事事物物，則事事物物皆得其理。以聖人教人只是一個行，如博學、審問、慎思、明辨皆是行也。篤行之者，行此數者不已是也」。先生致之於事物，致字即是行字，以救空空窮理，只在知上討個分曉之非。乃後之學者測度想像，求見本體，只在知識上立家儅，以爲良知，則先生何不仍窮理格物之訓，先知後行，而必欲自爲一說邪！〔註152〕

首先，先討論陽明「良知」的內涵，之後再分析其「致良知」之意。陽明繼承了孟子「人之所不學而能者，其良能也；所不慮而知者，其良知也。」〔註153〕的良知良能之論，用以擴充自身「良知」之說，以爲「良知者，孟子所謂『是非之心，人皆有之』者也；是非之心，不待慮而知，不待學而能，是故謂之良知；是乃天命之性，吾心之本體，自然靈昭明覺者也。」〔註154〕陽明的「良知」是「吾心之本體」，是具天賦良知良能而有道德意識者，故能與天理相通貫，即「吾心之良知，即所謂天理也。」〔註155〕加上「良知心之本體，即所謂性善也，未發之中也，寂然不動之體也，廓然大公也。」〔註156〕明確以「良知」爲本體，爲天理，是心即理思路的發展；由此可見，陽明的「良知」是從本體上所發者，是吾心所固有的「本然之知」，所以「良知不由見聞

〔註151〕（明）黃宗羲：《明儒學案》，卷八，〈河東學案下〉，「文簡呂涇野先生柟」（《黃宗羲全集》增訂版），冊七，頁151。

〔註152〕（明）黃宗羲：《明儒學案》，卷十，〈姚江學案〉序論（《黃宗羲全集》增訂版），冊七，頁197。

〔註153〕（漢）趙岐注，（宋）孫奭疏：《孟子注疏》，卷十三上，〈盡心上〉（《十三經注疏》），頁9下。

〔註154〕（明）王陽明：《王陽明文集》，卷六，〈大學問〉（《王陽明全集》），頁92。

〔註155〕（明）王陽明：《傳習錄》，中，〈答顧東橋書〉（《王陽明全集》），頁35。

〔註156〕（明）王陽明：《傳習錄》，中，〈答陸原靜書〉（《王陽明全集》），頁48。

而有，而見聞莫非良知之用；故良知不滯於見聞，而亦不雜於見聞。……良知之外別無知矣。」〔註157〕指出所有的流行變化其實都在良知發用之中，沒有能超出良知本體以外之物的。

據此，可以得到一個結論，陽明的「良知不假外求」〔註158〕，是本體義意的存在而具「本然之知」；故陽明當然反對朱學爲求見本體，而用功於「知識上立家儅」之「知」，是心與物的二分；所以在「良知」之「知」的立場上，明顯可見王學與朱學的不同。然而，宗羲畢竟受劉宗周「歸顯於密」的收攝本心之影響，當然贊同陽明心即理的「良知」說，並指出這正是其師劉宗周「愼獨」的向內收攝之學。其云：

> 夫自來儒者，未有不以理歸之天地萬物，以明覺歸之一己。歧而二之，由是不勝其支離之病。陽明謂良知即天理，則天性明覺只是一事，故爲有功於聖學。……《大學》言物有本末，蓋以本足以包末，末不足以立本，故曰知所先後，先本而後末也。聖賢工夫，一步步推入，結在愼獨，只於本上，本立而道生，末處更不必照管。〔註159〕

宗羲以爲陽明的「良知即天理」之論，是避免了朱學的支離，而回歸到心即理的基礎上，故「天性明覺只是一事」，即如同劉宗周的「愼獨」之說；因此，良知本體見在具足，其用功處自然就在良知本體上；所以依此思路前進，可以推得知陽明的良知本體必定是即知即行的「知行合一」本體。陽明有云：

> 知之真切篤實處，即是行；行之明覺精察處，即是知；知行工夫，本不可離，只爲後世學者，分作兩截用功，失却知行本體，故有合一並進之說。真知即所以爲行，不行不足謂之知。〔註160〕

陽明此處之論，明顯針對朱學心理二分而造成工夫不在本體上之支離的批評；故相對於本體而言，陽明在此已觸及到工夫論的問題，即直截就良知本體的「致良知」工夫。換言之，陽明的本體是知行合一的本體，亦是「體用一原」的即體即用；故回歸本體之最精密處，同時也就是本體最篤實的實踐點；簡言之，就是收攝於「致良知」之中。陽明云：

> 若鄙人所謂致知格物者，致吾心之良知於事事物物也；吾心之良知，

〔註157〕　（明）王陽明：《傳習錄》，中，〈答歐陽崇一〉（《王陽明全集》），頁 55。
〔註158〕　（明）王陽明：《傳習錄》，上（《王陽明全集》），頁 5。
〔註159〕　（明）黃宗羲：《南雷續文案》，卷二，〈答萬充宗論格物書〉（《黃宗羲全集》增訂版），冊十頁 201。
〔註160〕　（明）王陽明：《傳習錄》，中，〈答顧東橋書〉（《王陽明全集》），頁 33。

> 即所謂天理也；致吾心良知之天理於事事物物，則事事物物皆得其
> 理矣。致吾心之良知者，致知也；事事物物皆得其理者，格物也；
> 是合心與理而為一者也。〔註161〕

又

> 天地間活潑潑地，無非此理；便是吾良知的流行不息。致良知便是
> 必有事的工夫，此理非惟不可離，實亦不得而離也。無往而非道；
> 無往而非工夫。〔註162〕

陽明在心外無理的立場下，指出格物即是「事事物物皆得其理」，而致知則是「致吾心之良知」；因此，格物致知也就成為致吾心之良知於事事物物，使事事皆得吾心之天理，就是「致良知」。所以，陽明便進一步表示，萬變流行之理皆在吾良知之中，而「致良知便是必有事的工夫」；因此，陽明的「致良知」除了上述做為良知天理的歸結處外，並具有透過實踐以肯定本體存在及具體實踐道德的行動能力。對此，宗羲明確表示云：

> 先生致之於事物，致字即是行字，以救空空窮理，只在知上討個分
> 曉之非。〔註163〕

宗羲此處可謂繼承了陽明「致良知」學的精神，並站在陽明的立場，以為宋儒之後學者以知識為知，即「在知識上立家儅」者，「其實全靠外來聞見以填補其靈明者也。……夫以知識為知，則輕浮而不實，故必以力行為功夫。」〔註164〕由此可見，宗羲對陽明「致良知」之學是針對心理二分所發，可謂了解至深；不過，此處卻有一點要特別注意，就是宗羲明確以「致字即是行字」，本無思想上的錯誤，但此處宗羲強調「行」字的實踐義，以救空空窮理，向外求知之非，確實容易令人錯認「致良知」只在現實層面上的工夫，而忘卻「致良知」在超越層面的本體與本體之理的歸結處。對此，劉述先先生亦云：「梨洲將致字解作行字，這略失之寬，但陽明一貫講知行合一，可謂並未喪失其宗旨。」〔註165〕因此，筆者以較寬鬆的態度，以為宗羲確實還是繼續了陽明

〔註161〕（明）王陽明：《傳習錄》，中，〈答顧東橋書〉（《王陽明全集》），頁35。
〔註162〕（明）王陽明：《傳習錄》，下（《王陽明全集》），頁95。
〔註163〕（明）黃宗羲：《明儒學案》，卷十，〈姚江學案〉序論（《黃宗羲全集》增訂版），冊七，頁197。
〔註164〕（明）黃宗羲：《明儒學案》，卷十，〈姚江學案〉，「文成王陽明先生守仁」（《黃宗羲全集》增訂版），冊七，頁202。
〔註165〕劉述先：《黃宗羲心學的定位》，第二章，〈黃宗羲對於陽明思想的簡擇〉（臺北：允晨文化實業股份有限公司，1986年10月28日初版），頁49。

「致良知」的本體與本體之理是一的思路；不過，此處還必須注意一點，即兩人雖皆同時主張「心即理」的思路而發爲體用一源，但兩人的時代背景畢竟不同。陽明是針對朱學析心理爲二而發，然宗羲則爲何呢？宗羲曾言王畿之學近佛老，其云：

> 夫良知既爲知覺之流行，不落方所，不可典要，一著功夫，則未免有礙虛無之體，是不得不近於禪。流行即是主宰，懸崖撒手，茫無把柄，以心息相依爲權法，是不得不近於老。雖云眞性流行，自見天則，而於儒者之矩矱，未免有出入矣。〔註166〕

由此可知，宗羲是針對王學末流之弊所提出的篤實工夫，即是反對現成良知之說，亦是以實質「致良知」之論防止儒學落入佛老之中。因此，宗羲對陽明「致良知」學說，可以說是有相同之處，也有相異的地方了。

第三、宗羲對於「四句教」的立場。〈姚江學案〉序論云：

> 〈天泉問答〉：「無善無惡者心之體，有善有惡者意之動，知善知惡是良知，爲善去惡是格物。」今之解者曰：「心體無善無惡是性，由是而發之爲有善有惡之意，由是而有分別其善惡之知，由是而有爲善去惡之格物。」層層自內而之外，一切皆是粗機，則良知已落後著，非不慮之本然，故鄧定宇以爲權論也。其實，無善無惡者，無善念惡念耳，非謂性無善無惡也。下句意之有善有惡，亦是有善念惡念耳。兩句只完得動靜二字。他日語薛侃曰：「無善無惡者理之靜，有善有惡者氣之動。」即此兩句也。所謂知善知惡者，非意動於善惡，從而分別之爲知，知亦只是誠意中之好惡，好必於善，惡必於惡，孰是孰非而不容已者，虛靈不昧之性體也。爲善去惡，只是率性而行，自然無善惡之夾雜。先生所謂「致吾心之良知於事事物物也」四句，本是無病，學者錯會文致。彼以無善無惡言性者，謂無善無惡斯爲至善。善一也，而有有善之善，有無善之善，無乃斷滅性種乎！彼在發用處求良知者，認已發作未發，教人在致和上著力，是指月者不指天上之月，而指地下之光，愈求愈遠矣。得義說而存之，而後知先生之無弊也。〔註167〕

〔註166〕（明）黃宗羲：《明儒學案》，卷十二，〈浙中王門學案二〉，「郎中王龍溪先生畿」（《黃宗羲全集》增訂版），冊七，頁270。

〔註167〕（明）黃宗羲：《明儒學案》，卷十，〈姚江學案〉序論（《黃宗羲全集》增訂

對於陽明「四句教」〔註168〕的分析，其重點在於首句「無善無惡心之體」的解釋，而後三句皆由此句而發；故此處便分從這兩部分來討論。首先，陽明有云：

> 夫在物爲理，處物爲義，在性爲善，因所指而異其名，實皆吾之心也。心外無物，心外無事，心外無理，心外無義，心外無善，吾心之處事物，純乎理，而無人僞之雜，謂之善；非在事物有定所之可求也。……必曰：「事事物物上求箇至善」，是離而二之也。〔註169〕

陽明指出理、義、善皆吾心所發而異名，實皆在吾心之中，而此「心」是純乎理而無雜人僞之「善」，故心外無善，若向外求善便是分心與至善爲二。由

〔註168〕 版），冊七，頁197。

〔註168〕 「四句教」爲陽明晚年所立教法，其記載於《傳習錄》下、《年譜》三，以及《王龍溪全集》卷一〈天泉證道記〉。其中前二者爲錢德洪所記，後者由王畿所載，但因兩人立論立場不同，故内容上有所出入，不過陽明以爲王畿之説乃「上根之人」的立教之法，「此顏子、明道不敢承當，豈可輕易望人。」故以下引述《年譜》之記，以略見四句之教法及陽明之教學態度。《年譜》：「九月壬午，發越中，是月初八日，德洪與畿訪張元沖舟中，因論爲學宗旨。畿曰：『先生說知善知惡是良知，爲善去惡是格物，此恐未是究竟話頭？』德洪曰：『何如？』畿曰：『心體既是無善無惡，意亦是無善無惡，知亦是無善無惡，物亦是無善無惡；若說意有善有惡，畢竟心亦未是無善無惡。』德洪曰：『心體原來無善無惡，今習染既久，覺心體上見有善惡在，爲善去惡，正是復那本體功夫；若見得本體如此，只說無功夫可用，恐只是見耳。』畿曰：『明日先生啓行，晚可同進請問。』是日夜分，客始散，先生將入内，聞洪與畿候立庭下，先生復出，使移席天泉橋上。德洪舉與畿論辯請問，先生喜曰：『正要二君有此一問，我今將行，朋友中更無有論證及此者：二君之見，正好相取，不可相病，汝中須用德洪功夫，德洪須透汝中本體，二君相取爲益，吾學更無遺念矣。』德洪請問，先生曰：『有只是你自有良知本體，原來無有本體，只是太虛；太虛之中，日月星辰，風雨露雷，陰霾噎氣，何物不有，而又何一物得爲太虛之障？人心本體，亦復如是，太虛無形，一過而化，亦何費纖毫氣力？德洪功夫，須要如此，便是合得本體功夫。』畿請問，先生曰：『汝中見得此意，只好默默自修，不可執以接人：上根之人，世亦難遇，一悟本體，即見功夫，物我内外，一齊盡透，此顏子、明道不敢承當，豈可輕易望人？二君已後與學者言，務要依我四句宗旨，無善無惡，是心之體；有善有惡，是意之動；知善知惡，是良知；爲善去惡，是格物；以此自修，直躋聖位；以此接人，更無差失。』」（《王陽明年譜》，卷三，〈年譜三〉。《王陽明全集》，頁59。）

〔註169〕 （明）王陽明：《王陽明書牘》，卷一，〈與王純甫〉（癸酉）（《王陽明全集》），頁10。

此可見，陽明的心體是至善的存在；故其直云：「至善者，心之本體。」〔註170〕但此言明顯與四句教首句「無善無惡心之體」相矛盾。所以，宗羲以爲「善一也，而有有善之善，有無善之善，無乃斷滅性種乎？」即指出邏輯上的矛盾，在於對「無善無惡心之體」解釋的錯誤，認爲心本體至善唯一，不可能還存有「有善之善」與「無善之善」，故「無善無惡心之體」，宗羲便解釋爲「無善念無惡念」之義，以解決理論上的衝突。然而，此論馬上產生一個有趣的問題，就是宗羲爲何會以「念」來解釋無善無惡的心之體呢？筆者重新檢視《王陽明全集》後，發現《傳習錄下》有記載：

> 黃勉叔問：「心無惡念時，此心空空蕩蕩的，不知亦須存箇善念否？」
> 先生曰：「既去惡念，便是善念，便復心之本體矣。譬如日光，被雲來遮蔽，雲去光已復矣；若惡念既去，又要存箇善念，即是日光之中添燃一燈。」〔註171〕

陽明以爲心之本體如日光，惡念如遮蔽之雲，若能去遮蔽之雲，則日光重視即如心之本體復歸至善；不過，值得玩味的是下一段「若惡念既去，又要存箇善念，即是日光之中添燃一燈。」此明顯指出，心之本體若去惡念便是至善，是不須再存個善念，若在至善的心體上再加個善念，不就是在日光之中又點燃一燈，多此一舉嗎？筆者以爲此正反顯出善念與惡念並不影響心之本體乃至善的存在，即「心之體」仍是「無善無惡」的「至善」者。因此，宗羲以「無善念無惡念」解決「無善無惡心之體」的矛盾，其實在思路上不僅沒有違背陽明之意，甚至可謂與陽明相當一致。即以心之本體仍然至善，而無善無惡之念亦如遮蔽之雲雖眞實存在，但至終不能影響心體之本然狀態。

不過，再從另一角度而言，陽明曾云：

> 無善無惡者，理之靜；有善有惡者，氣之動；不動於氣，即無善無惡，是謂至善。……聖人無善無惡，只是無有作好，無有作惡，不動於氣。……若著了一分意思，即心體便有貼累，便有許多動氣處。
> 〔註172〕

陽明此處由超越層面立說，以爲無善無惡是指超越相對善惡的「至善」者，故一旦著意受「氣」之動的影響，便有了善惡之別。所以聖人本於「無善無

〔註170〕　（明）王陽明：《傳習錄》，下（《王陽明全集》），頁74。
〔註171〕　（明）王陽明：《傳習錄》，下（《王陽明全集》），頁76。
〔註172〕　（明）王陽明：《傳習錄》，上（《王陽明全集》），頁23。

惡」的形上至善本體，自然能無有作好與作惡，即說明了心之本體至善，是無善惡相對待的形上絕對善本體，一旦有善惡，便是受氣累的因素而造成。因此，陽明直說：「心之本體，原無一物；一向著意去好善惡惡，便又多了這分意思，便不是廓然大公。」〔註173〕即表示心之本體原是廓然大公的形上本體，若刻意為善去惡，反而是落於形下層次言心體，故「無善無惡」即成為形容此至善本體不落形下、不落相對之意；由此看來，陽明「無善無惡心之體」的分析，似乎在此立場上並不衝突，即以「無善無惡」形容「心之體」的形上位階存在。對此結論，宗羲仍是站在贊同的立場，其云：

> 陽明先生無善無惡心之體，亦猶《中庸》言上天之載無聲無臭，恐
> 人于形象求之，非謂并其體而無之也。〔註174〕

宗羲明確指出「無善無惡」是不以善惡相對待立場言「心之本體」的形容用辭，是恐後人執於相對善惡中求至善。不過，此論又產生一個新問題，即是宗羲以「無善無惡」解釋心之本體乃無相對善惡的至善外，又以「無善無惡」為「無善念無惡念」來說明心之本體，於是造成了兩條彷彿矛盾對立的思路。筆者以為，其實不然。因為宗羲的「無善念無惡念」其實仍是說明心之本體至善唯一，是不可能分「有善之善」與「無善之善」的情形，所以此種說法，可謂是由外而內的分解說；相對的，以「無善無惡」說明心之本體是超越的形上層面存在，而無相對善惡的說法，則可謂是直截就內在本體說解；所以兩種說法，在宗羲的思路上並不衝突。而且筆者還認為宗羲之所以同時存有內外兩種說法，其實應該多少受到其師劉宗周「體用一原」說的影響，即由「無善念無惡念」言「用」，由形上立場言「無善無惡」之「體」，故兩種說法互為體用。

　　最後再接著討論四句教的後三句。宗羲以為陽明言「有善有惡意之動」之「意」是有疑問的，宗羲表示「若心既無善無惡，此意知物之善惡從何而來？不相貫通。意既雜於善惡，雖極力為善去惡，源頭終不清楚。」〔註175〕其明確提出兩個論點反對陽明「有善有惡意之動」之說；第一，若順心體無善無惡而發之意，此意自然無善無惡，其如何能知物之善惡呢？對於此點，

〔註173〕（明）王陽明：《傳習錄》，上（《王陽明全集》），頁27。
〔註174〕（明）黃宗羲：《南雷文案》，卷三，〈與友人論學書〉（《黃宗羲全集》增訂版），冊十，頁154。
〔註175〕（明）黃宗羲：《明儒學案》，卷十九，〈江右王門學案四〉，「主事何善山先生廷仁」（《黃宗羲全集》增訂版），冊七，頁522。

其實容易解決，陽明前述便有云：「著了一分意思，即心體便有貼累，便有許多動氣處。」指出心所發之意，受「氣」之影響，自然有了外來之惡與原本內在所存之善的共存情形，而能知善惡。至於第二點，一旦意雜於善惡，則雖盡力爲善去惡，其源頭又要如何說明是「至善」或是「雜於善惡」呢？對此，宗羲表示存疑。不僅如此，其還反對將「知善知惡是良知」之「知」，解釋成「有善有惡意之動」，而爲「意動於善惡，從而分別之爲知」的論點，以爲良知本身就能分別善惡，是不須透過「意」來發動；所以宗羲進一步表示「陽明點出知善知惡原不從發處言，第明知善知惡爲自然之本體，故又曰：『良知爲未發之中』。若向發時認取，則善惡雜糅，終是不能清楚，即件件瞞不過照心，亦是克伐怨欲不行也。」〔註176〕於是綜合這兩點來看，宗羲以爲陽明此說是指心發動之後，產生了有善有惡的意念，在透過原本應當至善卻淪爲知善知惡的良知去判別，最後經由「格物」的「爲善去惡」，完全是就形下現實世界的工夫論，當然不爲宗羲所接受。

然而造成兩人工夫上的差異，筆者以爲宗羲始終順著劉宗周「歸顯於密」的思路前進，〔註177〕所以自然主張工夫之發用處在本體上，是直截的就先天本體存養，當然異於陽明做逆覺體證的工夫，以後天的爲善去惡以復歸本體之自然。至此，可以發現陽明四句教之所以偏重在已發處做實際的爲善去惡工夫，其因在於「上根之人，世亦難遇，一悟本體，即見功夫，物我內外，一齊盡透，此顏子、明道不敢承當，豈可輕易望人？」〔註178〕最後，可以綜結前述來看，宗羲對於陽明「致良知」之論，確實是以「行」字解釋「致」字，強調「致良知」的實踐義，雖有可能忽略陽明「致良知」乃致吾心良知之天理於事事物物上，使事事物物皆得其理的形上本體義的實踐，但其仍不失陽明知行合一之宗旨。至於「四句教」的看法，宗羲卻一反前述重實踐的態度，反而主張就先天本體下存養工夫，反對後天的爲善去惡逆覺體證的做法，不過此處明顯可知，無論是就「致良知」或「四句教」而言，宗羲的出

〔註176〕黃宗羲：《明儒學案》，卷十四，〈浙中王門學案四〉，「尚書顧箬溪先生應祥」（《黃宗羲全集》增訂版），冊七，頁338。

〔註177〕劉述先先生亦有相同的主張，以爲「蕺山看到以意爲念的流弊，故其工夫論重在掃念歸意，歸顯於密，在意根上建立主宰，是先天立本的功夫，如此則念起念滅，於我何有。」（《黃宗羲心學的定位》，第二章，〈黃宗羲對於陽明思想的簡擇〉，頁46。）

〔註178〕（明）鄒守益等編：《王陽明年譜》，卷三，〈年譜〉（《王陽明全集》），頁60。

發點皆是爲了避免王學末流空談心性而發的論點。換言之，陽明爲修正朱學心理二分而主張「致良知」，宗羲爲解決王學弊病而修正「致良知」與「四句教」，加上宗羲又順其師劉宗周思路來解釋王學，皆說明了宗羲對陽明學說是有所繼承亦有所修正。

三、黃宗羲對朱熹思想之修正

從宗羲克紹劉宗周到遠宗陽明，劉宗周與陽明對朱學心性二分之說，不時提出反對的說法，故單純就師承關係而言，宗羲自然在「心即理」的思路上，亦反對朱學「性即理」的主張，其嘗云：「盈天地皆心也。人與天地萬物爲一體，故窮天地萬物之理，即在吾心之中。後之學者錯會前賢之意，以爲此理懸空於天地萬物之間，吾從而窮之，不幾於義外乎？」〔註179〕此處明確指出在「盈天地皆心」的立場下，以爲窮理即窮吾心中之理，並直言「後之學者」以窮理乃窮心外之理，是義外之說。故就基本立場而言，宗羲確實是由「心即理」的「盈天地皆心」角度來立論，並發展爲其格物觀，尤其是對「後之學者」的錯意，應是針對朱學者而言，即已表現出與朱學不同的學術觀點。加上朱學自明初以來即列爲官學，無論科舉考試或治國綱領，莫不以朱注的《四書》、《五經》爲主，於是學者「從前習熟先儒之成說，未嘗反身理會，推見至隱。所謂『此亦一述朱，彼亦一述朱』耳。」〔註180〕於是造成學術思想上的僵化。因此，宗羲無論從師承而發的義理思路推展或就當時「此亦一述朱，彼亦一述朱」的時代背景下，宗羲面對朱子學說是必然的問題。故此處先由「心即理」的角度討兩人的思想主張。首先，就朱子立場來看：

> 問：「天與命，性與理，四者之別：天則就其自然者言之，命則就其流行而賦於物者言之，性則就其全體而萬物所得以爲生者言之，理則就其事事物物各有其則者言之。到得合而言之，則天即理也，命即性也，性即理也，是如此否？」曰：「然。」〔註181〕

〔註179〕 （明）黃宗羲：《南雷文定》五集，卷一，〈明儒學案序〉改本（《黃宗羲全集》增訂版），冊十，頁79。

〔註180〕 （明）黃宗羲：《明儒學案》，卷十，〈姚江學案〉序論（《黃宗羲全集》增訂版），冊七，頁197。

〔註181〕 （宋）黎靖德編：《朱子語類》，卷五，〈性理二〉（北京：中華書局，2004年2月第1版第5次印刷），冊一，頁82。

朱子以爲「理者，天之體；命者，理之用。性是人之所受，情是性之用。」〔註182〕指出「性」是人與天地萬物所共同具有，其中此「性」又是「理」所下貫，因此朱子直言：「性只是此理。」〔註183〕主張「性即理」之說。不過朱子卻又云：

> 仁者心便是理，看有甚事來，便有道理應他，所以不憂。（方子錄云：「仁者理即是心，心即是理。有一事來，便有一理以應之，所以無憂。」恪錄一作：「仁者心與理一，心純是這道理。看甚麼事來，自有這道理在處置他，自不煩惱。」）〔註184〕

朱子此處不同上述之說，直指「心便是理」，而其學生李方子與林恪亦記錄下「心即是理」與「心與理一」的文字。至此產生了一個極大的疑問，就是朱子之學眞的是心性二分嗎？否則此段文字記錄爲何與朱子「性即理」主張相衝突呢？其實細究此引文出處，可以得知是朱子解《論語》：「仁者不憂」〔註185〕而來。對此，陳來先生解釋甚爲清楚，其云：

> 這是解《論語》「仁者無憂」的，是說達到聖賢地位的人（仁者）他們的心已達到了與理合一的境界，故一切思想行爲從容中道，莫不合理。在這個意義上可以說這些仁者「心即理」了。並不是指一切人心即是理。但嚴格說來，對於仁者這仍只是一種「心與理一」。
>
> 〔註186〕

站在陳來先生的研究基礎進一步推論；筆者以爲「仁者」之所以能有一事來便以一理應之之因，在於此「仁者」是「心與理一」的結合，即此「仁者」之心具眾理；但此「仁者」的「心與理一」的思路，其實並不同於心學「心即理」的主張，爲什麼呢？因爲朱子的「心與理一」是須經「格物致知」一段工夫才能致至，其以「格物，是物物上窮其至理；致知，是吾心無所不知。」〔註187〕所以由格物到致知「一旦豁然貫通焉，則眾物之表裏精粗無不到，而

〔註182〕（宋）黎靖德編：《朱子語類》，卷五，〈性理二〉，冊一，頁82。

〔註183〕（宋）黎靖德編：《朱子語類》，卷五，〈性理二〉，冊一，頁83。

〔註184〕（宋）黎靖德編：《朱子語類》，卷三十七，〈論語十九〉，冊三，頁985。

〔註185〕（魏）何晏注，（宋）邢昺疏：《論語注疏》，卷九，〈子罕〉（《十三經注疏》），頁10上。

〔註186〕陳來：《朱熹哲學研究》，第二部分，〈心性論〉（臺北：文津出版社，1990年12月初版）頁192。

〔註187〕（宋）黎靖德編：《朱子語類》，卷十五，〈大學二〉，冊一，頁291。

吾心之全體大用無不明矣。此謂物格，此謂知之至也。」〔註188〕由此可見，「仁者」之所以能「心與理一」，其實中間是透過一段格知的工夫才能到達此境界，即窮萬物之理以達吾心無所不知的心理合一之境，與心學直言人本心即存理的「心即理」之論，雖有相似的結論，但兩者內涵卻明顯有差異；因此，筆者由工夫立場推得朱子「心與理一」的結論，其實與陳來先生直接由「仁者」境界言心與理一的論點相同，皆認為朱子的「心與理一」之主張是異於心學「心即理」的思路。所以朱子在心、性與理若即若離的情形下，直云：

> 心、性固只一理，然自有合而言處，又有析而言處。須知其所以析，又知其所以合，乃可。然謂性便是心，則不可；謂心便是性，亦不可。孟子曰：『盡其心，知其性』；又曰：『存其心，養其性』。聖賢說話自有分別，何嘗如此儱侗不分曉！固有儱侗一統說時，然名義各自不同。心、性之別，如以碗盛水，水須碗乃能盛，然謂碗便是水，則不可。〔註189〕

朱子此言可分從兩部分來看；第一，朱子以為「心性固只一理」，所以自有合而言處，即心性理是一的結合，故此「合」而言處，其實就是上述「仁者」的「心與理一」的境界，是類似心學「心即理」的思路，卻有不同的內涵。第二，承第一點來看，朱子亦明瞭自身「心與理一」的主張「固有儱侗一統說時，然名義各自不同。」其指出「心與性自有分別。靈底是心，實底是性。靈便是那知覺底。」〔註190〕又「靈處只是心，不是性。性只是理。」〔註191〕明確區分心與性之別，以「心」具虛靈知覺的作用，而理或性只是被認知的對象，所以心與理、與性明顯不容混淆。因此朱子心性的主張，本質上絕對是二分的思路，以心為虛靈認知之主宰，而性即天理之下貫，故虛靈之心要認知性以發為合乎天理之作用的表現，於是有了「心統性情」之說，朱子表示：

> 心之全體湛然虛明，萬理具足，無一毫私欲之間；其流行該徧，貫乎動靜，而妙用又無不在焉。故以其未發而全體者言之，則性也；以其已發而妙用者言之，則情也。然「心統性情」，只就渾淪一物之

〔註188〕（宋）朱熹：《大學章句》，第五章，〈補大學格物傳〉，（《四書集注》，臺北：世界書局，1967 年 11 月 12 版），頁 6。
〔註189〕（宋）黎靖德編：《朱子語類》，卷十八，〈大學五〉，冊二，頁 411。
〔註190〕（宋）黎靖德編：《朱子語類》，卷十六，〈大學三〉，冊二，頁 323。
〔註191〕（宋）黎靖德編：《朱子語類》，卷五，〈性理二〉，冊一，頁 85。

> 中，指其已發、未發而爲言爾；非是性是一箇地頭，心是一箇地頭，
> 情又是一箇地頭，如此懸隔也。〔註 192〕

又

> 惻隱、羞惡、辭讓、是非，情也。仁、義、禮、智，性也。心，統
> 性情者也。端，緒也。因其情之發而性之本然可得而見，猶有物在
> 中而緒見於外也。〔註 193〕

朱子以爲性乃未發之全體，情乃已發之妙用，二者之關係表現在孟子四端之
心則爲「惻隱、羞惡、是非、辭遜是情之發，仁義禮智是性之體。性中只有
仁義禮智，發之爲惻隱、辭遜、是非，乃性之情也。」〔註 194〕即以性即理而
未發，情即性之已發；故在性未發爲情時，心必須湛然虛明不受私欲干擾，
並且收攝已、未發的性、情於心之中，加以主敬涵養的工夫，由心「主宰」
性、情，使其能發而皆中節。因此，朱子「心統性情」之論，不僅心能統宰
性情，更是心兼已發未發、動靜〔註 195〕以及體用。〔註 196〕換言之，朱子藉由
孟子四端之說，將「惻隱、羞惡、辭讓、是非」作爲「情」，而「仁、義、禮、
智」作爲「性」，於是未發之性發爲已發之情的過程，不僅成爲形上與形下的
體用相對，當中更多了「心」之作用，造成心之未發時可見未發之性，即性
藉心之認知而存於心之中，但性不等同於心；而已發之情因心之發動以具體
體現，但情亦不等同於心。因此，朱子心、性、情三者成了曲折複雜的「心
性情三分」的架構。由此可見，朱子根據自身「性即理」的思路發展，必然
造成「心性二分」與「心性情三分」的結論。對此結論，宗羲深表不滿，其
云：

> 先儒之言性情者，大略性是體，性是用；性是靜，情是動；性是未
> 發，情是已發。程子曰：「人生而靜以上，不容說。纔說性時，他已
> 不是性也」，則性是一件懸空之物。其實孟子之言，明白顯易，因惻
> 隱、羞惡、恭敬、是非之發，而名之爲仁義禮智，離情無以見性，

〔註 192〕（宋）黎靖德編：《朱子語類》，卷五，〈性理二〉，冊一，頁 94。

〔註 193〕（宋）朱熹：《孟子集註》，卷二，〈公孫丑上〉（《四書集註》），頁 47。

〔註 194〕（宋）黎靖德編：《朱子語類》，卷五，〈性理二〉，冊一，頁 92。

〔註 195〕朱熹：「一心之中自有動靜，靜者性也，動者情也。」（《朱子語類》，卷九十
八，〈張子之書一〉，冊七，頁 2513。）

〔註 196〕朱熹：「性是體，情是用。性情皆出於心，故心能統之。」（《朱子語類》，卷
九十八，〈張子之書一〉，冊七，頁 2513。）

> 仁義禮智是後起之名，故曰仁義禮智根於心。若惻隱、羞惡、恭敬、
> 是非之先，另有源頭為仁義禮智，則當云心根於仁義禮智矣。是故
> 「性情」二字，分析不得，此理氣合一之說也。體則情性皆體，用
> 則情性皆用，以至動靜已未發皆然。〔註197〕

宗羲站在「離情無以見性」的立場上，直言「性情二字分析不得」；其實當中是有一段推論過程，宗羲以為「仁義禮智根於心」，即心中存有仁義禮智之性的成分，是「惻隱、羞惡、辭讓、是非，心也。仁義禮智，指此心之即性也。」〔註198〕明顯是「心性是一」的思路，所以仁義禮智之性的呈現當然須由心來體顯，即「性不可見，見之於心」〔註199〕的主張，故當云「離心無以見性」；不過此處宗羲卻言「離情無以見性」，可見「心」與「情」之間又是有某種程度的一貫相通，故宗羲對性、情的關係更進一步說明，其云：

> 孟子指出惻隱、羞惡、辭讓、是非，是即性也。舍情何從見性，情
> 與性不可離，猶理氣之合一也。情者，一氣之流行也。流行而必惻
> 隱、羞惡、辭讓、是非之善，無殘忍刻薄之夾帶，是性也。〔註200〕

此處是順著孟子「乃若其情，則可以為善矣。」〔註201〕的思路前進，以為順本性而發之情即為善，所以性藉由情得以體顯，是「舍情何從見性」，即上述「性情二字分析不得」之意。因此，綜合來看，宗羲以為「心性是一」，而性情亦是一的條件下，心性情三者其實是合一的表現。其合一的基礎，宗羲指出就是「理氣合一」之說；因此，宗羲直言批評「朱子雖言心統性情，畢竟以未發屬之性，已發屬之心，即以言心性者言理氣，故理氣不能合一。」〔註202〕即指出朱子的錯誤在於以未發為性，已發為心（情），不僅造成心情二分，更使理氣不能合一。所以其又云：

〔註197〕 （明）黃宗羲：《孟子師說》，卷六，〈公都子問性章〉（《黃宗羲全集》增訂版），
　　　　　冊一，頁136。
〔註198〕 （明）黃宗羲：《明儒學案》，卷四十七，〈諸儒學案中一〉，「文莊羅整菴先生
　　　　　欽順」（《黃宗羲全集》增訂版），冊八，頁409。
〔註199〕 （明）黃宗羲：《孟子師說》，卷二，〈浩然章〉（《黃宗羲全集》增訂版），冊
　　　　　一，頁60。
〔註200〕 （明）黃宗羲：《明儒學案》，卷四十二，〈甘泉學案六〉，「文定王順渠先生道」
　　　　　（臺北：世界書局，1992年5月5版），頁452。
〔註201〕 （漢）趙岐注，（宋）孫奭疏：《孟子注疏》，卷第十一上，〈告子上〉（《十三
　　　　　經注疏》），頁7上。
〔註202〕 （明）黃宗羲：《明儒學案》，卷四十七，〈諸儒學案中一〉，「文莊羅整菴先生
　　　　　欽順」（《黃宗羲全集》增訂版），冊八，頁409。

以造化言之，天高地下，萬物散殊，無處非氣之充塞也。天不得不
高，地不得不下，物之本乎天者親上，本乎地者親下，亙萬古而不
易，即是理也，亦渾然不可分析也。乃朱子謂性是心所具之理，若
是乎心爲車也，性爲車所載之物也。歧心性而二之，猶之歧理氣而
二之也，非程子之旨也。〔註203〕

宗羲以車載物比喻朱子以性是心所具之理，就是歧心性爲二，同時就是歧理
氣爲二。然而宗羲之所以反對朱子心性二分之說，在於其認爲心性的基礎在
於理氣，即「心即氣之聚於人者，而性即理之聚於人者，理氣是一，則心性
不得是二。」〔註204〕因此，理氣於人身上的作用便是心性，所以理氣是一，
心性當然是一。至此可以得到一個結論，就是宗羲反對朱子心性二分之說，
除了是就本身師承陽明與劉宗周的「心即理」脈絡來區分之外，更重要的是
其指出朱子的錯誤，在於基本上理氣關係的錯誤；而且再從「理氣是一，則
心性不得是二」一句推論，其文意的邏輯，明顯是站在「理氣是一」的氣學
立場來推展「心性是一」的觀點；所以，由此處可以發現宗羲雖主張心學的
心即理之說，但其立論的根本，實際上已是以「氣學」爲理論基礎了。

　　因此，進一步來討論，就是宗羲站在心學的立場，以「心即理」的思路
修正朱學心性二分之說即可成立，爲何還要提出「理氣是一」的論點來修正
朱學呢？其因在於宗羲重實踐的思路。宗羲曾對陽明「致良知」之學，提出
「致字即是行字，以救空空窮理，只在知上討個分曉之非。」〔註205〕即針對
當時心學末流以良知現成或空談心性而造成肆於情識、蕩於玄虛以及流於佛
老之弊外，亦是針對朱學「全靠外來聞見以塡補其靈明者」〔註206〕的以知識
爲知的向外求理之學而發。所以「理氣是一」之說，不只是導正當時社會的
風氣，更是眞接對朱學理論基礎的修正。簡言之，朱子是「理本論」的理氣
觀，其基本立場便與宗羲「氣本體」的觀點不同。朱子曾表示：

　　未有天地之先，畢竟也只是理。有此理，便有此天地；若無此理，

〔註203〕（明）黃宗羲：《明儒學案》，卷四十八，〈諸儒學案中二〉，「文莊汪石潭先生
　　　　俊」(《黃宗羲全集》增訂版)，冊八，頁449。

〔註204〕（明）黃宗羲：《明儒學案》，〈師說〉，「羅整菴欽順」(《黃宗羲全集》增訂版)，
　　　　冊七，頁18。

〔註205〕（明）黃宗羲：《明儒學案》，卷十，〈姚江學案〉序論(《黃宗羲全集》增訂
　　　　版)，冊七，頁197。

〔註206〕（明）黃宗羲：《明儒學案》，卷十，〈姚江學案〉，「文成王陽明先生守仁」(《黃
　　　　宗羲全集》增訂版)，冊七，頁202。

便亦無天地，無人無物，都無該載了！有理，便有氣流行，發育萬
物。〔註207〕

又

天道流行，發育萬物，有理而後有氣。雖是一時都有，畢竟以理爲
主，人得之以有生。〔註208〕

朱子以爲「未有此氣，便有此理；既有此理，必有此氣。」〔註209〕明確以「理」
爲本體，故能在未有天地之前，「理」便存在而化生萬物。換言之，朱子之「理」
是超越層的形而上存有，故能指導「氣」以流行而發育萬物，其生成步驟即
「有是理，便有是氣；有是氣，便有是形，無非實者。」〔註210〕以理→氣→
物的過程創造宇宙天地萬物，但「理」爲主。此論完全不爲宗羲所接受，宗
羲主張「盈天地皆氣」，其理論基礎是以「氣」來發展學說架構，當然反對朱
子的「理本論」。其云：

天地之間，只有氣，更無理。所謂理者，以氣自有條理，故立此名
耳。〔註211〕

宗羲此處用語，明顯可見與朱子相反；宗羲以爲天地之間只有一氣，並「無
氣外之理」〔註212〕的存在，而此理「初非別有一物，依於氣而立，附於氣以
行也。」〔註213〕因此，最後可以導出「理爲氣之理，無氣則無理」〔註214〕
的結論。至此，可以看出宗羲與朱子在思想架構上的最根本差異。不過此處
馬上產生一個問題，就是宗羲爲何要修正朱子「理本論」之說呢？

筆者以爲原因甚多。首先就師承關係來分析；宗羲繼承了陽明、劉宗周
一路的心學體系，自然對朱學「性即理」體系下的心性二分、理氣二分深感
不滿，於是在劉宗周「歸顯於密」啓發下，宗羲自然將朱學中的心性或理氣

〔註207〕 （宋）黎靖德編：《朱子語類》，卷一，〈理氣上〉，冊一，頁 1。
〔註208〕 （宋）黎靖德編：《朱子語類》，卷三，〈鬼神〉，冊一，頁 36。
〔註209〕 （宋）黎靖德編：《朱子語類》，卷六十三，〈中庸二〉，冊四，頁 1548。
〔註210〕 （宋）黎靖德編：《朱子語類》，卷六十三，〈中庸二〉，冊四頁 1547。
〔註211〕 （明）黃宗羲：《明儒學案》，卷五十，〈諸儒學案中四〉，「肅敏王浚川先生廷
相」（《黃宗羲全集》增訂版），冊八，頁 487。
〔註212〕 （明）黃宗羲：《孟子師說》，卷六，〈生之謂性章〉（《黃宗羲全集》增訂版），
冊一，頁 133。
〔註213〕 （明）黃宗羲：《明儒學案》，卷四十七，〈諸儒學案中一〉，「文莊羅整菴先生
欽順」（《黃宗羲全集》增訂版），冊八，頁 408。
〔註214〕 （明）黃宗羲：《明儒學案》，卷七，〈河東學案上〉，「文清薛敬軒先生瑄」（《黃
宗羲全集》增訂版），冊七，頁 121。

二分之情形，收攝於一本體之中，而此收攝之本體或是「心」，或是「理」，或是「氣」，此三者皆有可能成為其收攝本體的最後終結者；不過，順著劉宗周的思路來看，雖暫且不論其思想架構究竟以「心」或「氣」孰為本體，就是沒有收攝於「理」本體之中；由此可見，宗羲是比較不可能存有以「理」為本體的想法。

第二，就當時學術背景而言；心學因高度成熟發展後，本身學說走向分化，於是造成學術思想上的掌握不定，最後淪為空談心性之說；而朱學更是從明初列為官學後，便成為學者求取功名利祿的墊腳石，不僅導致思想僵化，亦造成學術上的停滯。因此，宗羲身處修正心學及挽救朱學的時代下，當然不可能回頭以「心」或「理」為其理論的本體。故自先秦就已經存在的「氣」論，自然復興於明末清初之時，而為宗羲所接受採用。

第三，再從朱子本身的「理氣觀」來看；朱子之論明確以「理」為本體為主宰，「氣」只是流行發用。但其學說最大的矛盾在於理生氣之後，卻有理管不住氣的情形，而造成流行發用後的放失之病，即朱子所云：

> 氣雖是理之所生，然既生出，則理管他不得，如這理寓於氣了，日
> 用間運用都由這箇氣，只是氣強理弱。……如父子，若子不肖，父
> 亦管他不得。聖人所以立教，正是要救這些子。〔註215〕

朱子此言可以分從兩部分來看。首先，氣雖為理所生，但生成之後，理卻管不住氣；此論明顯有限定了「人」往後發展的未來性，即朱子以為「人」一旦生成之後，其內在本體之理卻無法指導人行善，故一旦生成為惡之人，則「理管不住氣」，則此人終身為惡，反成為正當理由。由此可見朱子理氣二分後，形上本體之理有無法指導形下氣質的可能；對此，朱子亦發現本身理論的缺失，故提出了聖人立教，正是為了避免此類矛盾的產生。於是再從第二層次來看，朱子為了解決理管不住氣的問題，當然提出格物窮理之說以救之，即透過外在的修養工夫，以逆覺體證的方式回歸本體之理；並以為「用力之久，而一旦豁然貫通焉，則眾物之表裏精粗無不到，而吾心之全體大用無不明矣。此謂物格，此謂知之至也。」〔註216〕然而一物便有一理，於是要格盡事事物物以窮通其理的工夫，事實上是失之「支離」。因此，僅就朱子的理氣觀來討論，其理氣二分造成了理管不住氣的弊病後，又要靠「支離」的工夫

〔註215〕（宋）黎靖德編：《朱子語類》，卷四，〈性理一〉，冊一，頁71。
〔註216〕（宋）朱熹：《大學章句》，第五章，〈補大學格物傳〉（《四書集註》），頁6。

來導正，此論完全是宗羲所不能接受的。於是宗羲提出了「工夫所至，即其本體」〔註217〕的主張，修正朱子「支離」的工夫論，以為形上本體見在具足，當其發用下貫於實然層的形質之物時，本體之理亦隨之下貫，故不可能產生「理管不住氣」的情形，所以工夫便在本體上，是體用合一的思路。

然而此處要特別說明一點，就是宗羲體用合一的本體究竟是以「心」為主，還是以「氣」為主，請容待論文後面討論；此處先以「氣」為本體的結論來分析，其實宗羲對朱子工夫「支離」的反對，正是說明了朱子理論上根本的錯誤，就是以「理」為本的「理氣二分」說，所以宗羲在氣本體的立場下表示「夫在天為氣者，在人為心，在天為理者，在人為性。理氣如是，則心性亦如是，決無異也。」〔註218〕說明了人是形上氣本體凝結而成的形質之人，其人之本性亦是由形上氣本體的氣之理下貫而來，於是人就成為理氣合一、心性合一，更是本體之理與實踐作用的合一，此時之人不僅本具內在道德之理，而不至於發生朱子理管不住氣的情形外，更說明了人是世上唯一的道德實踐者。至此，可以說宗羲的成學經過，透過本身學說對朱子理氣二分的修正，更是確立了自己的思想架構。

最後再回到朱子的理氣關係，朱子云：

> 性即氣，氣即性，它這且是衰說；性便是理，氣便是氣，是未分別說。其實理無氣，亦無所附。〔註219〕

又

> 然以意度之，則疑此氣是依傍這理行。及此氣之聚，則理亦在焉。蓋氣則能凝結造作，理却無情意，無計度，無造作。只此氣凝聚處，理便在其中。〔註220〕

朱子以為「氣」之作用為凝結造作的氣化流行者，而「理」則是此「氣」發用流行所依傍者，即理氣二者各有其作用而「不雜」。但是朱子又曰：「理又非別為一物，即存乎是氣之中；無是氣，則是理亦無掛搭處。」〔註221〕以為「此氣凝聚處，理便在其中」，明顯指出理氣二者的「不離」。因此，朱子的

〔註217〕（明）黃宗羲：《明儒學案·自序》（《黃宗羲全集》增訂版），冊七，頁3。
〔註218〕（明）黃宗羲：《明儒學案》，卷四十七，〈諸儒學案中一〉，「文莊羅整菴先生欽順」（《黃宗羲全集》增訂版），冊八，頁408。
〔註219〕（宋）黎靖德編：《朱子語類》，卷四，〈性理一〉，冊一，頁71。
〔註220〕（宋）黎靖德編：《朱子語類》，卷一，〈理氣上〉，冊一，頁3。
〔註221〕（宋）黎靖德編：《朱子語類》，卷一，〈理氣上〉，冊一，頁3。

理氣關係合言之「不雜」，分言之「不離」；此理路應爲宗羲所接受。因爲其曾云：「大化之流行，只有一氣充周無間。……聖人即從升降之不失其序者，名之爲理。」〔註222〕此處明顯可見宗羲以「氣」主持生化流行，而「理」只是流行不失其序者，是理、氣各有其作用的存在；不過宗羲又云：「理不能離氣以爲理」，〔註223〕以爲「理爲氣之理，無氣則無理。」〔註224〕即理不可見，見之於氣，而此理又是氣中之理，是指導氣化流行的內在理則，故理氣又相爲依存。所以宗羲的理氣關係是理氣各有其作用，卻又相互依存，是類似朱子理氣不離不雜之說。不過，若就本體立場而言，兩人確實有根本的差異，即宗羲主張以氣爲本的理氣合一觀，而朱子卻是以「理」爲主的理氣二分論；不僅如此，宗羲更是彌補了朱子缺少「形上之氣」的漏失，同時以「工夫即本體」的修養論，挽救朱子「理管不住氣」的矛盾處及工夫的「支離」；由此可見，宗羲對朱子的學說，其實是有所修正亦有所改造而繼承。

〔註222〕（明）黃宗羲：《南雷文案》，卷三，〈與友人論學書〉（《黃宗羲全集》增訂版），冊十，頁152。

〔註223〕（明）黃宗羲：《明儒學案》，卷三十八，〈甘泉學案二〉，「太僕呂巾石先生懷」（《黃宗羲全集》增訂版），冊八，頁182。

〔註224〕（明）黃宗羲：《明儒學案》，卷七，〈河東學案上〉，「文清薛敬軒先生瑄」（《黃宗羲全集》增訂版），冊七，頁121。

第三章　盈天地間皆氣，氣即理也

黃宗羲曾自述其旨：「爲之分源別派，使其宗旨歷然。由是而之焉，固聖人之耳目也。間有發明，一本之先師，非敢有所增損其間。」〔註1〕然而其先師劉宗周之思想中充滿了「盈天地間，一氣而已矣」〔註2〕及「盈天地間，皆心也。」〔註3〕兩種對立之思路，故宗羲之思想中自然承繼了此二種複雜理路；加上明中期之後王學流行，其浮誇心之作用之空疏流弊亦隨之增顯，當中雖有羅欽順、陳建等「朱學的後勁」〔註4〕力攔狂瀾，然心學所造成之流弊已難遏止。故宗羲爲了挽救此虛空之弊，其已自覺或不自覺之必然修正劉宗周之理論，即以實然之氣來導正「心者，天地萬物之主」〔註5〕之心學。因此，本章即先以宗羲之理氣論來討論之。

第一節　通天地亙古今無非一氣

一、天地之間一氣充周

理氣二者之關係，一直爲宋明理學討論之重點，從張載「太虛即氣」之

〔註1〕　（明）黃宗羲：《明儒學案・自序》（《黃宗羲全集》增訂版），冊七，頁4。
〔註2〕　（明）劉宗周：《學言中》（《劉宗周全集》）冊二，頁480。
〔註3〕　（明）劉宗周：《讀易圖說・自序》（《劉宗周全集》）冊二，頁143。
〔註4〕　容肇祖：《明代思想史》，頁183～205。
〔註5〕　（明）王陽明：《王陽明書牘》，卷一，〈答季明德〉丙戌。（《王陽明全集》），頁53。

氣化宇宙觀；到程朱理生氣、理先氣後，即「所謂理與氣，此決是二物」〔註6〕之理氣二元論；以及陸王以吾心之理即天地萬物之理，而建立起「心即理」心學思想體系；或呂祖謙「心由氣而蕩，氣由心而出」，〔註7〕另一種完全異於朱、陸之思想體系。從中可以發現理、氣二者關係一直在擺盪變化。對此，宗羲繼承其師劉宗周「盈天地間，一氣而已矣」〔註8〕之論點，主張宇宙之間，人及萬物皆由一氣流行變化而生。宗羲云：

> 天地之間只有一氣充周，生人生物。人稟是氣以生，心即氣之靈處，所謂知氣在上也。〔註9〕

又

> 通天地，互古今，無非一氣而已，氣本一也。〔註10〕

又

> 以造化言之，天高地下，萬物散殊，無處非氣之充塞也。〔註11〕

宗羲以爲人及天地古今萬物，「無非一氣」變化流行而生，故站在造化立場言之，生人生物，甚至「四時之寒暑溫涼，總一氣之升降爲之。」〔註12〕可見在宗羲之思想中，以爲「氣」乃創生宇宙萬物之本體，明確表達「氣」是宇宙間最高唯一存在之實體。不過，此處所言最高唯一存在之實體之氣，並非單言氣之表現形式是唯一，即非只專指生化而言；而是泛指所有時間、空間之中任何形式表現之萬物之本質皆根源於此「氣」。因此，「覆載之間，一氣所運，皆同體也。」〔註13〕而所謂「同體」即同一「氣」之體。簡言之，天

〔註6〕 （宋）朱熹：《朱子文集》，卷第四十六，〈答劉叔文一〉（臺北：德富文教基金會，2000 年 2 月初版），冊五，頁 2095。

〔註7〕 （宋）呂祖謙：《左氏博議》，卷五，〈楚武王心盪〉（《呂祖謙全集》，杭州：浙江古籍出版社，2008 年 1 月第 1 刷，），冊六，頁 107。

〔註8〕 （明）劉宗周：《學言中》（《劉宗周全集》）冊二，頁 480。。

〔註9〕 （明）黃宗羲：《孟子師說》，卷二，〈浩然章〉（《黃宗羲全集》增訂版），冊一，頁 60。

〔註10〕 （明）黃宗羲：《宋元學案》，卷十二，〈濂溪學案下〉，附「梨洲太極圖講義」（《黃宗羲全集》增訂版），冊三，頁 609。

〔註11〕 （明）黃宗羲：《明儒學案》，卷四十八，〈諸儒學案中二〉，「文莊汪石潭先生俊」（《黃宗羲全集》增訂版），冊八，頁 448。

〔註12〕 （明）黃宗羲：《破邪論·上帝》（《黃宗羲全集》增訂版），冊一，頁 194。

〔註13〕 （明）黃宗羲：《孟子師說》，卷一，〈莊暴見孟子章〉（《黃宗羲全集》增訂版），冊一，頁 52。

地之所覆、所載，及「天上地下，無一非生氣之充滿。」〔註14〕既然宗義主張「氣本一也」，自然以氣爲最高主體性者，不過宗義卻又接著表示：

> 其主宰是氣者，既昊天上帝也。……今夫儒者之言天，以爲理而已矣。《易》言：「天生人物」，《詩》言：「天降喪亂」，蓋冥冥之中，實有以主之者。不然，四時將顛倒錯亂，人民禽獸草木，亦渾淆而不可分擘矣。古者設爲郊祀之禮，豈眞徒爲故事而來格來享，聽其不可知乎？是必有眞實不虛者存乎其間，惡得以理之一字虛言之也。佛氏之言，則以天實有神，是囿於形氣之物，而我以眞空駕於其上，則不得不爲我之役使矣。〔註15〕

首先，根據程志華先生的論點，其指出宗義「甚至把這『冥冥之中』的『主之者』稱爲『昊天上帝』。」〔註16〕以「氣」即「昊天上帝」，非一「理」字所能代替，乃眞實之存在，如同《易經》及《詩經》所述，在「冥冥之中」有個寂然不動、感而遂通之本體，能生人生物、天降喪亂。不過在此處有個特別的問題要討論，即是程先生指出宗義用「昊天上帝」一詞來形容「氣」。筆者以爲順程先生思路前進，可發現宗義提出「盈天地間皆氣」是表明「氣」具有本體義，然而此「氣」之本體義並無法直接用文字來具體形容之，故宗義採用「昊天上帝」這個絕對至上本體意象來類化表述「氣」乃最高本體之概念，並非眞正虛設一具體實有上帝供人膜拜。簡言之，即是透過「上帝」一詞這個概念來凸顯「氣」之能力，使其具備下列兩種意義。〔註17〕

〔註14〕　（明）黃宗羲：《破邪論・地獄》（《黃宗羲全集》增訂版），冊一，頁198。
〔註15〕　（明）黃宗羲：《破邪論・上帝》（《黃宗羲全集》增訂版），冊一，頁194。
〔註16〕　程志華：《困境與轉型——黃宗羲哲學文本的一種解讀》（北京：人民出版社，2006年3月第1版第2次印刷），頁145。
〔註17〕　程志華：《困境與轉型——黃宗羲哲學文本的一種解讀》，頁145～147。程志華先生對黃宗羲「昊天上帝」的概念亦二方面分解：「第一方面是因爲天即自然視界，而自然視界即氣，故以『昊天上帝』稱謂自然視之主宰。可以凸顯太極乃自然視界之自主宰，而不是另有一物作爲主宰。」程志華先生認爲宗羲的「昊天上帝」等同於「太極」是擁有自主宰的能力，非另有一物爲之主宰，等於是將「昊天上帝」的能力充貫自然視界即「氣」中，使「氣」如同「太極」有至高之位階且自爲主宰。「第二方面，……儒學之天還具有價值本體的含義。在儒學中，天是具有超越性的形上本體，是人們安身立命，成德達道的價值根據。……即然天與理一，理是道德本體，那麼天自然也就具有了價值本體意義。」程志華先生此處則是從道德賦予的角度言天，而本論文另有「氣之道德意識」一章詳論，故暫不贅述。

　　第一：將上帝概念中「絕對至上」之地位，貫充於氣中，使之成爲最高本體，故能充塞天地之間。

　　第二：再將上帝概念中「自爲主宰」之能力，充實於氣內，使能創生宇宙天地萬物而不紊。

　　綜合上述兩種特性，可得知在宗羲思想中，「氣」處在絕對至上之地位，且擁有自我主宰之能力而非有一他物主控其間，明確表現出「氣」具本體義。換言之，所謂「本體義」之「氣」，乃是指此「氣」於宇宙天地之間處在最高極至之地位，且具備由自我主宰到主宰萬物生長之能力者。

　　不過，筆者若依宗羲「其主宰是氣者，既昊天上帝」的文意翻譯，其實應解釋爲主宰此氣者即是昊天上帝，於是造成在此氣之上還有個昊天上帝爲之主宰，此結論馬上與前述以「氣」爲本體之論產生衝突。對此，筆者認爲就《破邪論》內容而言，宗羲此處其實是針對世人「以天實有神」的想法，就是「囿於形氣之物」中；其目的本是爲了指出氣具有昊天上帝之主宰能力，並非以氣之上還存在個昊天上帝者，雖然當中以氣具有昊天上帝能力的部份，確實容易使人誤以爲在氣之上還存在個實有的昊天上帝，或曰五帝、或曰佛、或曰天主等，但事實上宗羲直言：「此等邪說，雖止於君子，然其所由來者，未嘗非儒者開其端也。」〔註18〕然此正說明了因爲「氣」具有「主宰」之能力，頗有昊天上帝所賦予其能力的意味，彷彿是氣之上還有昊天上帝者，所以就算是君子儒者也不易分辨其中的差異，故誤以爲上帝實有而開其邪端之說。由此可見，宗羲的本意仍是主張氣具主宰之能力，卻非以昊天上帝的形象存之，亦非以氣之上還有個昊天上帝存在。因此，宗羲明確指出「氣若不能自主宰，何以春而必夏、必秋、必冬哉！草木之榮枯，寒暑之運行，地理之剛柔，象緯之順逆，人物之生化，夫孰使之哉？皆氣之自爲主宰

〔註18〕黃宗羲認爲將「上帝概念」分離或囿於形氣之中，是爲邪說，其云：「周禮因祀之異時，遂稱爲五帝，已失之矣。而緯書創爲五帝名號，蒼帝曰靈威仰，赤帝曰赤熛怒，黃帝曰含樞紐，白帝曰白招矩，黑帝曰汁光紀。鄭康成援之以入註疏，直若有五天矣。」又「釋氏益肆其無忌憚，緣『天上地下，唯我獨尊』之言，因創爲諸天之說，佛坐其中，使諸天侍立於側，以至尊者處之於至卑，效奔走之役。顧天下之人，習於見聞，入彼塔廟，恬不知怪，豈非大惑哉！」又「爲天主之教者，抑佛而崇天是已，乃立天主之像記其事，實則以人鬼當之，并上帝而抹殺之矣。此等邪說，雖止於君子，然其所由來者，未嘗非儒者開其端也」（《破邪論·上帝》。《黃宗羲全集》增訂版，冊一，頁194。）

也。」〔註19〕即說明了「氣」就是本體義的抽象存在而無上帝之形象，亦非氣之上還有個主宰。

因此，「氣」不但能成就萬物，四時、人倫等，更能指導使之順內在理則以行而不亂，故宗羲「氣」之觀念是同時具備「絕對至上」之地位及「自爲主宰」之能力的兩個條件，是使其成爲「本體義」之氣的基本要素，所以其又云：

> 造化只有一氣流行，流行之不失其則者，即爲主宰。非有一物以主宰夫流行。然流行無可用功，體當其不失則者而已矣。〔註20〕

據此，宗羲本體義之「氣」已明確凸顯，即此氣處在「絕對至上」之地位，且同時擁有「自爲主宰」之能力者而爲「本體義」之「氣」。所以其自然認爲「宋儒言理能生氣，亦只誤認理爲一物。」〔註21〕（理氣二者之關係，請容待「理氣一物而兩名」節詳論）反對宋儒理生氣、理本氣末之論。故直言批評「『理生氣』之說，其弊必至于語言道斷，心行路絕而後已。」〔註22〕所以對曹端太極之辨提出異議云：

> 其（曹端）辨太極：「朱子謂理之乘氣，猶人之乘馬，馬之一出一入，而人亦與之一出一入。若然，則人爲死人，而不足以爲萬物之靈；理爲死理，而不足以爲萬物之原。今使活人騎馬，則其出入行止疾徐，亦由乎人馭之如何耳，活理亦然。」先生之辨，雖爲明晰，然詳以理馭氣，仍爲二之。氣必待馭於理，則氣爲死物。〔註23〕

宗羲以爲盈天地間皆氣，無論任何實體之存在或無形之原則，本質上皆根源於氣，且自有其主宰之理，因此反對曹端以理馭氣，氣必待馭於理的論點，主張盈天地只有一「氣」，「氣」才是本體；若「以理馭氣」，不僅違反宗羲以「氣」爲本的思路，更造成理氣二分的情況。換言之，天地之間，一氣而已，

〔註19〕　（明）黃宗羲：《明儒學案》，卷三，〈崇仁學案三〉，「恭簡魏莊渠先生校」（《黃宗羲全集》增訂版），冊七，頁42。

〔註20〕　（明）黃宗羲：《明儒學案》，卷十九，〈江右王門學案四〉，「同知劉師泉先生邦采」（《黃宗羲全集》增訂版），冊七，頁505。

〔註21〕　（明）黃宗羲：《明儒學案》，卷五十，〈諸儒學案中四〉，「肅敏王浚川先生廷相」（《黃宗羲全集》增訂版），冊八，頁487。

〔註22〕　（明）黃宗羲：《宋元學案》，卷十五，〈伊川學案上〉，「正公程伊川先生頤」語錄案語（《黃宗羲全集》增訂版），冊三，頁745。

〔註23〕　（明）黃宗羲：《明儒學案》，卷四十四，〈諸儒學案上二〉，「學正曹月川先生端」（《黃宗羲全集》增訂版），冊八，頁355。

非有理而後有氣，乃氣立而理因之寓也。故其從氣化流行上表示「四時行，百物生，其間主宰謂之天。所謂主宰者，純是一團虛靈之氣，流行於人物。」〔註24〕宗羲此言更印證了上述兩種思路：第一、氣是絕對唯一存在之最高本體能主宰氣化之生生，第二、尤其是宗羲再次直言：「所謂主宰者，純是一團虛靈之氣」證明了氣爲本而理只是寓之其中，氣才是本體。簡言之：「不知天地之間，只有氣，更無理。」〔註25〕表明氣之本體之地位。因此宗羲十分推讚羅欽順之理氣觀，完全是由此兩個角度切入申論，其云：

> 蓋先生（羅欽順）之論理氣，最爲精確，謂：「通天地，亙古今，無非一氣而已。氣本一也，而一動一靜，一往一來，一闔一闢，一升一降，循環無已。積微而著，由著復微，爲四時之溫涼寒暑，爲萬物之生長收藏，爲斯民之日用彝倫，爲人事之成敗得失，千條萬緒，紛紜膠轕，而卒不克亂，莫知其所以然而然，是即所謂理也。初非別有一物，依於氣而立，附於氣以行也。……類有一物主宰乎其間者，是不然矣。」斯言也，即朱子所謂：「理與氣是二物，理弱氣強」諸論，可以不辯而自明矣。〔註26〕

朱子謂「氣雖是理之所生，然既生出，則理管他不得。如這理寓於氣了，日用間運用都由這箇氣，只是氣強理弱。」〔註27〕朱子認爲有形質之氣雖順從無形之理而生，但此無形之理卻不能控制等同有形質之氣，造成氣具體而顯、理虛無而隱。二者之關係是理生出氣，而後理管他（氣）不得；不過日用彝倫之間卻皆由此氣而出，然理只是寓於氣中。由此可見理氣二者是各自獨立存有；由生化過程言：理爲形而上之道，生物之本，氣依其所生，此「理」具主宰意；〔註28〕由生化完成言：氣化生萬物之後，理自非是氣化運行本身故管不得氣，此即所謂「氣強理弱」之論。於是產生理氣二物之二元性，故

〔註24〕（明）黃宗羲：《孟子師說》，卷五，〈堯以天下與舜章〉（《黃宗羲全集》）增訂版），冊一，頁123。

〔註25〕（明）黃宗羲：《明儒學案》，卷五十，〈諸儒學案中四〉，「肅敏王浚川先生廷相」（《黃宗羲全集》》增訂版），冊八，頁487。

〔註26〕（明）黃宗羲：《明儒學案》，卷四十七，〈諸儒學案中一〉，「文莊羅整菴先生欽順」（《黃宗羲全集》增訂版），冊八，頁408。

〔註27〕（宋）黎靖德編《朱子語類》，卷第四，〈性理一〉（北京：中華書局，2004年2月北京第1版第5次印刷），冊一，頁71。

〔註28〕朱子云：「有是理後生是氣。」又云：「有是理便有是氣，但理是本，而今且從理上說氣。」（《朱子語類》，卷第一，〈理氣上〉，冊一，頁2。）

朱子言道「所謂理與氣，此決是二物。」〔註29〕

羅欽順認為「氣」為具體化生萬物之最高本體，其透過動靜、往來、闔闢、升降等方式，具體表現溫涼寒暑、生長收藏、日用彝倫、成敗得失等情事。換言之，此「氣」即萬物生化之本體、本源，又其自為主宰使「氣」乃為理所依附以行。完全反對朱子理生氣之論，而主張通天地，亙古今，無非一氣而已。此處羅欽順也注意到「理」具有某種莫知其所以然而然指導流行的能力，但為避免造成理氣各自獨立成二物，其直言「類」有一物主宰乎其間。此「類」字解釋為「好像、彷彿」之意，即「好像、彷彿」有個「理」主宰「氣」化之生生，而這正反顯了當時學者多誤認有個實然之理主宰其中，故羅欽順為解決此問題，專用一「類」字來凸顯「理」雖具有流行不失其則的能力，但本質上仍是一氣，是「類」有一物主宰其間。換言之，「理」非別為一物，是依附於氣而立以行。羅欽順此理氣論點正好符合宗羲前述兩種「氣」之理路。第一：其以「氣」造化生長萬事萬物，使宇宙天地之中無非一氣充貫其間，即宗羲之「氣」具「絕對至上」的能力之最高本體。第二：其「氣」能生人生物，並使諸千條萬緒之情事卒不克亂，在於此氣自有莫知其所以然而然之理附於之中，〔註30〕即宗羲之「氣」具「自為主宰」之能力而有使萬事萬物不紊之功。至此，宗羲透過羅欽順反對朱子「理與氣是二物，理弱氣強」之論，正好反顯自身「天以氣化流行而生人物，純是一團和氣」〔註31〕之氣本體論。無怪乎宗羲會大加讚揚羅欽順「論理氣最為精確」，甚至摹擬其師劉宗周所編《皇明道統錄》一書評明代學術之論，在其《明儒學案》之卷首編寫〈師說〉一篇，〔註32〕除表明承繼其師劉宗周思想外，〈師說〉中所列諸儒，更是說明宗羲亦接受諸儒的論學旨趣，故〈師說〉中列羅欽順者，正

〔註29〕 （宋）朱熹：《朱子文集》，卷第四十六，〈答劉叔文一〉，冊五，頁2095。

〔註30〕 （明）黃宗羲：《孟子師說》，卷五，〈人有言章〉（《黃宗羲全集》增訂版），冊一，頁124。宗羲對於羅欽順「莫知其所以然而然之理」的作用，亦有相同的看法，認為「『莫之為而為』者，寒暑之不爽其則，萬物之各有其序。治亂盈虛，消息盛衰，循環而不已，日月星辰，錯行而不失其度，不見有為之迹，顧自然成象，不可謂冥冥之中無所主之者，所謂『天』者，以主宰言也。」即表示「莫知其所以然而然者」與「莫之為而為者」二者同時皆專指流行不失其則者。

〔註31〕 （明）黃宗羲：《孟子師說》，卷四，〈人之所以異章〉（《黃宗羲全集》增訂版），冊一，頁111。

〔註32〕 參考侯外廬、邱漢生、張豈之：《宋明理學史》（北京：人民出版社，1987年6月第1版第1次印刷），頁781～782。

表明了贊成羅欽順之理氣思想，反對理先氣後、理本氣末之論，所以其同意王時槐之論：

> （王時槐）言：「佛家欲直悟未有天地之先，言語道斷，心行處滅，此正邪說淫辭。彼蓋不知盈宇宙間一氣也。即使天地混沌，人物銷盡，只一空虛，亦屬氣耳。此至真之氣，本無終始，不可以先後天言。故曰：『一陰一陽之謂道』。若謂別有先天在形氣之外，不知此理安頓何處？蓋佛氏以氣為幻，不得不以理為妄。世儒分理氣為二，而求理於氣之先，遂墮佛氏障中。」非先生豈能辨其毫釐耶？〔註33〕

王時槐此論可從兩方面分解。第一：王時槐認為若謂別有先天在形氣之外，則此先天之理將如何安頓之說，是表明理氣不只二分，更是以「理」生「氣」之論。故反對以先天後天言本體之存在，因為以先天後天來區分本體即是將本體二分，將宇宙間本一氣之論，區分為理與氣，而求理於氣先之說。因此，其如同宗羲理氣觀之主張，直言「盈宇宙間一氣也」之氣一本論，主張「至真之氣，本無終始，不可以先後天言」。第二：佛家以氣為幻，要人直悟未有天地之先究竟何物？王時槐批其邪說淫辭，認為此佛氏邪說就是「無能生氣」、「有物先天地」之觀點，與世儒「理生氣」、「理先氣後」之論完全相同。宗羲站在氣一本立場，當然贊成王時槐對佛氏之看法以為「佛氏『明心見性』，以為無能生氣，故必推原於生氣之本，其所謂『本來面目』，『父母未生前』，『語言道斷，心行路絕』，皆是也。」〔註34〕其中這本來面目之理本，或盈天地間之氣本，二者雖差之毫釐，卻失之千里，其毫釐之處只在理氣孰為本，故宗羲直謂「非先生豈能辨其毫釐耶？」總而言之，宗羲根據自身「宇宙一團生氣」〔註35〕觀點，無論是贊成羅順欽之論，或是支持王時槐之言，都證明其以「氣」為最高之本體，而能化生萬物使之終始不亂。故云：

> 太虛中無處非氣，則亦無處非理。孟子言萬物皆備於我，言我與天地萬物一氣流通，無有礙隔。〔註36〕

〔註33〕（明）黃宗羲：《明儒學案》，卷二十，〈江右王門學案五〉，「太常王塘南先生時槐」（《黃宗羲全集》增訂版），冊七，頁541。

〔註34〕（明）黃宗羲：《孟子師說》，卷二，〈浩然章〉（《黃宗羲全集》增訂版），冊一，頁61。

〔註35〕（明）黃宗羲：《孟子師說》，卷四，〈三代之得天下章〉（《黃宗羲全集》增訂版），冊一，頁90。

〔註36〕（明）黃宗羲：《明儒學案》，卷二十二，〈江右王門學案七〉，「憲使胡廬山先生直」（《黃宗羲全集》增訂版），冊七，頁593。

宗義認爲太虛中只有氣，理隨氣存，若單有一「無處非氣」或「無處非理」，反而造成理氣二元並存，故宗義爲了分解這毫釐之差，其引孟子之說，再次表明人與天地萬物一氣流通自無礙隔，「純是一團虛靈之氣，流行於人物。」〔註37〕因此，宗義之「氣」不僅爲最高之主體亦是化生萬物之本源而具有「本體義」。換言之，「氣」之所以具「本體義」在於此氣同時擁有「絕對至上」及「自爲主宰」二種本體所應具有之能力，故「通天地、互古今，無非一氣而已，氣本一也。」然而，此具本體義之氣，其生化宇宙之「生成義」又何所指？其具體生化之世界又爲何形象呢？此即轉至下節「大化流行只有一氣」詳論。

二、大化流行只有一氣

　　宗義認爲「氣」的宇宙化生之「生成義」，是專指本體義之氣具有創造宇宙天地與人及其七情之能力，並包含賦予人與自然、人與社會之倫常關係、道德意識之價值賦予等。因此，宗義之氣化流行觀，可說是承繼了張載、羅欽順、王廷相與其師劉宗周之觀點。〔註38〕主張在通天地、互古今，無非一氣之「氣本一」立場下，以實體之氣之流行來生成造化萬事萬物。其云：

> 夫大化之流行，只有一氣充周無間。時而爲和，謂之春；和升而溫，謂之夏；溫降而涼，謂之秋；涼升而寒，謂之冬。寒降而復爲和，循環無端，所謂生生之爲易也。聖人即從升降之不失其序者，名之爲理。其在人而爲惻隱、羞惡、恭敬、是非之心，同此一氣之流行也。聖人亦即從此秩然而不變者，名之爲性。……而要皆一氣爲之。

〔註39〕

又

> 盈天地間皆氣也，其在人心，一氣之流行，誠通誠復，自然分爲喜

〔註37〕　（明）黃宗羲：《孟子師說》，卷五，〈堯以天下與舜章〉（《黃宗羲全集》增訂版），冊一，頁123。

〔註38〕　劉宗周其云：「盈天地間，一氣而已矣，氣聚而有形，形載而有質，質具而有體，體列而有官，官呈而性著焉，於是有仁義禮智之名。」（《原旨・原性》。《劉宗周全集》，冊二，頁328。）劉宗周此處亦主張氣生有形質之萬物，並賦予萬物本性及仁義禮智之價值意識。

〔註39〕　（明）黃宗羲：《南雷文案》，卷三，〈與友人論學書〉（《黃宗羲全集》增訂版），冊十，頁152。

怒哀樂。仁義禮智之名，因此而起者也，不待安排品節，自能不過
其則，即中和也。〔註40〕

宗羲在確定了氣之本體義之後，接著表示全宇宙間各種形式表現之事物皆一
氣所生化。換言之，天之所覆，地之所載皆氣化生成之結果。因此，大化流
行只有一氣，其四時之交替乃一「氣」自身運動變化之形式，透過氣之和、
溫、涼及寒之替換而出現春、夏、秋及多之嬗遞，且此「氣」具易之生生，
使四時之輪替循環不已。所以四時之變化反映了氣化運動的變化，其運動變
化以和、溫、涼、寒之升降循環交替，表現爲四時代行。故宗羲站在以「氣」
之本體立場，言化生四時必然直指「天一而已，四時之寒暑溫涼，總一氣之
升降爲之。」〔註41〕

　　除了氣化四時之外，宗羲還認爲「天以氣化流行而生人物」，〔註42〕說明
了人及其喜怒哀樂之情以及四端與四德，亦即氣化流行而貫注於人身上。換
言之，人由氣生成，其「耳目口鼻，是氣之流行者」〔註43〕之表現。故當「人」
之形質感官完成之後，本體「氣」化而有四時，又其秩然不失其序的氣之理
在人則爲惻隱、羞惡、恭敬、是非之四端之心；若以道德言之，則稱爲仁、
義、禮、智之四德之性；因此無論是四端之心或四德之性，皆如同四時由「一
氣之流行」氣化而生，故順此「氣」之本然便會表現出喜、怒、哀、樂之情，
所以性、情二者之關係，在宗羲氣化生成立場下，性爲情之本質，情爲性之
行爲，但兩者本質上皆爲「氣」。於是綜合言之，無論人外在具體之形質或內
在抽象之性體及情感，以及天地之四時等，簡言之：「皆一氣爲之」。由此處
觀之，可明顯得知其繼承劉宗周之思想理路，劉宗周有云：

盈天地間，一氣而已矣，氣聚而有形，形載而有質，質具而有體，
體列而有官，官呈而性著焉，於是有仁義禮智之名。仁非他也，即
惻隱之心是；義非他也，即羞惡之心是；禮非他也，即辭讓之心是；
智非他也，即是非心是也。〔註44〕

〔註40〕　（明）黃宗羲：《明儒學案》，卷六十二，〈蕺山學案〉，「忠端劉念臺先生宗周」
　　　　　（《黃宗羲全集》增訂版），冊八，頁890。
〔註41〕　（明）黃宗羲：《破邪論・上帝》（《黃宗羲全集》增訂版），冊一，頁194。
〔註42〕　（明）黃宗羲：《孟子師說》，卷四，〈人之所以異章〉（《黃宗羲全集》增訂版），
　　　　　冊一，頁111。
〔註43〕　（明）黃宗羲：《孟子師說》，卷七，〈口之於味章〉（《黃宗羲全集》增訂版），
　　　　　冊一，頁161。
〔註44〕　（明）劉宗周〈原旨・原性〉（《劉宗周全集》），冊二，頁328。

－86－

又

> 維天於穆，一氣流行，自喜而樂，自樂而怒，自怒而哀，自哀而復
> 喜。……故寂然不動之中，四氣實相爲循環；而感而遂通之際，四
> 氣又迭以時出。即喜怒哀樂之中，各有喜怒哀樂焉。〔註45〕

劉宗周認爲盈天地一氣，氣聚之後生成具體形質之人而仁、義、禮、智著焉，
並加上在感而遂通之際，四氣迭以運行，於是喜、怒、哀、樂又逐感而見之
者。因此，劉宗周明確指出氣生人之形質體官，完成之後而賦予喜怒哀樂之
情及四德之性、四端之心，「此正一氣之自通自復，分明喜怒哀樂相爲循環之
妙，有不待品節限制而然。」〔註46〕即主張在氣化流行之中，人之感應知覺
以及氣之流行變化規律性相結合，而產生氣生萬事萬物之思路。由此可以得
知，無論人之形官與仁義禮智之名，或喜怒哀樂與四端之心，其實皆「一氣
流行」而已。因此劉宗周主張「氣」不僅能生化物質實體之「人」及其「感
應知覺」外，並且能創生實然之天地。故劉宗周又云：

> 天有四時，春夏爲陽，秋冬爲陰，中氣行焉；地有四方，南北爲經，
> 東西爲緯，中央建焉；人有四氣，喜怒哀樂，中和出焉。其德則謂
> 之仁義禮智信是也。是故元亨利貞，即春夏秋冬之表義，非元亨利
> 貞生春夏秋冬也。左右前後，即東西南北之表義，非左右前後生東
> 西南北也。仁義禮智，即喜怒哀樂之表義，非仁義禮智生喜怒哀樂
> 也。又非仁義禮智爲性，喜怒哀樂爲情也。又非未發爲性，已發爲
> 情也。〔註47〕

劉宗周指出春夏秋冬四時乃氣本體生化運行作用所表現，而地之東南西北四
方，人之喜怒哀樂四氣亦皆氣化之必然如此。其中人之喜怒哀樂四氣更爲仁
義禮智信之德所依而發者，故此仁義禮智信之德的表現，即是喜怒哀樂四氣
之正常表現，即謂之中和。〔註48〕由此可知，仁義禮智亦氣之本然者，稟此

〔註45〕　（明）劉宗周：《學言中》（《劉宗周全集》），冊二，頁487。
〔註46〕　（明）劉宗周：《學言中》（《劉宗周全集》），冊二，頁488。
〔註47〕　（明）劉宗周：《讀易圖説·圖八》（《劉宗周全集》），冊二，頁154。
〔註48〕　劉宗周此處已涉及到已、未發的中和之論，甚至是與四氣相對應之五德，故
　　　　　不得不另闢一註解來討論。劉宗周云：「《中庸》言喜怒哀樂，專指四德言，
　　　　　非以七情言也。喜，仁之德也；怒，義之德也；樂，禮之德也；哀，智之德
　　　　　也。而其所謂中，即信之德也。一心耳，而氣機流行之際，自其盎然而起也
　　　　　謂之喜，於所性爲仁，於心爲惻隱之心，於天道則元者善之長也，而於時爲
　　　　　春。自其油然而暢也謂之樂，於所性爲禮，於心爲辭讓之心，於天道則亨者

氣之本然而發即等同喜怒哀樂之情，故不可言仁義禮智四德之性生出喜怒哀樂之情，應是在氣化具體形質之中內含氣化流行之仁義禮智四德之性，其四德之性的具體表現則爲喜怒哀樂之情；故元亨利貞相對於春夏秋冬，左右前後相對於東西南北亦皆如此。換言之，在氣化的立場下，仁義禮智雖爲喜怒哀樂之表義，但兩者的本質皆爲氣。因此在氣化流行中，雖然性與情之位階

嘉之會也，而於時爲夏。自其肅然而斂也謂之怒，於所性爲義，於心爲羞惡之心，於天道則利者義之和也，而於時爲秋。自其寂然而止也謂之哀，於所性爲智，於心爲是非之心，於天道則貞者事之幹也，而於時爲冬。乃四時之氣所以循環而不窮者，獨賴有中氣存乎其間，而發之即謂之太和元氣，是以謂之中，謂之和，於所性爲信，於心爲眞實無妄之心，於天道爲乾元亨利貞，而於時爲四季。自喜怒哀樂之存諸中而言，謂之中，不必其未發之前別有氣象也。即天道之元亨利貞，運於於穆者也。自喜怒哀樂之發於外而言，謂之和，不必其已發之時又有氣象也。即天道之元亨利貞，呈於化育者是也。惟存發總是一機，故中和渾是一性」（《學言中》。《劉宗周全集》，冊二，頁488。）首先，劉宗周明確指出四氣便是「太和元氣」，便是「中」，便是「和」，中和不是以已、未發言，是「存發總是一機」、「中和渾是一性」，故不必未發之前別有氣象，亦不必已發之後又有氣象，所以劉宗周自然反對以未發爲性，已發爲情的觀點；因此，可以得知劉宗周不僅主張中和是一，而且進一步爲性情是一之外，亦可知喜怒哀樂四氣與仁義禮智四德互爲表裏，二者本質是一，即太和元氣。第二，劉宗周以四氣應四德之外，卻又有「信之德」的存在，而看似產生矛盾。對此，根據劉宗周中和渾是一性並等同四氣之概念而言，劉宗周表示「其所謂中，即信之德也。」即以喜怒樂四氣加上「中」相應於仁義禮智信五德，所以言四氣應四德或五德，在劉宗周的思想中，其實是合乎其理論架構的。對此再進一步說明，一、從前述可知四氣便是「太和元氣」、是「中」、是「和」即在位階上而言，「中」與「太和元氣」或四氣爲等同之概念；二，劉宗周又曾云：「盈天地間只是一點太和元氣流行，而未發之中實爲之樞紐其間，是爲無極而太極。」（《遺編學言》。《劉宗周全集》，冊二，頁567。）即明確指出「中」存在於太和元氣之中，其與太和元氣之關係就如同無極即太極之義。因此，綜合而言，筆者以爲劉周宗以四氣言四德、五德、四方、五行等相應之論，其實合乎自身太和元氣中有四氣之外，尚存有「中」氣的思路；換言之，劉宗周所主張的「中」，是異於傳統以已、未發來區分之「中」論，故其直言：「分喜怒哀樂，各有中體；合喜怒哀樂，共見中體。中本是實落性體，爲一部《中庸》權輿，而後人卻以氣象求之，不免失之恍惚。只爲將喜怒哀樂四字看錯，遂謂有中和之中，又有中庸之中。」（《學言下》。《劉宗周全集》，冊二，頁538。）據此，劉宗周解決了四五相應的問題，以爲「喜怒哀樂與元亨利貞、春夏秋冬、宮商角徵羽、東南西北中、金木水火土相配，已見於蔡九峰《洪範》一書，有圖可考，但加一欲字以配五行，似無據。何不徑以中字代之？」（《學言下》。《劉宗周全集》，冊二，頁537。）簡言之，「喜怒哀樂中，便是仁義禮智信。」（《學言下》。《劉宗周全集》，冊二，頁540。）。

不同，但二者皆氣化流行之表現，自然不以已發、未發言之。〔註 49〕總而言之，根據劉宗周氣化流行之推演，推得知氣不只生成具體形質官感之人，其氣亦將四德之性、四端之心以及喜怒哀樂之情貫注形質之人身上，甚至天之春夏秋冬四時，地之東南西北四方全由氣化流行之所造。故在感而遂通之時，此氣不只逐感而現使之喜怒哀樂之情、四德之性、四端之心透出；其在寂然不動之際，此氣仍然流行變化於穆不已。〔註 50〕故陳來先生表示：

> （劉宗周）喜怒哀樂四者並不只是描述情感活動現象的範疇，從本
> 源上說，這四者是表徵氣化運行秩序的範疇，……他把喜怒哀樂等
> 同於宋儒常用的元亨利貞，作爲表徵一切像四季流行運行一樣的氣
> 化循環過程的範疇，認爲每一氣化過程的循環可以分爲四個不同的
> 階段，在每一階段上都有自己特殊的運行表現，這四者交替循環，
> 體現了宇宙有秩序的變易過程。〔註 51〕

因此，綜合上述可以得知劉宗周此處氣之生成流行的思路，完全爲宗羲所繼承，甚至部分文句的遣詞用字亦有類似之處，所以宗羲在《明儒學案・蕺山學案》案語中，直謂：「盈天地間皆氣也，其在人心，一氣之流行，誠通誠復，自然分爲喜怒哀樂。」〔註 52〕表現出二人師承之關係，這不但說明了宗羲氣

〔註 49〕 王俊彥先生曾云：「劉宗周是就一氣流行而言，性爲一氣流行之內在本質，情爲一氣流行之外在表現，故其不從已發、未發來論，而是從一氣流行說內在、外在是一，如此將性與情，已發與未發，皆涵攝天地一氣中，以建構一無限之實有，故反對理氣二分，或心性情三分之主張。」（《王廷相與明代氣學》。臺北：秀威資訊科技股份有限公司，2005 年 10 月 BOD－版，頁 394。）王先生亦認爲劉宗周的「性」與「情」其實皆「一氣流行」。

〔註 50〕 張立文：「劉宗周哲學屬於浙東學派，他繼承了王守仁心學的傳統，認爲心爲宇宙的本體，天地萬物以心爲存在的根據。……在氣與心的關係上，氣的流行，體現在心之中，離開了人心，便無所謂陰陽之氣。他（劉宗周）說：『一陰一陽，專就人心中指出一氣流行不已之妙，而得道體焉。』陰陽之氣，要在人心中得以顯現，無論是一氣流行，還是氣之道，都以心爲存在的前提。這表明劉宗周哲學以心爲最高範疇。心不僅決定道，而且還決定氣，最終表現爲心本體論的傾向。」（《道》。臺北：漢興書局有限公司，1994 年 5 月初版 1 刷，頁 305～306。）這裏必須要指出一個觀點，盡管劉宗周在一定程度上以氣爲宇宙萬物本體，但他並非是一位純粹以氣爲本體者，而是摻雜了以心爲本體之論者。

〔註 51〕 陳來：《宋明理學》（臺北：洪葉文化事業有限公司，1994 年 9 月初版 1 刷），頁 388。

〔註 52〕 （明）黃宗羲：《明儒學案》，卷六十二，〈蕺山學案〉，「忠端劉念臺先生宗周」（《黃宗羲全集》增訂版），冊八，頁 890。

之生成義有所本源，同時亦凸顯了兩人皆認爲氣之流行不只生化具體形質之
人，也賦予了此形質之人喜怒哀樂的情感活動及其日用人倫的準則，並創造
宇宙天地及春夏秋冬四時之運行。所以宗羲又云：

> 大虛之中，昆侖旁薄，四時不忒，萬物發生，無非實理，此天道之
> 誠也。人稟是氣以生，原具此實理，有所虧欠，便是不誠，而乾坤
> 毀矣。學問思辨行，錬石以補天也。善即是誠，明善所以明其誠者
> 耳。吾之喜怒哀樂，即天之風雨露雷也。天下無無喜怒哀樂之人，
> 一氣之鼓盪，豈有不動？苟虧欠是理，則與天地不相似，是氣不相
> 貫通，如何能動？〔註53〕

宗羲此處再次申明宇宙萬物、天地四時以及形質之人無不稟此氣以生，而天
道之氣理與喜怒哀樂之情亦無非一氣鼓盪貫通其間。推論至此，其以氣爲本
之論，大致上可得到三個觀點：

第一：宗羲之氣化生成論乃廣義之生化概念。在宗羲的思想中既然氣化
生成爲廣義之概念，其必包含了具體生化及抽象生化兩部份。就具體生化部
份言之，其以「天地間只有一氣充周，生人生物」，並主張「夫太虛，絪縕相
感，止有一氣，無所謂天氣也，無所謂地氣也。自其清通而不可見，則謂之
天，自其凝滯而有形象，則謂之地。」〔註54〕明確表示只有一氣相絪縕而感，
使之清通者爲天，凝滯者爲地，而「人稟是氣以生」，〔註55〕說明了具象之天、
地、人三者無非「氣」之流行作用，所以此處特別指出無所謂「天氣」與「地
氣」而「止有一氣」即本體意義之氣。此正好反顯「盈天地間一氣」者之位
階是絕對至上，非天氣地氣所能比擬。據此，一方面凸顯氣之本體地位，二
方面表明氣之流行作用之結果是顯而易見地。

接著，再就抽象生化部份而言，宗羲此處以爲「吾之喜怒哀樂，即天之
風雨露雷」，而且其又有「夫在天爲氣者，在人爲心，在天爲理者，在人爲
性。……人受天之氣以生，祇有一心而已，而一動一靜，喜怒哀樂，循環無

〔註53〕 （明）黃宗羲：《孟子師說》，卷四，〈居下位章〉（《黃宗羲全集》增訂版），
　　　　 冊一，頁94。
〔註54〕 （明）黃宗羲：《易學象數論》，卷一，〈圖書四〉（《黃宗羲全集》增訂版），
　　　　 冊九，頁8。
〔註55〕 （明）黃宗羲：《孟子師說》，卷二，〈浩然章〉（《黃宗羲全集》增訂版），冊
　　　　 一，頁60。

已」〔註56〕之論，加上仁義禮智因喜怒哀樂而起者，皆說明了人自形生神發之後，方有抽象喜怒哀樂情感之流行。不過此處重點在於宗羲有時將喜怒哀樂之情搭配天之風雨露雷，有時配合一氣流行之誠通誠復，或不待安排品節自能與仁義禮智並行而不失其秩；簡言之，就是氣化抽象之情感，其表現方式各不相同。但筆者以爲此處不須在其異同處多做著墨，因爲在宗羲的生化思想體系中，所有一切感官知覺其實皆一「氣」爲之，故無論是用精確文字來說明生化過程，或用模糊意象涵蓋流行作用，在宗羲大化流行的立場下，其氣行作用之表義是相同的，即最終仍以「氣」爲生化流行之本。換言之，宗羲的氣行作用不僅指具體之形生，其亦概括了抽象之情感及流行變化之規律性，故其氣化生成論是廣義之氣行概念，非專指某物、某人、或某事之生成。

　　第二：宗羲之氣論同時兼具「本體義」與「生成義」。宗羲氣之「生成義」爲廣義生化之概念，上述第一點已說明，因此這裏簡單的從氣化流行角度而言，即「以造化言之，天高地下，萬物散殊，無處非氣之充塞也。天不得不高，地不得不下，物之本乎天者親上，本乎地者親下，亘萬古而不易，即是理也，亦渾然不可分析也。」〔註57〕宗羲此處明確說明無論是具形質之天地萬物或亘古不易之內在理則，皆由「氣」之造化而充塞其間，渾然不可分析。表明了氣行之作用已概括物質本體及其運動變化之規律。再加上氣之「本體義」即「天一而已，四時之寒暑溫涼，總一氣之升降爲之。其主宰是氣者，既昊天上帝也。」〔註58〕直言「氣」爲主宰，其地位等同昊天上帝，是絕對至上之本體。因此，綜合「本體義」及「生成義」言氣，氣爲宇宙間唯一存在之最高本體，同時亦爲宇宙間運動變化唯一之主宰。但必須注意的是無論從「本體義」或「生成義」言氣，「氣」本身是同時具存最高之本體與變化之主宰，而非分解氣爲本體之氣與生成之氣二者。簡言之，「氣」爲宇宙天地間唯一最高本體，其氣的運動變化雖有各種不同的形態與方式，造化成各式錯綜複雜、千變萬化之現象，但最終仍本之於一「氣」。因此，宗羲才會直謂：「氣若不能自主宰，何以春而必夏、必秋、必冬哉！草木之榮枯，寒暑之運

〔註56〕　（明）黃宗羲：《明儒學案》，卷四十七，〈諸儒學案中一〉，「文莊羅整菴先生欽順」（《黃宗羲全集》增訂版），冊八，頁408。

〔註57〕　（明）黃宗羲：《明儒學案》，卷四十八，〈諸儒學案中二〉，「文莊汪石潭先生俊」（《黃宗羲全集》增訂版），冊八，頁448。

〔註58〕　（明）黃宗羲：《破邪論·上帝》（《黃宗羲全集》增訂版），冊一，頁194。

行，地理之剛柔，象緯之順逆，人物之生化，夫孰使之哉？皆氣之自爲主宰也。」〔註59〕即明白指出「氣」自爲主宰且能化生四時、寒暑、地理、象緯、人物等，完全將「本體」及「生化」二義專指「氣」而言。故張立文先生亦云：

> 黃宗羲指出，氣作爲萬物的本原是最高的存在，它自己主宰自己，不需要外在於氣的某種存在爲之主宰。「天地間只有一氣」，若承認氣外有一個主宰，則與氣的唯一性相矛盾，氣也不足以爲萬物本原了。……萬物與人的生長發育，草木春榮秋枯，地理有剛有柔等等，都是氣自身運動變化的不同表現形式，決定於氣化的內在規律。因而，氣化運動是自然現象，沒有外部強制。這種觀點否定了超越於氣之上的任何式的實體存在。〔註60〕

張立文先生認爲宗羲是以氣爲萬物的本源，是最高的存在，並且自爲主宰；而此最高存在之「氣」還能指導自身氣化流行運動來展現各種不同表現形式；這就說明了張先生亦主張宗羲之氣論是同時兼具「本體義」與「生成義」。至此，筆者以爲宗羲之「氣」應屬之於「氣本論」者，在於其「氣」論同時完成「本體」與「生成」兩個條件而達到「氣本一也」〔註61〕之境界。

　　第三：宗羲以其師劉宗周「盈天地間，一氣而已矣」〔註62〕之思想爲氣論之基礎。劉宗周對「氣」的主張，原則上亦可從二方面來討論。第一點、天地之間一氣而已。第二點、氣爲氣化流行生生之本。先就第一點分解，劉宗周謂：「盈天地間，一氣也。氣即理也，天得之以爲天，地得之以爲地，人物得之以爲人物，一也。」〔註63〕即說明天地間除了「氣」之外，就沒有其他別的本體存在，氣是宇宙間唯一的本體，其被賦予了成就萬物主體之根本，故無論化生天地或人物，其實皆爲相同「氣」本體所流行，所以在本體立場言之皆「一」也。因此，天地人物自爲天地人物，完全一氣流行造化。換言之，宇宙天地間一切現象表現雖各異，但皆因氣而生化，以氣爲根據，即「氣」

〔註59〕　（明）黃宗羲：《明儒學案》，卷三，〈崇仁學案三〉，「恭簡魏莊渠先生校」（《黃宗羲全集》增訂版），冊七，頁42。

〔註60〕　張立文：《氣》，頁240。

〔註61〕　（明）黃宗羲：《宋元學案》，卷十二，〈濂溪學案下〉，附「黎洲太極圖說講義」（《黃宗羲全集》增訂版），冊三，頁609。

〔註62〕　（明）劉宗周：《學言中》（《劉宗周全集》），冊二，頁480。

〔註63〕　（明）劉宗周：《學言中》（《劉宗周全集》），冊二，頁480。

流行化生一切天地人物，但最終仍以「氣」爲唯一本體。簡言之，筆者認爲可說是「氣之理一分殊」觀點。故其自云：「一氣之變，雜然流行。類萬物而觀，人亦物也。」〔註64〕即是站在本體「氣」的立場下表明人亦物，在於人物皆一氣之變，乃所謂氣之「理一」也。生人生物之後，其形下具體之人與萬物，雖在具體形質上有所差異，但本質上皆含有氣之成份，此即謂氣之「分殊」也。總而言之，劉宗周氣本體觀點，自然爲學生宗義所繼承。宗義曾云：「天上地下，無一非生氣之充滿。」〔註65〕「通天地，亙古今，無非一氣而已，氣本一也。」〔註66〕更直言「盈天地間皆氣」〔註67〕等氣本思想，皆表明承繼其師「盈天地間一氣」的思想理路，再加上宗義亦云：「太虛中無處非氣，則亦無處非理。孟子言萬物皆備於我，言我與天地萬物一氣流通，無有礙隔。」〔註68〕即認爲氣化形生之後，我與天地萬物雖形殊理異各不相同的氣之「分殊」，但其實我與天地萬物仍一氣流通，皆本之於本體氣之「理一」而無有礙隔。因此，在盈天地間一氣的立場上，師徒二人是有相同的觀點。

再就第二點、氣爲氣化流行生生之本討論。劉宗周認爲「太極之妙，生生不息而已矣。生陽生陰，而生水火木金土，而生萬物，皆一氣自然之變化，而合之只是一箇生意，此造化之蘊也。」〔註69〕太極即本體之氣，任何具體事物都只能產生於氣，故二五之類，妙合而凝，生生化化之不息其實皆一氣之自然變化。簡言之，宇宙萬物生成的模式爲：本體之氣透過陰陽及五行而化生萬物。因此，在這二五之精各種不同的組合中，除產生宇宙天地外，而春夏秋多、仁義禮智、喜怒哀樂與東南西北等亦隨氣化之生生而生，也就是宇宙萬物生成的整個過程中，「皆一氣自然之變化」，以「氣」爲本體進而氣化流行以生生。而此氣化生生之觀點隨之由宗義發揮，其云：

一氣之流行，無時而息。當其和也，爲春，是木之行。和之至而溫，

〔註64〕（明）劉宗周：《學言中》（《劉宗周全集》），冊二，頁481。
〔註65〕（明）黃宗義：《破邪論・地獄》（《黃宗義全集》增訂版），冊一，頁198。
〔註66〕（明）黃宗義：《宋元學案》，卷十二，〈濂溪學案下〉，附「黎洲太極圖說講義」（《黃宗義全集》增訂版），冊三，頁609。
〔註67〕（明）黃宗義：《南雷文定》五集，卷三，〈姜定菴先生小傳〉（《黃宗義全集》增訂版），冊十，頁626。
〔註68〕（明）黃宗義：《明儒學案》，卷二十二，〈江右王門學案七〉，「憲使胡盧山先生直」（《黃宗義全集》增訂版），冊七，頁593。
〔註69〕（明）劉宗周：《聖學宗要》，濂溪周子，〈圖說〉（《劉宗周全集》），冊二，頁268。

爲夏，是火之行。溫之殺而涼，爲秋，是金之行。涼之至而寒，爲
冬，是水之行。寒之殺則又和。木、火、金、水之化生萬物，其凝
之之性即土。蓋木、火、金、水、土，目雖五而氣則一，皆天也；
其成形而爲萬物，皆地也。〔註70〕

此處宗羲明確指出五行具體化生四時、天地等，皆一氣之流行。並指明五行之
名目雖五而氣則一，說明氣化之生生是借由五行而妙合而凝以生具體之形物。
至於陰陽二氣，宗羲謂「夫大化只此一氣，氣之升爲陽，氣之降爲陰，以至於
屈伸往來，生死鬼神，皆無二氣，故陰陽皆氣也。」〔註71〕即說明氣化流行只
有一本體之氣，其本體之氣的升降雖有陰陽之分，但氣化之生生，莫測其神，
莫知其能，至終仍歸於一氣，故陰陽皆本於氣，以本體之氣爲根據。故宗羲與
其師在氣爲氣化流行生生之本的立場上又有相同的思路了。〔註72〕

　　綜合上述結論可知，宗羲始終堅持「氣」爲宇宙間唯一最高的存在，否
定「氣」外別有其他主體存在；同時，亦主張此「氣」本身自爲主宰，不受
人欲之私自是能流行生化而時時不息。因此，宗羲的「氣」論是結合此兩種
觀點，即「本體」與「生成」相合而成的氣論，是以氣爲本體的主張。故宗
羲直云：

天地間只有一氣充周，生人生物。……人身雖一氣之流行，流行之

〔註70〕（明）黃宗羲：《易學象數論》，卷一，〈圖書四〉（《黃宗羲全集》增訂版），
　　　　冊九，頁8。
〔註71〕（明）黃宗羲：《明儒學案》，卷十三，〈浙中王門學案三〉，「知府季彭山先生
　　　　本」（《黃宗羲全集》增訂版），冊七，頁308。
〔註72〕黃宗羲與其師劉宗周在「氣」學觀念上雖有相同「氣本一」的立場，但並非
　　　　單一偶然歧出的氣論。實際上，早在先秦之時，「氣」的概念就已經出現。《國
　　　　語》就提出天地之氣即陰陽二氣，此二氣在萬物及人之中流行不失其序，天
　　　　地萬物便能依理運行、生長，而施政便能政通人和、天下太平。《左傳》認爲
　　　　天有陽陰風雨晦明「六氣」之說，用以分四時，序爲五節，甚至人的寒熱末
　　　　腹惑心之「六疾」，好惡喜怒哀樂之「六志」，以及禮義刑法等，皆「六氣」
　　　　爲之。而孟子則提出「浩然之氣」通過「善養」來擴充之，使其「至大至剛」，
　　　　能「塞於天地之間」，將此道德義的浩然之氣轉變成心性學的主軸。到了漢代
　　　　董仲舒除了繼續發展「天地之氣，合而爲一，分爲陰陽，判爲四時，列爲五
　　　　行。」的氣觀念外，還主張天人相應的人副天數及陽貴陰卑的道德屬性。北
　　　　宋張載更認爲天地萬物皆由「氣」成，主張「太虛無形，氣之本體」以太虛
　　　　即氣爲宇宙的本源。由此可知，「氣」論是一直存在於儒學之中，無論是宇宙
　　　　天地形成、人類生命活動，還是日用人倫等社會道德意識，無不與「氣」相
　　　　關。因此宗羲除了師承之外，亦承續「氣」之概念而加以發揚，絕非特別發
　　　　明一「氣」論。

中，必有主宰。主宰不在流行之外，即流行之有條理者。自其變者

而觀之謂之流行，自其不變者而觀之謂之主宰。〔註73〕

宗義認爲天地間就只有氣本體存在，其自能主宰自身之流行，此流行氣化，周流不息，無時不用而能生生，即「氣之自爲主宰也」。〔註74〕故就生成同資一本體氣立場言之，「人與天雖有形色之隔，而氣未嘗不相通。」〔註75〕說明了宗義氣論的思想是以氣爲本體，其自我指導自身氣化流行而生化萬物，故從理一角度觀之，皆本於「氣」未嘗不通也；從分殊角度觀之，雖本於「氣」而生，但其表現之形體又各不相同。不過，此處尚有個地方要注意，即是宗義主張盈天地間只有一氣，此「氣」爲本體之氣且能造化生生不失其則，而此不失其則者即爲理，彷彿有一「理」之物充塞於其間，主宰於其中。若是，則與宗義氣本體論主張相衝突；若否，則「理」之位階究竟處於何種地位呢？其本質又爲何呢？旋即轉至下節「氣之流行不失其則」的「理爲氣之理」來討論。

三、氣之流行不失其則

宗義認爲天地間皆一氣充塞，宇宙中的人與萬物都是一氣爲之，即由氣的流行變化生生不息，而形成了萬事萬物。然而諸事物雖各異殊方變化無窮，但其卻能循環往復，不失其序者，在於此本體之氣中有「理」的存在，故能依「理」而行，順「理」而化。但此理的內容究竟爲何呢？宗義有云：

大所謂理者，氣之流行而不失其則者也，太虛中無處非氣，則亦無

處非理。〔註76〕

宗義認爲在盈天地間皆一氣的氣本立場下，表明太虛中無處非氣，同時亦無處無理。因此，只要有氣所在之處，理亦隨之存在。既然理隨氣而存在，說明了「氣」雖爲宇宙創生之本體，但若無「理」隨之，則氣化生成之宇宙萬

〔註73〕　（明）黃宗義：《孟子師說》，卷二，〈浩然章〉（《黃宗義全集》增訂版），冊一，頁 60。

〔註74〕　（明）黃宗義：《明儒學案》，卷三，〈崇仁學案三〉，「恭簡魏莊渠先生校」（《黃宗義全集》增訂版），冊七，頁 42。

〔註75〕　（明）黃宗義：《孟子師說》，卷七，〈盡其心者章〉（《黃宗義全集》增訂版），冊一，頁 148。

〔註76〕　（明）黃宗義：《明儒學案》，卷二十二，〈江右王門學案七〉，「憲使胡廬山先生直」（《黃宗義全集》增訂版），冊七，頁 593。

物便會紊亂而無序。所以，宗羲明確指出理的內容即是「氣之流行而不失其則者也」。換言之，「理」本身就是氣化流行所依據的莫知其所以然而然之內在理則。其隨氣存在，氣化雖萬有而不齊，但此理卻不隨氣化而變化。不過此處要特別注意的是，「理」雖不隨氣化而變化，並非指「理」別一物，故宗羲云：

> 無氣外之理，……然氣自流行變化，而變化之中，有貞一而不變者，是則所謂理也。〔註77〕

又

> 道、理皆從形、氣而立，離形無所謂道，離氣無所謂理。〔註78〕

此處再次重申所謂「理」即是流行變化之中，有貞一而不隨氣化而變化者，但此「理」並非獨立而爲一物，其離開了「氣」便無所謂「理」的存在，故宗羲直指「離氣無所謂理」表明理必依附於氣上，「無氣外之理」。簡言之，「理」就在氣化流行及日用行常之中，若捨日用行常及氣化流行，以爲別有一物可以與之相湊泊，則是「誤認理爲一物」。〔註79〕所以，宗羲在氣本體立場下言理氣二者，必定主張氣爲本，而理只是氣中之條理並不具生成義，因此宗羲云：

> 不知天地之間，只有氣，更無理。所謂理者，以氣自有條理，故立此名耳。〔註80〕

「天地之間，只有氣，更無理」可說是宗羲氣本體論下理氣二者之關係，宗羲認爲本體實然之氣，可以造化萬事萬物，而理只是氣自有條理者，並不具備本體生化作用，故「氣有萬氣，理只一理，以理本無物也。」〔註81〕即氣化雖萬有而不齊，但氣化之理雖隨氣化流行卻貞一而不變，是確實存於變化之中。此思路彷彿與下文「以理本無物」相矛盾，其實不然。此處「以理本無物」並非是指沒有「理」的存在，而是指沒有「理」獨立爲一實體之物的

〔註77〕 （明）黃宗羲：《孟子師說》，卷六，〈生之謂章〉（《黃宗羲全集》增訂版），冊一，頁133。

〔註78〕 （明）黃宗羲：《子劉子行狀》，卷下（《黃宗羲全集》增訂版），冊一，頁252。

〔註79〕 （明）黃宗羲：《明儒學案》，卷五十，〈諸儒學案中四〉，「肅敏王浚川先生廷相」（《黃宗羲全集》增訂版），冊八，頁487。

〔註80〕 （明）黃宗羲：《明儒學案》，卷五十，〈諸儒學案中四〉，「肅敏王浚川先生廷相」（《黃宗羲全集》增訂版），冊八，頁487。

〔註81〕 （明）黃宗羲：《明儒學案》，卷五十，〈諸儒學案中四〉，「肅敏王浚川先生廷相」（《黃宗羲全集》增訂版），冊八，頁487。

存在，卻是以另一種「氣中之理」的形式存有。換言之，就是無「理」別爲一物之所在。理與氣的關係是「氣」爲本體，「理」依存於「氣」中，沒有離開「氣」而獨立存在之「理」，故針對「理」的本質，宗羲明確表達：

> 理爲氣之理，無氣則無理。〔註82〕

宗羲導出「理爲氣之理」的結論。不但解決了上述「理本無物」的矛盾處，即以「氣之理」眞實存在於氣中但非別爲一物的實體存有。更可說是完全符合本身「盈天地間皆氣也」的氣本體論之主張，認爲「氣」是本體，而此「理」的內容是氣之流行不失其則者，此「理」的本質其實無非一氣充塞，即此「理」只是「氣之理」，若無「氣」則無此「氣之理」。因此，「理」之本質無非還是「氣」，故宗羲直謂：「理不能離氣以爲理。」〔註83〕理是氣內在的固有屬性，理存於氣中，所以「無氣則無理」，「理」只是「氣之理」。據此，其又表示：

> 四時之氣，和則爲春，和盛而溫則爲夏，溫衰而涼則爲秋，涼盛而寒則爲冬，寒衰則復爲春。萬古如是，若有界限於間，流行而不失其序，是即理也。理不可見，見之於氣。〔註84〕

此處必需要特別說明，「理不可見，見之於氣」即是指氣化生成後，萬物之發生，四時之不忒及日月不失其度等，雖皆是依循抽象的內在貞一不變之理，但此「理」卻必須透過「已完成的氣化流行者」來顯現，顯現此變化不測的流行之體是否依理而行，順理成章，進而凸顯「理」的存在。換言之，宗羲雖直言理的內容爲「流行而不失其序」，但此不失其則之「理」卻是具體存在而又無形抽象之「氣之理」。只能透過已具象的形下規律之變化來感受凸顯此「理」的存在。所以，此「理」非一般具體之實理，故不可見；又此「理」只是「氣之理」是氣內在固有的屬性，因此也只能見之於氣化的流行之上。

　　綜合前述，可以得到一個結論，宗羲的「氣」論兼具「主宰義」及「生成義」二者，是以「氣」爲本體，而此本體之氣自爲主宰，故能指導自身之

〔註82〕　（明）黃宗羲：《明儒學案》，卷七，〈河東學案上〉，「文清薛敬軒先生瑄」（《黃宗羲全集》增訂版），冊七，頁121。

〔註83〕　（明）黃宗羲：《明儒學案》，卷三十八，〈甘泉學案二〉，「太僕呂巾石先生懷」（《黃宗羲全集》增訂版），冊八，頁182。

〔註84〕　（明）黃宗羲：《孟子師說》，卷二，〈浩然章〉（《黃宗羲全集》增訂版），冊一，頁60。

流行氣化，其所遵循的依據即自身內在之「理」。然而此「理」並非別爲一物，在氣本一的前提下，此「理」只是氣的「氣之理」，存於氣中，若離開了氣則無所謂「理」也，完全符合宗羲以氣爲本體的理論架構。

　　不過，宗羲雖認爲理的本質無非一氣而爲氣之理，其內容則爲氣之流行不失其則者。但究竟何者爲流行不失其序呢？宗羲則以四時之氣，和爲春、溫爲夏、涼爲秋、寒爲冬，之後寒衰又復爲春，來解釋「氣之理」是必須透過氣之運行造化，從中凸顯其有條理規律者，即是「理」，也就是「流行不失其序者」。故宗羲多次以四時之代御、氣之升降往來等氣之有條理的變化，來顯現此「理」之內容，所以其又云：

> 夫大化只此一氣，氣之升爲陽，氣之降爲陰，以至於屈伸往來，生死鬼神，皆無二氣，故陰陽皆氣也，其升而必降，降而必升，雖有參差過不及之殊，而終必歸一，是即理也。〔註85〕

又

> 氣本一也，而有往來闔闢升降之殊，……千條萬緒，紛紜膠轕，而卒不克亂，萬古此寒暑也，萬古此生長收藏也。莫知其所以然而然，是即所謂理也。〔註86〕

宗羲此處除了重申大化流行只有一氣，即氣本一也的本體氣主張外，更重要的是，宗羲指出所謂流行不失其則者，是表明氣在屈伸、往來、闔闢、升降等流行變化之中，雖千條萬緒，紛紜轕轕，但最終卻能使之自有條理而不紊亂，即「以造化言之，天高地下，萬物散殊，無處非氣之充塞也。天不得不高，地不得不下，物之本乎天者親上，本乎地者親下，亙萬古而不易，即是理也，亦渾然不可分析也。」〔註87〕因此本體之氣以自身的「氣之理」來指導生化過程，使天自爲天，地自爲地，人亦自爲人。〔註88〕換言之，雖氣生

〔註85〕 （明）黃宗羲：《明儒學案》，卷十三，〈浙中王門學案三〉，「知府季彭山先生本」（《黃宗羲全集》增訂版），冊七，頁308。

〔註86〕 （明）黃宗羲：《宋元學案》，卷十二，〈濂溪學案下〉，附「黎洲太極圖講義」（《黃宗羲全集》增訂版），冊三，頁609。

〔註87〕 （明）黃宗羲：《明儒學案》，卷四十八，〈諸儒學案中二〉，「文莊汪石潭先生俊」（《黃宗羲全集》增訂版），冊八，頁448。

〔註88〕 黃宗羲已多次提及人亦稟氣而生。「天地間只有一氣充周，生人生物，人稟是氣以生。」（《黃宗羲全集》增訂版），冊一，頁60。）「大虛之中，昆侖旁薄，……人稟是氣以生。」（同上，頁94。）「耳目口鼻，是氣之流行者。」（同上，頁161。）等。

形質各有萬殊，但此萬殊之形質又各依其內在貞一不變之理，自爲天、地，或自爲萬物與人，以待其形具神生而又各自不紊，完全依「氣之理」以行。所以，宗羲站在天地間一氣的立場下，認爲「理爲氣之理」，主張「理不能離氣以爲理」，理在氣中。故宗羲對此又做了進一步說明，其云：

> 蓋大化流行，不舍晝夜，無有止息。此自其變者而觀之，氣也；消息盈虛，春之後必夏，秋之後必冬，人不轉而爲物，物不轉而爲人，草不移而爲木，木不移而爲草，萬古如斯，此自其不變者而觀之，理也。〔註89〕

宗羲此處換從「變」與「不變」兩個角度來討論「理」與「氣」二者，其再次說明流行之體交感錯綜，變化不已，且無時而息，是爲氣之「變」；但其氣化運行的「變」之中，消息、四時、人物、草木雖形生萬殊卻互不雜亂，皆順其不變之理而繼續活潑流行，是爲理之「不變」。由此「變」與「不變」可知，「不變之理」在「萬變之氣」中，即「理」在「氣」中，故只有在「覆載之間，一氣所運，皆同體也」〔註90〕的思想架構中，無論天之所覆，地之所載等氣化流行的成果，其實皆同此「氣」之體，以氣爲宇宙萬事萬物之共同本質，故流行是「氣」，流行不失其序之理亦是「氣」，即此「理」只是「氣之理」，「離氣則無所謂理」。簡言之，流行是「氣之變」，其升降往來不失其則之理是「氣之不變」，二者其實是一「氣」也。故宗羲又云：

> 不知天地間祇有一氣，其升降往來即理也。人得之以爲心，亦氣也。氣若不能自主宰，何以春而必夏、必秋、必冬哉！草木之榮枯，寒暑之運行，地理之剛柔，象緯之順逆，人物之生化，夫孰使之哉？皆氣之自爲主宰也。以其能主宰，故名之曰理。〔註91〕

宗羲認爲理是氣升降往來的秩序、條理，是「氣之流行而不失其則者」，它不能離氣以爲理，亦非別爲一物，而是氣化運行之中，存之於氣化本身的內在指導原則，是從屬於氣者。但此則產生了一個有趣的問題，即是四時代御，草木榮枯，寒暑交替，地理剛柔等，「夫孰使之哉」？宗羲一方面肯定「氣之

〔註89〕（明）黃宗羲：《明儒學案》，卷二，〈崇仁學案二〉，「文敬胡敬齋先生居仁」（《黃宗羲全集》增訂版），冊七，頁22。

〔註90〕（明）黃宗羲：《孟子師說》，卷一，「莊暴見孟子章」（《黃宗羲全集》增訂版），冊一，頁52。

〔註91〕（明）黃宗羲：《明儒學案》，卷三，〈崇仁學案三〉，「恭簡魏莊渠先生校」（《黃宗羲全集》增訂版），冊七，頁42。

自爲主宰也」，主張「氣」爲本體而能自爲主宰；另一方面宗羲又肯定「以其能主宰，故名之曰理」，即表明氣之所以能主宰氣化之流行，在於有「理」寓於其中，以「理」爲主。如此看來，宗羲的本體論則產生了矛盾，其矛盾處在於宗羲主張氣自爲主宰，是否即以「氣」爲本體而主控一切呢？還是在於「理」作爲氣化流行規律者，而指導氣進而充當氣之主宰呢？或是根本上承認「理」「氣」二元並存，主張理氣二分呢？

筆者認爲，宗羲曾多次對理氣二分說提出批評，例如：稱讚羅欽順論氣本一也的理氣觀「最爲精確」，〔註92〕並主張「朱子所謂『理與氣是二物，理弱氣強』緒論，可以不辯而自明矣。」〔註93〕或言楊東明之主張「『盈宇宙間，只是渾淪元氣，生天生地，生人物萬殊，都是此氣爲之。而此氣靈妙，自有條理，便謂之理。夫惟理氣一也。……』先生（楊東明）此言，可謂一洗理氣爲二之謬矣。」〔註94〕皆明確表達反對理氣二分的觀點，故不再贅言。接著就剩下「氣」與「理」二者孰爲之主宰的問題了。第一、如果認爲「氣」能指導氣化流行自爲主宰，則是承認「氣」的本體地位，即「四時之寒暑溫涼，總一氣之升降爲之。其主宰是氣者，既昊天上帝也。」〔註95〕表明本體之氣不但具「主宰義」亦兼「生成義」，而「理」只是氣之屬性，依附於氣中，而爲「氣之理」。第二、但是宗羲又表示「以其能主宰，故名之曰理」，且云：「所謂理者，以氣自有條理，故立此名耳。」〔註96〕乃就氣中指出其主宰者是「理」，即「氣」雖能主宰氣化生成，但此「氣」又必須受「理」之指導，彷彿「理」才是氣之主宰，以「理」爲本體。如此推論，反而得到兩種相反的結果。〔註97〕

〔註92〕　（明）黃宗羲：《明儒學案》，卷四十七，〈諸儒學案中一〉，「文莊羅整菴先生欽順」（《黃宗羲全集》增訂版），冊八，頁408。

〔註93〕　（明）黃宗羲：《明儒學案》，卷四十七，〈諸儒學案中一〉，「文莊羅整菴先生欽順」（《黃宗羲全集》增訂版），冊八，頁408。

〔註94〕　（明）黃宗羲：《明儒學案》，卷二十九，〈北方王門學案〉，「侍郎楊晉菴先生東明」（《黃宗羲全集》增訂版），冊七，頁755。

〔註95〕　（明）黃宗羲：《破邪論·上帝》（《黃宗羲全集》增訂版），冊一，頁194。

〔註96〕　（明）黃宗羲：《明儒學案》，卷五十，〈諸儒學案中四〉，「肅敏王浚川先生廷相」（《黃宗羲全集》增訂版），冊八，頁487。

〔註97〕　張立文先生亦認爲以「理」規定「氣」的「自爲主宰」，是顛倒氣、理二者本質的關係，而導致黃宗羲得到此種「錯誤結論的原因，在於他強調氣是宇宙的唯一實體，萬物的本原，同時又沒有徹底拋棄理的本體義蘊，把理對氣的制約作用誇大爲主宰，從而形成了其學說的內在矛盾。」（《氣》，頁243～244。）

　　然而，得出兩種不同的結論，筆者以爲應該是宗羲在自身「盈天地間一氣」的氣本論架構下，主張天地間無處非一氣充塞，自然強調「氣」爲絕對至上之本體，亦爲萬物生成之本源，當然無有「理」與其他實然之體的存在。因此，當本體之氣凝爲萬殊之形氣時，又必須依循某種莫知其所以然之理來主持元氣生生之方向。即在氣的本質上，除了要求能自爲主宰外，其又必須尋求某種氣自爲主宰時所需依循之理；因此，宗羲自然從傳統上支離的理氣論中尋找解決之道，將以「理」爲本體且主宰氣生化流行之作用改定爲「氣」之屬性，並將其位階向下修定爲「氣之理」，而依附於氣中。所以，宗羲認爲「天地之間，只有氣，更無理」即從其本體上言；又此「理不可見，見之於氣」的「理」爲「氣」之屬，即以「氣」爲本，此乃從其二者主從關係上言。如此，才能完成本身「氣本一也」的氣本體論架構。換言之，在宗羲的理路中，「理」其實是只保有流行不失其則作用的能力，其位階早由「氣」所取代，故宗羲自覺的以「氣之理」的觀點，涵蓋宋明儒學所主張以理主導氣化運動過程中的條理秩序這個範疇，將「理」包容於「氣」中，此時就自然不須去判定理、氣孰爲主之問題，因爲在氣本一的思路下，自然也必然以「氣」爲主，而「理」之內涵只須從「氣」上去認識其作用即可，並不須將其視爲一實然之體而去定位其從屬問題。即只須透過「氣之流行不失其序」這個概念去了解「理」的作用，將「理」限定於氣中，而「見之於氣」。因此，此處「氣之理」的觀點，正凸顯了宗羲「氣」論的特色，即「氣本一也」以氣爲木，理雖爲流行不失其則之作用，但其仍爲「氣之理」。所以，宗羲對此又特別有云：

　　　　造化只有一氣流行，流行之不失其則者，即爲主宰。非有一物以主
　　　　宰夫流行。然流行無可用功，體當其不失則者而已矣。〔註98〕

宗羲此段言論可謂佐證上述的推論。第一，宗羲此論最特別之處在於其完全無提及「理」字，卻明確指出造化流行而不失其則者，即是主宰，即是「一氣流行」；更直言「非有一物以主宰夫流行」，表明了「理」非一實然之體，非別爲一物主宰其間，其作用亦只是氣之屬性，故宗羲爲了避免造成孰爲之主宰的困擾，此處連「理」字就乾脆省略不言，只言其作用（氣之屬性）而已。第二、宗羲表示流行是無可用功、是一氣造成的；所以，氣當如此之勢

〔註98〕　（明）黃宗羲：《明儒學案》，卷十九，〈江右王門學案四〉，「同知劉師泉先生邦采」（《黃宗羲全集》增訂版），冊七，頁505。

的原因，只能「體」當其不失則者而已。然此處既言「體」其不失則者之理，就反顯出，此理是抽象無形存在，只能靠「體會」其作用，可見此作用是氣之流行，是必須「見之於氣」，絕非一實然之體。因此，可以得到一個結論，即是「氣」雖然自爲主宰，但這種主宰的能力卻是透過「理」之作用來實現，但此「理」亦只是「氣之理」，仍以「氣」爲本。不僅如此，此處亦可看出，宗羲企圖以圓融的方式解決理氣二分的支離問題，故吳光先生直云：「黃宗羲是理氣統一論者，他批判了宋明理學家的『理在氣先』、『理氣爲二』、『氣有聚散而理無聚散』等等理氣二元觀點。」〔註 99〕正凸顯宋明理氣論已由支離走向圓融是一的境界，故筆者認爲宗羲的理氣論，可以用「理氣圓融合一」來凸顯自身理氣之特色。

　　不過此處尚要注意宗羲雖主張氣爲本體，但並非只偏重「氣」而不顧「理」，其所謂「理爲氣之理」，就是指在「氣」爲本體的前提下，認識理之內涵爲流行不失其則，認識理之本質亦爲氣。簡言之，就是氣上認理，非不認識理。因此劉又銘先生對此亦有類似的論點，其云：

> 所謂以氣爲本，並不意味著重氣輕理。事實上，以氣爲本的主張，在實踐上的意義只是放下對先在之理的追求並落實地追求氣中之理罷了。當然，相對於理本論和心本論來說，氣本論的確是更加重氣的；但就氣本論本身來說，重氣正是爲了就著氣來求理求道。從這點來看，氣本論另一個常見的稱號「重氣的哲學」並不是個準確與恰當的表達。〔註100〕

宗羲雖主張理是氣的主宰，但此理並非爲超越氣的最高本體，而是把理限定於氣的範圍之中。所以，宗羲以「天地間一氣而已」的本體義及「大化流行只有一氣」的生成義爲基礎，進而主張理雖能指導流行生化不失其則，但理依然只是「氣之理」，「理不能離氣以爲理」〔註 101〕，理是存於氣中，依附於氣上，是氣爲主理爲副的。然而宗羲此理氣主張亦應是承繼劉宗周的觀點，劉宗周有云：

〔註99〕吳光：《黃宗羲著作彙考》，附錄二，〈清初啓蒙思想家黃宗羲傳〉，（臺北：臺灣學生書局，1990 年 5 月初版），頁 316。

〔註100〕劉又銘：《理在氣中——羅欽順、王廷相、顧炎武、戴震氣本論研究》，（臺北：五南圖書出版有限公司，2000 年 3 月初版 1 刷），頁 9。

〔註101〕（明）黃宗羲：《明儒學案》，卷三十八，〈甘泉學案二〉，「太僕呂巾石先生懷」（《黃宗羲全集》增訂版），冊八，頁 182。

理即是氣之理，斷然不在氣先，不在氣外。〔註102〕

又

盈天地間，一氣也。氣即理也，天得之以爲天，地得之以爲地，人物得之以爲人物，一也。〔註103〕

又

或問：「理爲氣之理，乃先儒謂『理生氣』，何居？」曰：「有是氣方有是理，無是氣則理於何麗？但既有是理，則此理尊而無上，遂足以爲氣之主宰。氣若其所從出者，非理能生氣也。」〔註104〕

劉宗周明確表示「理即氣之理」，無氣則無理，此論點與宗羲的思想一致。不過此處還有兩點要特別注意，第一：劉宗周認爲「盈天地間一氣也，氣即理也。」將氣視等同於理，於本身「理即氣之理」的氣主理副的論點明顯不同。筆者以爲，「氣即理也」應解釋爲「氣即擁有理之作用的能力」，如此下文「天得之以爲天，地得之以爲地，人物得之以爲人物」才能順「氣理」以成章，即天得氣之凝以形具並依氣的理之作用以爲天，地亦如此，人物亦是如此，故最後直言「一也」，即本於一氣也。第二，劉周宗以「理」尊但卻無上的角度言理，認爲理雖足以爲氣之主宰，但非理能生氣，因爲「理尊而無上」即明確表示「理之作用雖尊顯但其位階卻非至高之本體」。故氣「若」其所從出者的「若」字，就明確說明了氣「好像、彷彿」從理中所生出，既然是「好像、彷彿」就反顯出理絕非能生氣。至此，可以發現劉宗周「理即氣之理」及「非理能生氣」的論點，完全爲宗羲所接受，進而完成自身氣本體論體系。

　　總而言之，宗羲以大化流行只有一氣，其流行不失其序者爲理的思想架構之中，言理只是「氣之理」，存於氣中，是無具體形跡可見之理，須於氣之生生運行中「見之於氣」上，才能默識其存在。此皆說明了宗羲在「氣本一也」的立場，理只是氣之理，依附於氣上，是氣爲主理爲副，是須就氣上認理的。因此，在「盈天地間一氣也，氣即理也」的前提上，順著「氣」爲本，「理」爲氣流行之則而「無氣外之理」〔註105〕的觀點繼續發展，進而提出下一節「理氣合一」的論點，並討論「理氣合一」立場下的理氣關係。

〔註102〕（明）劉宗周：《學言中》（《劉宗周全集》），冊二，頁483。
〔註103〕（明）劉宗周：《學言中》（《劉宗周全集》），冊二，頁480。
〔註104〕（明）劉宗周：《學言中》（《劉宗周全集》），冊二，頁483。
〔註105〕（明）黃宗羲：《孟子師說》，卷六，〈生之謂性章〉（《黃宗羲全集》增訂版），冊一，頁133。

第二節　理與氣之關係

一、理氣合一

　　宗羲紹承劉宗周「一氣充周」之說，認爲「不知天地之間，只有氣，更無理。所謂理者，以氣自有條理，故立此名耳。」〔註106〕此言最能代表宗羲的理氣觀，即天地間只有本體之氣，別無其他實然之體的存在，故其直言「更無理」乃是指無實體之理的存有，但並非眞無「理」的存在，而是透過「氣」來體顯「理」，仍以「氣」爲本。因此，宗羲緊接著表示所謂「理」者，是「氣自有條理」，而這「氣自有條理」就表明「氣之中自有其條理者」的「氣中有理」之思路。換言之，「理」只是「氣之理」，「理」在「氣」中，是「理氣合一」的立場。故宗羲此言可說是完全將自身理氣關係道盡。據此，筆者則從兩方面來分論「理氣合一」之說。

　　第一，從具體形質之人方面來討論。宗羲有云：

> 形色，氣也；天性，理也。有耳便自能聰，有目便自能明，口與鼻
> 莫不皆然，理氣合一也。〔註107〕

宗羲認爲「氣」是造化之實體，而「理」只是氣化之內在理則，故氣運行化生萬物之時而氣化之理即在於萬物中，所以當氣化具體形質之人時，其人之性亦隨之賦予，即形具而內在之性備矣，也就是氣生形色之人而天性之理即存之，完全是「理氣合一」在人身上的表現。換言之，氣聚而生，生而爲有，有此物即有此理。所以，氣生感官者必具能知作用之理，是理氣合一。因此，宗羲又云：

> 耳目口鼻，是氣之流行者。離氣無所謂理，故曰性也。然即謂是性，
> 則理氣渾矣，乃就氣中指出其主宰之命，這方是性。故於耳目口鼻
> 之流行者，不竟謂之爲性也。〔註108〕

此處宗羲再次說明人的具體形氣感官乃氣之流行者，並依其內在「離氣無所謂理」的氣之理以行發用，故耳目口鼻之所以自爲耳目口鼻者，乃本體氣依

〔註106〕（明）黃宗羲：《明儒學案》，卷五十，〈諸儒學案中四〉，「肅敏王浚川先生廷相」（《黃宗羲全集》增訂版），冊八，頁487。

〔註107〕（明）黃宗羲：《孟子師說》，卷七，〈形色章〉（《黃宗羲全集》增訂版），冊一，頁157。

〔註108〕（明）黃宗羲：《孟子師說》，卷七，〈口之於味章〉（《黃宗羲全集》增訂版），冊一，頁161。

內在氣之理以成形，形即生，而能聰、能明等作用隨即而發。不過，筆者以為宗羲此處尚有兩個觀點要特別說明。

首先、宗羲表示「蓋氣之往來屈伸，雖有過不及，而終歸於條理者，則是氣中之主宰。」〔註 109〕又「氣若不能自主宰，何以春而必夏、必秋、必冬哉！……人物之生化，夫孰使之哉？皆氣之自為主宰也。以其能主宰，故名之曰理。」〔註 110〕說明了宗羲雖然以「氣」自為主宰，但此種主宰作用卻是透過「理」之功能來實現，因此雖會產生「氣」與「理」孰為之主宰本體的疑慮，但前述已說明宗羲是透過「理氣圓融合一」的思路，以「理」雖保有指導氣化流行之能力，但其位階早由「氣」所取代，成為氣之屬性。即「理為氣之理，無氣則無理。」〔註 111〕使「理」僅剩作用能力且存於「氣」中。而此處論「人之性」亦是如此，宗羲認為「氣以成體」亦能「氣以成性」，使「性在氣中」（容待第四章詳論），故「離氣無所謂理，故曰性也，……就氣中指出其主宰之命，這方是性。」即說明了氣生形質之人，而天性之理隨即賦焉，也就是宗羲所謂：「仁者天之主意，待人而凝，理不離氣也。」〔註 112〕直言仁之「性」凝於「氣生之人」者，是理不離氣的表現。據此可推論出「性之作用」與「理之作用」在實體之人上等同，皆氣凝萬物後，其內在不失其序之理則，但二者不同之處僅在於所處之客觀地位不同，即宗羲直言此氣「在天為理者，在人為性。」〔註 113〕由此可見在宗羲的思想架構中，人與性是「理氣混矣」合一的狀態。簡言之，人生於氣，氣以成體，體以受性，是氣、性在「理氣合一」立場下的合一，是符合宗羲自身理氣之架構。

再者、宗羲此處只言「理氣合一」或「理氣渾矣」，並無直言「理氣是一」，筆者以為使用「理氣合一」的字眼比「理氣是一」的文句於理氣生化過程關係上更為精確。因為此理氣「合」一之論，正是宗羲理氣論特色之一。前已

〔註 109〕（明）黃宗羲：《明儒學案》，卷二十六，〈南中王門學案二〉，「太常唐凝菴先生鶴徵」（《黃宗羲全集》增訂版），冊七，頁 700。

〔註 110〕（明）黃宗羲：《明儒學案》，卷三，〈崇仁學案三〉，「恭簡魏莊渠先生校」（《黃宗羲全集》增訂版），冊七，頁 42。

〔註 111〕（明）黃宗羲：《明儒學案》，卷七，〈河東學案上〉，「文清薛敬軒先生瑄」（《黃宗羲全集》增訂版），冊七，頁 121。

〔註 112〕（明）黃宗羲：《孟子師說》，卷七，〈仁也者，人也章〉（《黃宗羲全集》增訂版），冊一，頁 161。

〔註 113〕（明）黃宗羲：《明儒學案》，卷四十七，〈諸儒學案中一〉，「文莊羅整菴先生欽順」（《黃宗羲全集》增訂版），冊八，頁 408。

提及「理」、「氣」二者於指導氣化流行上，曾產生孰爲本體之矛盾處，雖宗義以「理氣圓融合一」之思路來解決此對立問題，但「所謂理者，氣之流行而不失其則者也。」〔註114〕又「大化之流行，只有一氣充周無間。」〔註115〕即在理氣圓融合一之下，仍以氣爲主、理爲副，氣是本體、理只是氣之理；而且在作用上「氣」亦自爲「氣」，「理」亦依然自爲「理」。因此雖然「氣」依本身「氣之理」而氣化生生無窮，但氣、理二者自身之作用畢竟完全不同，即「氣」爲「流行生化」之本體，是兼具「本體義」與「主宰義」；而「理」卻只是「氣內在之理則」僅爲「氣之理」，故二者在生化過程中，仍各有各自之作用，並不能等同「是一」。所以宗義自覺或不自覺亦感受到二者雖有相同之處，即皆以「氣」爲本質，不過在作用上仍有相異的地方，故宗義提出理氣渾的「理氣合一」之論點，是用以避免「理氣是一」觀點下，所造成理氣二者於作用及位階上產生等同的誤會，因此，這裏必須要特別注意的是此處理與氣之關係與上述理與性之關係兩方面並不相同，理與性在作用及位階上皆等同，只是所處之客觀地位不同，而此氣與理則是從根本上的作用到位階皆相異，故氣理並不能等同「是一」，自然只能從「合一」的角度言氣、理。換言之，理雖爲氣之理，但理畢竟不等同於氣，氣才是本體，二者並不能「是一」，不過卻能在氣化生成的過程中「合一」。所以，簡單來說，「理氣合一」說明了在氣爲主，理只是氣之理的架構中，「氣」依氣之理以行，「理」離「氣」則無謂理，二者雖在位階、功能上互異，但在生化過程中卻是合一並行，故宗義謂二者在氣化流行中是「理氣渾矣」，更直言「理氣合一」。不過，此論並非表示筆者本人反對宗義「理氣是一」之論；甚至筆者以爲若就本質上而言，「理氣是一」之論反而更能凸顯「理」本身就是「氣」本體的內在條理者，即「理」爲「氣之理」，而從屬於「氣」，明顯是「理」與「氣」爲同一「氣」本體的「理氣是一」觀點。對此，本節第二項「理氣一物而兩名」另有詳論。

　　第二，再由氣化生萬事萬物方面來討論理氣合一。宗義有云：

　　　　蓋大化流行，不舍晝夜，無有止息。此自其變者而觀之，氣也；消
　　　　息盈虛，春之後必夏，秋之後必冬，人不轉而爲物，物不轉而爲人，

〔註114〕　（明）黃宗羲：《明儒學案》，卷二十二，〈江右王門學案七〉，「憲使胡廬山先生直」（《黃宗羲全集》增訂版），冊七，頁594。

〔註115〕　（明）黃宗羲：《南雷文案》，卷三，〈與友人論學書〉（《黃宗羲全集》增訂版），冊十，頁152。

草不移而爲木，木不移而爲草，萬古如斯，此自其不變者而觀之，
理也。〔註116〕

宗羲認爲具體形質之人具備感官之作用，乃理氣合一在人身上的表現。不僅
如此，整個宇宙間之生化，亦只有一氣充周無間，而氣之理因之寓於氣也。
故就宇宙萬殊之物而言，其形體雖千變萬化，其實皆氣之流行變化的實體，
仍本之於氣；換言之，萬物之生成雖變化不已，但「氣」依舊爲之主宰，故
「自其變者而觀之，氣也。」然而流行之萬物，又各自擁有其特性而雜淆，
即四時自爲四時，草木自爲草木，人、物亦自爲人、物，皆說明了天地間充
滿流行變化之實體，而這些萬有之實體的表現方式雖各不相同，但它們決定
於氣，由氣指導萬物遵循一定內在理則而生化，此內在理則即「流行而不失
其序，是即理也」〔註117〕的氣之理，也就是萬物變化雖千條萬緒，紛紜輵輵，
但終不混亂，而「一定」依循「莫知其所以然而然，是即所謂理也」〔註118〕
以行，故氣化的事與物雖萬殊不齊，但卻皆依其內在之理運行而不失其本質，
即所謂「自其不變者而觀之，理也。」簡言之，其實在大化流行的作用上，「氣」
是本體化生萬物，並使萬物依循自身內在「氣之理」以行，就是「理氣合一」
在作用上的表現。故宗羲云：

氣自流行變化，而變化之中，有貞一而不變者，是則所謂理也。
〔註119〕

宗羲一方面主張氣爲萬物之本體，另一方面又主張理爲萬物之規律，不過在
理氣圓融合一的前提下，此「理」只是氣之屬性，從屬於氣。故宗羲自然多
次言及「不知天地之間，只有氣，更無理。所謂理者，以氣自有條理，故立
此名耳」〔註120〕、「不知天地間祇有一氣，其升降往來即理也」〔註121〕、「理

〔註116〕（明）黃宗羲：《明儒學案》，卷二，〈崇仁學案二〉，「文敬胡敬齋先生居仁」（《黃
宗羲全集》增訂版），冊七，頁22。

〔註117〕（明）黃宗羲：《孟子師說》，卷二，〈浩然章〉（《黃宗羲全集》增訂版），冊
一，頁60。

〔註118〕（明）黃宗羲：《宋元學案》，卷十二，〈濂溪學案下〉，「元公周濂溪先生敦頤」
附梨洲太極圖講義（《黃宗羲全集》增訂版），冊三，頁609。

〔註119〕（明）黃宗羲：《孟子師說》，卷六，〈生之謂性章〉（《黃宗羲全集》增訂版），
冊一，頁133。

〔註120〕（明）黃宗羲：《明儒學案》，卷五十，〈諸儒學案中四〉，「肅敏王浚川先生廷
相」（《黃宗羲全集》增訂版），冊八，頁487。

〔註121〕（明）黃宗羲：《明儒學案》，卷三，〈崇仁學案三〉，「恭簡魏莊渠先生王校」
（《黃宗羲全集》增訂版），冊七，頁42。

爲氣之理，無氣則無理」〔註122〕、「理不能離氣以爲理」〔註123〕，更直言「離氣無所謂理」〔註124〕、「無氣外之理」〔註125〕等，皆明確表示「理」只是「氣之理」，其推論過程於本章第一節中「理爲氣之理」節已詳論，故此不再贅述。因此，宗羲強調「氣」爲宇宙間唯一之實體存在，而理只是「氣之理」爲氣之屬性，否定了「理」之實體地位。所以在氣化生整個宇宙萬事萬物的過程，「氣」才是生化之主宰，而此主宰之氣的升降、往來、開闔之間，又必須透過內在「氣之理」以行，使升降、往來等運行之氣必有其則。故理、氣二者在化生宇宙萬物上之關係，如同上述第一點，在作用上「氣」是主宰一切流行者，「理」只是流行當中的「氣之理」；在位階上，「氣」是唯一之本體，「理」只是氣之屬性。二者的關係是氣可以包容理，但理不能兼含氣，二者於作用及位階上並不對等「是一」，但卻在氣之升降運動生化過程中，本體氣又必須有此「氣之理」貫穿其間，即在生化作用上，二者是必須「合一」而行。因此，筆者以爲在「氣流行生化過程」的前提下，理氣二者是各具其作用並不能等同，卻又必須「合一」運行主持生化作用，故在氣化運行中僅能從「合一」角度言理氣關係，不能從「是一」立場討論之。

綜合上述兩點，可以推得「理氣合一」是在「生化作用過程」上立論，是能普遍流行於形質之人與物，以及宇宙諸事物之生成上。故宗羲又云：

> 天以氣化流行而生人物，純是一團和氣。人物稟之即爲知覺，知覺之精者靈明而爲人，知覺之麤者昏濁而爲物。人之靈明，惻隱羞惡辭讓是非，合下具足，不囿於形氣之內；禽獸之昏濁，所知所覺，不出於飲食牡牝之間，爲形氣所錮。〔註126〕

又

> 四時行，百物生，其間主宰謂之天。所謂主宰者，純是一團虛靈之

〔註122〕　（明）黃宗羲：《明儒學案》，卷七，〈河東學案上〉，「文清薛敬軒先生瑄」（《黃宗羲全集》增訂版），冊七，頁121。

〔註123〕　（明）黃宗羲：《明儒學案》，卷三十八，〈甘泉學案二〉，「太僕呂巾石先生懷」（《黃宗羲全集》增訂版），冊八，頁182。

〔註124〕　（明）黃宗羲：《子劉子行狀》，卷下（《黃宗羲全集》增訂版），冊一，頁252。

〔註125〕　（明）黃宗羲：《孟子師說》，卷六，〈生之謂性章〉（《黃宗羲全集》增訂版），冊一，頁133。

〔註126〕　（明）黃宗羲：《孟子師說》，卷四，〈人之所以異章〉（《黃宗羲全集》增訂版），冊一，頁111。

氣，流行於人物。〔註127〕

宗義以爲人與百物及四時其實皆一氣之流行者，其中氣以成人，人又稟此氣中之理而有四端之心；然百物中之禽獸，亦爲氣生並依自身的氣之理有所知覺，雖不出於飲食牝牡之間，但卻是禽獸自爲禽獸之本性，故無論是人或禽獸是否囿於形氣之內，其實仍皆一氣流行於其中，而各有其人、物之性，即「合下具足」也就是「理氣合一」的展現。至於四時之代御，春而後必夏、秋、冬，再復回春運行不息，其間「升降之不失其序者，名之爲理」〔註128〕，亦明確從氣化過程中言「理氣合一」，即一氣之變雖雜然流行，但類萬物而觀，萬物自爲萬物，無有淆雜。可見宗義此處透過人與萬事萬物之生成，來表達在氣化作用中，氣生萬物，萬物又依自身內在氣之理以成性，是「理氣合一」具體之顯現。

　　因此，筆者以爲「理氣合一」是普遍具存於人與萬事萬物之中，是專門從「生化過程作用」中，表現理氣二者雖各有其功用、各有其主副之位階，但在整個流行過程上卻又必須要「合一」運行，而此推論正符合宗義自身言「理氣合一」其實就是從「造化」的角度論理氣二者是「渾然不可分析」。〔註129〕近代學者劉述先先生亦有類似的論點，其在探討宗義對《孟子・口之於味章》〔註130〕之解釋時，表示宗義的思想特色，在於他的「內在一元的思

〔註127〕（明）黃宗羲：《孟子師說》，卷五，〈堯以天下與舜章〉（《黃宗羲全集》增訂版），冊一，頁123。

〔註128〕（明）黃宗羲：《南雷文案》，卷三，〈與友人論學書〉（《黃宗羲全集》增訂版），冊十，頁152。

〔註129〕（明）黃宗羲：《明儒學案》，卷四十八，〈諸儒學案中二〉，「文莊汪石潭先生俊」（《黃宗羲全集》增訂版，冊八，頁449。）宗義主張「以造化言之，天高地下，萬物散殊，無處非氣之充塞也。天不得不高，地不得不下，物之本乎天者親上，本乎地者親下，亘萬古而不易，即是理也，亦渾然不可分析也。」（同上，頁448。）宗義此論，除了前述從「大化流行只有一氣」及「理爲氣之理」的角度討論外，更是凸顯在「生化過程作用」上言「理氣合一」。

〔註130〕（明）黃宗羲：《孟子師說》，卷七，〈口之於味章〉（《黃宗羲全集》增訂版，冊一，頁161。）原文「耳目口鼻，是氣之流行者。離氣無所謂理，故曰性也。然即謂是性，則理氣渾矣，乃就氣中指出其主宰之命，這方是性。故於耳目口鼻之流行者，不竟謂之性也。綱常倫物之則，世人以此爲天地萬物公共之理，用之範圍世教，故曰命也。所以後之儒者窮理之學，必從公共處窮之。而吾之所有者唯知覺耳，孟子言此理是人所固有，指出性眞，不向天地萬物上求，故不謂之命也。顧以上段是氣質之性，下段是義理之性，性有二乎？」

路」〔註131〕，順此思路推論得知，宗羲一方面主張理氣不能歧分爲二，一方面又要主張在氣之流行中建立主宰，不假外求。可見劉先生亦發覺在理氣不能歧分爲二的前提上，宗羲必須要在「氣之流行」中建立以「氣」爲主宰，而「理」爲從屬之構架，其中在此構架下「氣」、「理」又各具其作用，如此才能完成「氣之流行」。所以，在劉先生的研究基礎上，推得宗羲自然會將自身「理氣合一」的「內在一元的思路」貫穿於「氣之流行中」，使之萬物雖雜然流行但仍皆各具本性，這就是從「生化過程」中表現理氣雖於作用、位階上各不相同，但卻「合一」而行。簡言之，即是從「造化」立場言「理氣合一」。

　　筆者又以爲宗羲會特別從造化立場言理氣合一，應是受到劉宗周的影響，劉宗周有云：

> 天地之間，一氣而已，非有理而後有氣，乃氣立而理因之寓也。就
> 形下之中而指其形而上者，不得不推高一層以立至尊之位，故謂之
> 太極。……太極之妙，生生不息而已矣。生陽生陰，而生水火木金
> 土，而生萬物，皆一氣自然之變化，而合之只是一箇生意，此造化
> 之蘊也。〔註132〕

劉宗周此處除了主張「天地之間一氣」而已之外，更重要的是他表示在一氣之自然變化中，雖是二五相生之作用，但此二五相生只是氣化生生之中的作用，並非別有他物的存在，仍是需「理」寓之於「氣」，依理而行。故劉宗周提出「合之只是一個生意」，表面上是「二五相生之作用」與「理」相「結合」爲一生意，實際上就是「氣化之作用」與「理」二者「合一」。簡言之，即是「氣」與「理」在生化過程上的合一；所以，劉宗周直言「此造化之蘊也」，從生化過程上言理氣合一。至此可凸顯出師生二人在理氣關係上之思路是有相同的結論。對此，王俊彥先生亦有相同的論點，其云：

> 劉宗周確立天地間只一氣，理只爲氣中條理，在形氣之氣化流行中，
> 可感受形氣之外，有一無形條理寓於創造主體中，此即氣立而理因
> 之寓之義。此無形之創造作用，稱太極，此與純形上和形氣世界無

〔註131〕劉述先：《黃宗羲心學的定位》（臺北：允晨文化實業股份有限公司，1986年
　　　　10月28日初版），頁103。
〔註132〕（明）劉宗周：《聖學宗要》，濂溪周子，〈圖說〉（《劉宗周全集》），冊二，頁
　　　　268。

關之太極意義不同。所謂太極之妙，乃形氣之中無形太極本體，其以生生不息爲內容。所以氣化生生，乃言一氣中有陰陽兩種成分，而非一氣稱陰，另一氣稱陽，亦非陰陽二氣。一氣中太極本體具生生作用，再化生成水、火、金、木、土五行之不同成分，五行仍就氣質而言，於是陰陽即可化生成不同具體之萬物。〔註133〕

王俊彥先生認爲天地之間只有一創造本體之氣，而無形之理只是氣中條理並寓於本體之氣中，故當「氣立而理因之寓」後，自然會產生無形之創造作用，且在創造作用的同時，透過一氣之中的二五不同成分之相生相成萬有不齊之形氣世界。換言之，此處無形的創造作用，是立足於氣立而理寓之後的理氣合一。故順向的邏輯是表明理氣二者合一之作用，即是無形造化之作用；而反向的推論是在言理氣合一作用時，是必須從造化的角度來探討。總而言之，無論是順向的思路或反向的推演，其實都是說明「理氣合一」是必須由「造化」的立場來討論。

二、理氣一物而兩名

　　由前述推論得知，宗羲從氣化生成作用上言理氣二者關係是「理氣合一」，以氣爲指導生化之主宰，而理爲氣指導生化時所依之理則，二者於作用上及位階上皆有明顯的差異。但此並不表示宗羲就只贊成「理氣合一」而否定「理氣是一」之論。宗羲於《明儒學案、師說》中，對羅欽順心性二分之說提出評論時，直云：

> 夫性果在外乎？心果在內乎？心性之名，其不可混者，猶之理與氣，而其終不可得而分者，亦猶之乎理與氣也。……心即氣之聚於人者，而性即理之聚於人者，理氣是一，則心性不得是二；心性是一，性情又不得是二。使三者於一分一合之間，終有二焉，則理氣是何物？心與性情又是何物？天地間既有箇合氣之理，又有箇離氣之理；既有箇離心之性，又有箇離性之情，又烏在其爲一本也乎？〔註134〕

羅欽順以爲「自夫子讚《易》，始以窮理爲言。理果何物也哉？蓋通天地、亙古今，無非一氣而已，氣本一也。……有莫知其所以然而然，是即所謂理也。

〔註133〕王俊彥：《王廷相與明代氣學》，頁384。
〔註134〕（明）黃宗羲：《明儒學案》，〈師說〉，「羅整菴欽順」（《黃宗羲全集》增訂版），冊七，頁18。

初非別有一物，依於氣而立，附於氣以行也。」〔註135〕他認爲宇宙萬事萬物之生化皆根源於「氣」，以氣爲本，而理只是氣化之莫知其所以然而然者，是氣化運行的內在理則，並非獨立於氣之外，而是依附於氣以立而行，理氣二者是合一於氣之上。於是羅欽順進而提出「理氣爲一物」〔註136〕之觀點，表示理只是氣本身之內在規律，而本質上仍無非一氣而已，故其直謂：「理只是氣之理」，〔註137〕本之於「氣」。雖然如此，羅欽順又主張「夫心者，人之神明；性者，人之生理。理之所在謂之心，心之所有謂之性。不可混而爲一也。……此心性之辨也。」〔註138〕其明確表達心性各有其質性，如同理氣各有其作用一樣，但卻不同於自身理氣合一於氣上之主張，反而反對心性是一。所以羅欽順理氣之論與其心性之論自有分歧處，而產生自身學說上的矛盾。

因此，宗羲對此曾直云：「先生（羅欽順）之論心性，頗與其論理氣自相矛盾。」〔註139〕明確指出羅欽順的問題在於理氣合一之後，心性卻沒有隨之合一，即羅欽順自言「理氣爲一物」，但卻分心性爲二。故宗羲提出「理氣是一，則心性不得是二」之論，來批評羅欽順之學說。而此評論卻也產生了兩個有趣的問題。

第一，宗羲此處明確提出「理氣是一」的觀念，與前述推論在生化過程中理氣各有其作用與位階，所造成理氣二者只能「合一」而不能同「是一」之論點，彷彿產生相互矛盾的情形。其實不然，所謂「理氣合一」是專指從「氣流行生化過程」中來立論，說明在氣化之間，氣主宰流行並依其內在氣之理來指導萬物之造化，故理氣二者各有其功能，彼此依存，頗類似朱子理氣不離不雜之說，〔註140〕即理氣各有其性質而不雜，卻又相互作用而不離；

〔註135〕（明）羅欽順：《困知記》，卷上，（明嘉靖十六年吳郡陸粲刊本），頁6上。
〔註136〕（明）羅欽順：《困知記》，附錄，〈與林次崖僉憲〉，（明嘉靖十六年吳郡陸粲刊本），頁59上。
〔註137〕（明）羅欽順：《困知記》，續卷上，（明嘉靖十六年吳郡陸粲刊本），頁34下。
〔註138〕（明）羅欽順：《困知記》，卷上，（明嘉靖十六年吳郡陸粲刊本），頁1上。
〔註139〕（明）黃宗羲：《明儒學案》，卷四十七，〈諸儒學案中一〉，「文莊羅整菴先生欽順」（《黃宗羲全集》增訂版），冊八，頁408。
〔註140〕朱子以爲「天下未有無理之氣，亦未有無氣之理。」（（宋）黎靖德編《朱子語類》，卷第一，〈理氣上〉，「太極天地上」，頁2。）「氣行則理亦行，二者常相依而未嘗相離也。」（《朱子語類》，卷九十四，〈周子之書〉，「太極圖」，頁2376。）說明理氣互爲體用相互依存而不離。又謂「氣自氣，性自性（性即理），亦自不相夾雜。」（《朱子文集》，卷第四十六，〈答劉叔文二〉，冊五，

但不同於朱子之處，在於宗羲是以氣爲本體，理只是氣之理，即在位階上以氣爲主，理爲副，所以二者自然亦必然在此造化過程中「合一」作用。至於「理氣是一」，則是從「本質」上立論，何謂從「本質」上立論呢？就是從理氣二者之最根本的質性來推究。即「大化流行只有一氣」，氣爲本體，爲本體位階之氣；而「理只是氣之理」，「離氣則無所謂理」，理僅剩流行不失其序之功能，其質性已由「氣」所替代。所以，從理氣二者之根本質性的立場來探究本源，其根本上理氣二者就是皆根源於「氣」。簡言之，本體氣自是「氣」，氣之理亦是「氣」，即理氣二者皆爲「一氣」，故在此條件下，可謂之「理氣是一」。

推論至此，可以簡單作一區分，就是「理氣合一」是從「生化過程」的立場來討論；而「理氣是一」則是從「本質」的立場來推究。換言之，這兩種說法只是從不同的角度言理氣關係。所以宗羲此處謂「理氣是一，則心性不得是二」之主張，明確表達理氣在本質上同是一氣，而心性本質上亦是一氣（容待後章詳述）。故在這理氣同是一氣的思路下，亦自然承繼羅欽順「理氣爲一物」的說法，即理氣同爲一氣之物，也只有如此，才可以解決前述「理氣孰爲主宰」之矛盾處的問題。而其解決之道，在於「理」雖然是指導此氣化流行之規律，但其只有作用，而本身的質性仍爲一氣，爲氣之從屬，故此時的理氣同是一氣之物，即「理氣是一」，但主宰者仍是「氣」。

因此，宗羲主張理氣本質上爲「理氣是一」，造化立場上爲「理氣合一」，正凸顯了其的理氣之說是完整成熟的「理氣圓融是一」之思想，而此成熟思想，就是從「造化」及「本質」兩方面同時架構理氣二者其實是「合一」又「是一」。

第二，在第一點的推論基礎上，可以得知既然宗羲主張理氣在根本的質性上同是一氣之物，所以必然認爲「理氣是一」，亦自然會接受羅欽順「理氣爲一物」的主張。故其對曹端提出批評云：

> 其（曹端）辨太極：「朱子謂理之乘氣，猶人之乘馬，馬之一出一
> 入，而人亦與之一出一入。若然，則人爲死人，而不足以爲萬物之

頁 2095），繼而表明理氣各有其作用及質性故不夾雜。因此朱子理氣不離不雜的論點，雖近於宗羲理氣合一之論，即理氣各有其作用而不離，又「合一」於造化上故不離。但朱子根本上仍是以「未有此氣，便有此理；既有此理，必有此氣。」（《朱子語類》，卷九十三，〈孔孟周程張子〉，頁 2364。）之觀點，主張理本氣末，以理爲本體，與宗羲理氣說有根本上的差異。

靈；理爲死理，而不足以爲萬物之原。今使活人騎馬，則其出入行止疾徐，亦由乎人馭之如何耳，活理亦然。」先生（曹端）之辨，雖爲明晰，然詳以理馭氣，仍爲二之。氣必待馭於理，則氣爲死物。〔註141〕

朱子有云：「理搭在陰陽上，如人跨馬相似。」〔註142〕又云：「馬之一出一入，人亦與之一出一入。」〔註143〕蔡仁厚先生以爲「據此條，不僅可見『理氣不離不雜』（不離，是指說理與氣二者關係之深密；不雜，是指說理與氣畢竟是二而非一），而且亦可看出朱子之理『只存有而不活動』。」〔註144〕對此，曹端提出「活人騎馬」之主張，來針對朱子的只存有而不活動之理加以批評，以爲理之乘氣，猶人之乘馬，人跨在馬上，自然「與之一出一入」。其中馬具活動性，而人只是被動的隨馬出入而已，故此時之人如同死人一般，無動性。〔註145〕所以曹端借此譬喻理之乘氣，氣之變化無窮而理亦與之變化，此時之「理」無主動性，卻被動由氣宰制反成爲死理。因此，曹端明確提出「活人騎馬」來修正朱子理氣之說，〔註146〕主張「理」如同「活人」一般，應具主動主宰義，並非被動由「氣」所掌控。至此，宗羲以爲曹端之辨理氣，雖使「死理變爲活理」，但其畢竟承繼朱子之學，仍主張「以理馭氣，氣必待馭於理」，依舊是理氣二分之論。而且筆者亦以爲若依照曹端之思路，相對地將氣由理所馭之，則此「活氣」即變成「死氣」矣；無怪乎宗羲直言氣將爲「死物」。不過，牟宗三先生對此則有不同的見解，其云：

理固無所謂死活，但朱子所意謂之理是只存有而不活動者則無疑。

〔註141〕（明）黃宗羲：《明儒學案》，卷四十四，〈諸儒學案上二〉，「學正曹月川先生端」（《黃宗羲全集》增訂版），冊八，頁355。
〔註142〕（宋）黎靖德編：《朱子語類》，卷九十四，〈周子之書〉，冊六，頁2374。
〔註143〕（宋）黎靖德編：《朱子語類》，卷九十四，〈周子之書〉，冊六，頁2376。
〔註144〕蔡仁厚：《宋明理學‧南宋篇》。（臺北：臺灣學生書局，1993年9月增訂版3刷），頁207。
〔註145〕曹端此處所謂之「死人」，並非指科學意義上，生命跡象之相對死活而言。而是專指人雖具有主宰意識與生命跡象，但卻無具體實踐行動之能力者仍將如同行屍走肉般，由外物所掌控的「死」活人。
〔註146〕曹端爲明初朱子學代表，其修正朱子理氣之說，並非反對朱子之學，而是認爲朱子於《太極圖說》的注語與《語錄》相矛盾（相戾），故著〈辨戾〉以告同志君子。對此，牟宗三先生以曹端之說，其實「爲注語表面辭語所惑，而不知朱子思理實一貫也。」（《心體與性體》，臺北：正中書局，1996年2月第10次印行，冊一，頁388。）

彼知「死理」爲非是，但不知朱子之意實如此也。彼此爲理應當是
「活理」，此不錯，但不知理如何能成爲活理，亦不知濂溪所言之太
極何以是活理也。只看「太極動而生陽」一語便認爲是「活理」，宜
其看不出朱子注語之有殊指也。此而看不出，則其對于理之死活之
關鍵未有所知亦明矣。此後面關涉到一最根本之問題，即對干（筆
者注：此應爲于字之誤。）道體本身之體會是也。體會成只存有而
不活動（只是理）便是死理，體會成即存有即活動（心神理是一）
便是活理。〔註147〕

牟宗三先生以爲曹端對於朱子體會太極（理）之偏差，只是在於體會成只存
有而不活動便是死理，或即存有即活動便是活理二者，是受朱子對〈太極圖
說〉注語表面辭語所惑，其實朱子思路一貫。詳言之，朱子之「理」是只存
有而不活動者，是超越「氣」且在其背後主宰「氣」，最後再由「氣」組織生
化流行，並非是單純具創生能力實體的即存有即活動之「理」。所以，牟宗三
先生認爲根本的關鍵在於朱子析心與理爲二，使理成爲只存有而不活動者，
而不在於理氣是否爲一或二上。故其直言批評云：

《明儒學案》卷四十四、〈諸儒學案〉上二、論曹月川處，黃梨洲亦
引及曹端〈辨戾〉之文，而曰：「先生之辨雖爲明晰，然詳以理馭氣，
仍爲二之。氣必待馭于理，則氣爲死物」。此即纏夾二不二之問題也。

「氣必待馭于理，則氣爲死物」，此則愈說愈不成話矣。〔註148〕

然而，筆者以爲透過此評論，反而更凸顯出宗羲論理氣之立場是由本體氣角
度切入，與心學家著眼於心、理之存有與活動上，有者根本上的差異。其主
張「氣本一也」，以爲本體之氣具創生作用，而理只是其內在氣之理，二者皆
本之於氣，即「理氣是一」。故對於牟先生謂宗羲之思路充滿理氣「纏夾二不
二之問題」的評論，正好反顯出其是以「氣」爲本的「理氣是一」，且此氣同
時兼具「主宰義」與「生化義」。因此，宗羲具體提出理氣一物而兩名之主張。
其云：

抑知理氣之名，由人而造，自其浮沉升降者而言，則謂之氣；自其
浮沉升降不失其則者而言，則謂之理。蓋一物而兩名，非兩物而一

〔註147〕牟宗三：《心體與性體》，冊一，頁388。
〔註148〕牟宗三：《心體與性體》，冊一，頁389。

體也。〔註149〕

宗羲以為「浮沉升降者」即氣之流行，而理則是此氣之流行中使「浮沉升降不失其則者」，其實二者同是一「氣」。所以宗羲主張理氣是「一物而兩名」，並非「兩物而一體」。至此，則需從二方面討論。

第一，就理氣是「一物而兩名」而言，是必須在「理氣是一」的前提上才能夠成立。因為，理氣是一乃專指理與氣在根本質性上是統一於「氣」上，即是「同一氣之物」。換言之，「大化只此一氣」，而「理」只是氣之理，二者只是在本體氣上兩個不同方面的表現，即一表現為生化流行之本體者，另一表現為生化流行不失其序者，其實理氣二者在質性上並沒有改變以「氣」為內容的本質。因此，站在根本「氣」之質性立場上，理氣當然是「一物而兩名」。簡言之，理氣二者同為一「氣」之物，而在兩種不同方面的表現。即理氣各有其作用而互異，故謂之「兩名」；但二者本質上卻仍以「氣」為其內容，故又同為「一物」。

不過此處要特別注意，若無前述「理氣是一」之基礎，則「一物而兩名」可能將無法成立。〔註150〕因為「氣」本身為創生宇宙萬物之最高主宰，而「理」亦是指導宇宙萬物生化流行之最高準則，此時二者若無根本質性上的統一，即無根源於同一本體之氣的話，則「氣」「理」各有其作用外，亦將各有其實體，根本上就會產生兩個不同主體之實物，並非是同一事物兩個不同的作用表現。因此，必然造成理氣二者各具其主體性，而導致「理氣二分」之結論，此論自然為宗羲所反對。所以，宗羲「一物而兩名」之主張，是根據自身「理氣是一」的思路推展而來，即理氣二者因各有其作用與位階，故特立「理」與「氣」兩名以別之，但其實最終仍本之於一氣，同為一物。而陶清先生亦

〔註149〕（明）黃宗羲：《明儒學案》，卷四十四，〈諸儒學案上二〉，「學正曹月川先生端」（《黃宗羲全集》增訂版），冊八，頁355。
〔註150〕張立文先生以為「升降必有其則，氣可以包容理。升降之則不能包容其實體，理無法兼涵氣，它只能是氣的屬性。理氣合一不二，應是指理從屬於氣，是實體和其屬性不可分，二者並非同一事物的不同名稱。黃宗羲的錯誤就在於不恰當地把理氣視為完全對等，否認了他們之間的本質差別。」（《理》，臺北：漢興書局有限公司，1994年5月初版1刷，頁261。）其明確指出宗羲的錯誤，將造成「理氣一物而兩名」邏輯上的矛盾。因此，在張立文先生此段推論基礎上可得知，除了證明理氣各有其作用及位階，故於本質上並不能等同是一，而只能在造化上合一之外。更是反顯出宗羲理氣「一物而兩名」若不在「理氣是一」的基礎上推論，則必然產生升降之氣必有其則，氣能包容理，但升降之理則卻內含於氣中，而不能包涵氣，如此「一物而兩名」必不能成立。

有類似的結論。其云：

> 由於「理」並非獨立存在、與氣相對之物，而是關於「氣」自身運
> 動變化的條理性，即規律性的理論抽象和概括；因此，二者雖有不
> 同但不能相對而分。在黃宗羲看來，實際上，「理」與「氣」本來就
> 是關於同一物的兩個不同視角的抽象而已。〔註151〕

陶清先生雖無直言理氣「一物而兩名」必須立論在「理氣是一」之前提下。
但筆者以爲其主張理並非與氣相對而獨立之物，是氣中之理，即仍是說明理
氣其實是一；加上陶清先生亦主張理氣是「同一物的兩個不同視角的抽象而
已」，頗與前述推論類似，即理氣於本質上同爲一氣之物，只是一者爲生化流
行之本體，另一者爲流行不失其序者，二者其實是「氣」在兩個不同角度的
表述而已。因此，宗羲明確直云：

> 蓋大化流行，不舍晝夜，無有止息。此自其變者而觀之，氣也。……
> 此自其不變者而觀之，理也。〔註152〕

宗羲此言不但說明了理氣二者之名，其實就是從大化流行與流行不失其則的
兩個不同角度論述；更再次證明理氣本質上同是一氣之物，在兩方面不同的
表現。

　　第二，根據第一點的推論得知，若不在理氣是一基礎上言「一物而兩名」，
則必然造成理氣二分各自爲本體的情況。因此，宗羲此處直言：「並非兩物而
一體」，就是爲了避免理氣二分各自爲一實體之物的矛盾情形產生。宗羲以爲
「天地之間，只有氣，更無理。所謂理者，以氣自有條理，故立此名耳。」〔註
153〕即表明以「氣」爲本體，理只是氣自有條理者，所以「理不可見，見之於
氣」，〔註154〕明確說明「理」雖有其作用與位階，但根本質性已由「氣」所取
代而爲「氣之理」，故二者同爲一氣之物，決非「兩物」。因此，宗羲當然否
定朱子「所謂理與氣，此決是二物」〔註155〕之觀點，其曾透過對羅欽順的評

〔註151〕陶清：《明遺民九大家哲學思想研究》（臺北：洪葉文化事業有限公司，1997
　　　　年6月初版1刷），頁396。

〔註152〕（明）黃宗羲：《明儒學案》，卷二，〈崇仁學案二〉「文敬胡敬齋先生居仁」
　　　　（《黃宗羲全集》增訂版），冊七，頁22。

〔註153〕（明）黃宗羲：《明儒學案》，卷五十，〈諸儒學案中四〉，「肅敏王浚川先生廷
　　　　相」（《黃宗羲全集》增訂版），冊八，頁487。

〔註154〕（明）黃宗羲：《孟子師說》，卷二，〈浩然章〉（《黃宗羲全集》增訂版），冊
　　　　一，頁60。

〔註155〕（宋）朱熹：《朱子文集》，卷第四十六，〈答劉叔文一〉，冊五，頁2095。

論來反對此說，其云：「蓋先生（羅欽順）論理氣，最爲精確，謂：『通天地，
互古今，無非一氣而已。氣本一也，而一動一靜，一往一來，一闔一闢，一
升一降，循環無已。……卒不克亂，莫知其所以然而然，是即所謂理也。初
非別有一物，依於氣而立，附於氣而行也。……類有一物主宰乎其間者，是
不然矣。』斯言也，即朱子所謂：『理與氣是二物，理弱氣強』諸論，可以不
辯而自明矣。」〔註156〕宗羲此處對理氣爲二物之論，其否定「理」爲獨立存
在之實體，而是必須依附於「氣」上而存在，當然就不可能有「兩物爲一體」
的情況產生。換言之，天地間只有氣，即只有一「氣」之物，雖理、氣在造
化上畢竟各有其作用與位階，但僅標以「理」「氣」之名作爲區別，其實在根
本質性上仍同爲一氣，所以只能言「一物而兩名」，決非「兩物而一體」。

　　至此，可以得到三個結論：

　　一、從造化的角度論宗羲的理氣關係，將得到「理氣合一」之結論。因
爲在生化之過程中，氣乃創生之本體，而理僅剩指導氣化流行不失其序之作
用，其位階早已降爲「氣之理」而依附於氣中。因此，氣理二者各有其作用
與位階自然不能等同是一，不過卻在造化的過程中缺一不可，所以宗羲提出
「理氣合一」的概念，來表示在生化過程中，理氣畢竟各有其功能，「類」有
二物同時作用，故言理氣「合一」而行。但要特別注意的是此處所謂「合一」，
並非泛指具實體之二物合一，而是專指兩種不同作用之並行。簡言之，就在
氣化流行過程中，理氣兩種不同作用、位階的合一運行，而非兩個不同實體
的合一。因此，「理氣合一」只能就造化立場表述。

　　二、宗羲又言「理氣是一」，表面上與「理氣合一」相衝突，其實不然。
「理氣是一」是從理氣二者根本質性上討論，即「天上地下，無一非生氣之
充滿」，〔註157〕又「理爲氣之理，無氣則無理」。〔註158〕皆明確表示宇宙天地
無非一氣充塞，而理只是氣中之條理，二者之根本質性皆本同一氣。因此，
在此同爲一氣的基礎上，當然能言理氣同爲一氣之物，簡言謂之「理氣是一」。

　　所以用高攀龍「凡人之言合者，必二物也。本離而合之之謂合，本合則

〔註156〕（明）黃宗羲：《明儒學案》，卷四十七，〈諸儒學案中一〉，「文莊羅整菴先生
　　　　欽順」（《黃宗羲全集》增訂版），冊八，頁408。

〔註157〕（明）黃宗羲：《破邪論·地獄》（《黃宗羲全集》增訂版），冊一，頁198。

〔註158〕（明）黃宗羲：《明儒學案》，卷七，〈河東學案上〉，「文清薛敬軒先生瑄」（《黃
　　　　宗羲全集》增訂版），冊七，頁121。

不容言合也。」〔註159〕一語解釋「理氣是一」最爲精確。其謂「本合則不容言合」，即可用以表示理氣二者本質相同同爲一氣，所以不能言合一，故只須言「理氣是一」即可。不過這裏又產生一個小問題，就是「凡人之言合者，必二物也。」彷彿與結論的第一點相衝突。事實並非如此，宗羲所謂的「理氣合一」是專指理與氣二者在生化作用功能上的合一，即理氣各有其職責並同時在造化過程中合一運行作用；並非專言理氣各爲一具體實物而後合一之。因此，其中的差異性是必須特別注意。

　　三、綜合上述的觀念，理氣是一表明理氣二者同爲一氣之物；而理氣合一則說明二者雖同爲一氣之物，但理氣之職責畢竟不同，故標示「理」「氣」兩名來凸顯各自之作用，但二者本質上仍統一於「氣」上，以氣爲本，即「一物而兩名」。簡言之，若從「造化」立場言，則「理氣合一」；從「根本質性」上言，則「理氣是一」，結合這兩方面論述，即成爲理氣「一物而兩名」。不過，宗羲爲了避免「凡人之言合者，必二物也」的觀念，誤認「理氣合一」不就「造化」上立論，而就「本質」上立言，造成理氣爲二物的錯誤結論，因此，特別提出「非」有「兩物而一體」，即明確反對理氣二分而有二物之存在。至此，筆者以爲宗羲「理氣合一」、「理氣是一」以及理氣「一物而兩名」，其實是氣學圓融的三面分解。三者之最根源處皆必須統一於本體氣上，然後才有「理」、「氣」二者各自之作用表述，即一物而兩名，決非二物而一體。故程志華先生有云：

　　　　宇宙萬物不斷變化、「浮沉升降」，這是氣的流行；而理就是指這種
　　　　「浮沉升降」、不斷變化即氣流行的規則。因此，理與氣只是「一物
　　　　而兩名」，而不是「兩物而一體」。在黃宗羲「一物而兩名」與「兩
　　　　物而一體」有原則性的區別：「一物而兩名」順利地解決了理氣之間
　　　　的「支離」，而「兩物而一體」則無論如何也難以把「支離」予以圓
　　　　融。〔註160〕

總而言之，就本體氣立場論，理氣渾淪，不可分開各爲一物，即「理氣是一」；若在造化過程上言，萬物散殊，無處非氣之充塞，但最終不紊亂者，理在其

〔註159〕（明）高攀龍：《高子遺書》，經解類，〈陽明說辨三〉（臺北：臺灣商務印書館，景印文淵閣四庫全書），卷三，頁374。

〔註160〕程志華：《困境與轉型──黃宗羲哲學文本的一種解讀》（北京：人民出版社，2006年3月第1版第2次印刷），頁112。

中矣，故理氣二者並行作用，即「理氣合一」。換言之，就是同一氣之物在兩方面的不同表現，故謂之「一物而兩名」。若有二物爲一體之論，宗羲直云：「亦只誤認理爲一物」〔註161〕矣。

三、理氣之聚散

前已提及曹端曾針對朱子理之乘氣，猶人之乘馬，人被動與之出入，將使「理」成爲「死理」之論，修改爲活人騎馬之說，即人主動馭馬之出入行止，使此「理」成爲「活理」矣。但宗羲直言批評曹端之辨雖明晰，但依舊爲理氣二分，且將「氣」淪爲「死物」。因此，宗羲提出「一物而兩名，非兩物而一體」的解決之道，並認爲「薛文清（薛瑄）有日光飛鳥之喻，一時之言理氣者，大略相同爾。」〔註162〕宗羲云：

> 其（薛瑄）謂：「理氣無先後，無無氣之理，亦無無理之氣」，不可易矣。又言：「氣有聚散，理無聚散。以日光飛鳥喻之，理如日光，氣如飛鳥，理乘氣機而動，如日光載鳥背而飛，鳥飛而日光雖不離其背，實未嘗與之俱往。而有間斷之處，亦猶氣動，而理雖未嘗與之暫離，實未嘗與之俱盡而有滅息之時。」義竊謂：理爲氣之理，無氣則無理，若無飛鳥而有日光，亦可無日光而有飛鳥，不可爲喻。蓋以大德敦化者言之，氣無窮盡，理無窮盡，不特理無聚散，氣亦無聚散也。以小德川流者言之，日新不已，不以已往之氣爲方來之氣，亦不以已往之理爲方來之理，不特氣有聚散，理亦有聚散也。
> 〔註163〕

薛瑄以爲「天下無無理之物，無無物之理」，〔註164〕並直言：「理只在氣中，決不可分先後。如太極動而生陽，動前便是靜，靜便是氣，豈可說理先而氣後也。」〔註165〕此思想理路表現出「理氣是一」之主張，即「理氣無先後，

〔註161〕（明）黃宗羲：《明儒學案》，卷五十，〈諸儒學案中四〉，「肅敏王浚川先生廷相」（《黃宗羲全集》增訂版），冊八，頁487。

〔註162〕（明）黃宗羲：《明儒學案》，卷四十四，〈諸儒學案上二〉，「學正曹月川先生端」（《黃宗羲全集》增訂版），冊八，頁356。

〔註163〕（明）黃宗羲：《明儒學案》，卷七，〈河東學案上〉，「文清薛敬軒先生瑄」（《黃宗羲全集》增訂版），冊七，頁121。

〔註164〕（明）薛瑄：《讀書錄》，卷七。（《薛瑄全集》。山西：山西人民出版社，1990年8月，第一刷），冊下，頁1193。（以下簡稱《薛瑄全集》。）

〔註165〕（明）薛瑄：《讀書錄》，卷四（《薛瑄全集》），冊下，頁1120。

無無氣之理，亦無無理之氣」之說，當然爲宗羲所接受。但是，其卻又反對薛瑄日光飛鳥之喻，其中的關鍵必須先從薛瑄本身思路論起。薛瑄有云：

> 天地生人物，不是旋安排個理來與他，蓋合下便已都定了，無添無減，無多無少，萬古只如是。有此理便有此物，有此物便有此理，元不相離。〔註166〕

薛瑄主張「有此理，則有此物；及有物，則理又在物中。」〔註167〕即說明了「理氣渾然而無間」，〔註168〕二者「元不相離」。所以「理氣密匝匝地，眞無毫髮之縫隙。」〔註169〕若「截理氣爲二，則非矣。」〔註170〕簡言之，薛瑄主張理在氣中，二者渾然無間不可相離亦不可分先後，若分理氣爲二，則非矣。不過，薛瑄卻又有云：

> 有形者可以聚散言，無形者不可以聚散言。〔註171〕

又

> 理既無形，安得有盡。〔註172〕

又

> 理無窮而氣亦無窮，但理無改變而氣有消息。如溫熱涼寒，氣也；所以溫熱寒涼，理也。溫盡熱生，熱盡涼生，涼盡寒生，寒盡溫復生，循環不已。氣有消息，而理則常主消息而不與之消息也。「氣有聚散，理無聚散」，於此又可見。〔註173〕

薛瑄此處之主張，明顯於前述不同，其以爲理氣在作用上雖皆是無窮盡，但是消息變化流行者是氣，而所以消息變化流行者是理。換言之，理主氣之消息變化，但此理卻不隨氣與之消息變化；加上此理無形，安得以聚散言，故其直云：「氣有聚散，理無聚散」，完全表明「理」永恆遍在，而「氣」卻隨時消散。此論與前述自云：「理氣密匝匝地，眞無毫髮之縫隙。」相違背外，更不合自身「理只在氣中」之邏輯，即理既然只在氣中，若無氣之時，則理將何所依？因此，陳來先生對此直言：「薛瑄的思想中暴露出理學理氣論的一

〔註166〕（明）薛瑄：《讀書錄》，卷四（《薛瑄全集》），冊下，頁1130。
〔註167〕（明）薛瑄：《讀書錄》，卷七（《薛瑄全集》），冊下，頁1280。
〔註168〕（明）薛瑄：《讀書續錄》，卷一（《薛瑄全集》），冊下，頁1285。
〔註169〕（明）薛瑄：《讀書錄》，卷八（《薛瑄全集》），冊下，頁1228。
〔註170〕（明）薛瑄：《讀書續錄》，卷一（《薛瑄全集》），冊下，頁1285。
〔註171〕（明）薛瑄：《讀書錄》，卷四（《薛瑄全集》），冊下，頁1121。
〔註172〕（明）薛瑄：《讀書錄》，卷四（《薛瑄全集》），冊下，頁1121。
〔註173〕（明）薛瑄：《讀書錄》，卷六（《薛瑄全集》），冊下，頁1162。

些矛盾。他為了反對理在氣先，強調『四方上下，往來古今，實理實氣，無絲毫之空隙，無一息之間斷』，強調理氣總是結合無間的。但是按照氣有聚散，理無聚散的說法，如果某些氣由聚變散，最後消盡，那麼原來『泊』在這些氣上並與這些氣密合無隙的理由於無聚散，必然與歸於散盡的氣脫離，這樣，就不能說『無絲毫之空隙』。」〔註174〕此論明確指出薛瑄學說上的關鍵點。

當然，宗羲必然了解薛瑄學說上的缺失，其肯定薛瑄「理氣無先後，無無氣之理，亦無無理之氣。」之論，是站在「理氣是一」之立場。但薛瑄以日光喻理，飛鳥喻氣，以為「鳥飛而日光雖不離其背，實未嘗與之俱往，而有間斷之處。」明顯以鳥之飛行比喻氣之聚散消息，而日光卻未隨鳥之飛行而與之俱往，即理不隨氣之聚散而聚散。事實上，這便是分理氣為二物，此論自然不為宗羲所接受。宗羲以為「理為氣之理，無氣則無理」，所以此理只是「氣」中之理，若無「氣」之存在就等於無「理」之存有。故宗羲反對的關鍵不在於只有日光或只有飛鳥上，而是在於日光飛鳥之喻是根本將理氣二分，因此無論「無飛鳥而有日光」或「無日光而有飛鳥」，皆不可為喻。〔註175〕

因此，宗羲明確從「大德敦化」及「小德川流」兩個層面論理氣之聚散。「以大德敦化者言之」，即是從宇宙無限性著眼，氣作為萬物生成變化之本體，必然是無窮盡、無聚散，而其中氣本體流行不失其則之理，亦是無窮盡、無聚散；換言之，理氣二者此時是同具無窮之作用，卻又皆無具體形體之聚散，是「形而上」層面的理氣是一。若再「以小德川流者言之」，則是從氣化

〔註174〕陳來：《宋明理學》（臺北：洪葉文化事業有限公司1994年9月初版1刷），頁210。

〔註175〕錢穆先生對此曾表示「日光飛鳥，明是兩物，可以相離，豈理氣之此。此一層，敬軒豈有不知。今姑別設新喻。如飛機必載飛機之理以俱前，然飛機之理，實不隨飛機以俱去。同時可以有數十百架飛機起飛，各載飛機之理，然此飛機之理，決不為此數十百架飛機所分散可知。敬軒氣有聚散理無聚散，其意非不是。梨洲言氣無窮盡，豈能兼證其無聚散。至云不以已往之理為方來之理，其語更不通。豈今日此一飛機之理，已不是昨日此一飛機之理乎？理氣固不離，然亦不離，若梨洲言則離矣。」（《中國學術思想史論叢》（七）。臺北：東大圖書股份有限公司，1993年12月3版，頁26。）錢穆先生以為飛機之理並無今日、昨日之別，認為飛機無論飛往何處，其飛機之所以為飛機之理並不會改變，故贊同薛瑄「氣有聚散、理無聚散」之說，反對宗羲「不以已往之理，為方來之理」之論。而此正好反顯宗羲的理氣主張，無論是「大德敦化」或「小德川流」之立場，皆為理氣是一之論，明顯反對理氣分為二物。

流行之有限性來說，氣雖化生天地萬物各種不同具體的樣貌狀態，但此具體樣貌狀態卻會隨生長消息而有聚散滅亡，其間這萬有不齊具體萬物中的「氣之理」亦隨之聚散變化，故此層面的理氣是日新不已，不以已往之理氣爲方來之理氣。所以在「形而下」層面的理氣關係，如同形而上層的結論，亦是理氣是一的狀態。

　　推論至此，至少可以得到兩個結論：第一、朱子以理之乘氣，猶人之騎馬，馬之一出一入，而人亦與之一出一入。如此，人則爲死人，理亦爲死理而管不住氣。曹端據此修正爲活人騎馬，使馬之出入行止疾徐，一由人馭之，即以理馭氣。而薛瑄則以「日光飛鳥」爲喻，另從聚散的觀點分析，以鳥之飛即氣之散，但日光並未隨鳥之飛行而俱往，表明「理」並不隨「氣」之散而散，使「元不相離」的理氣，在氣散之後，理將何所往？此與自身「理只在氣中」之論相矛盾。其實此矛盾處正是薛瑄理氣之特色，即「理」是形上之本體者，故本無聚散可言；而「天下無無理之物，無無物之理」的元不相離之理氣乃就形而下層言。據此，可凸顯出薛瑄的理氣論點是只有形下層面的理氣是一，而形上層面的理氣卻仍爲二分的情形，是不成熟的理氣論。

　　第二、承上述第一點，宗羲明確看到薛瑄理氣論之缺漏，於是宗羲具體從「大德敦化」及「小德川流」兩個層面來修正薛瑄之失。其以爲在形上本體層，「氣」作爲萬物創生之本體，自然無所謂聚散，而其中的「氣之理」當然亦無聚散可言，此是形上層的理氣是一。若從形下發用層來看，形上氣本體化生形下氣質之萬物，而萬物之理即同時存於萬物之中，萬物有消息變化而萬物之理亦隨之消息變化，故此層之氣有聚理，理亦隨之聚散，是形下層的理氣是一。因此，宗羲理氣之主張，明顯可看出在形上或形下之層面，理氣是對等平行式的合一；不但如此，其形上及形下兩層，透過「氣」本體之作用，還能由形上層下貫至形下層，以垂直的方式說明以「氣」爲首的理氣是一論。

　　所以，筆者以爲宗羲的理氣主張，是彌補了朱子、曹端以及薛瑄等朱學論者，只知形上之理而不知形上之氣，只知形下理氣之發用而不知發用後理爲何管不住氣等缺漏。詳言之，宗羲的理氣論是以「氣」通貫形上下之間，即形上本體之氣依其內在所以然的形上之理以生生，其生成形下具體氣化之形質，亦同時將形上之理下貫爲形下內在變化依循之理則，即形上之理亦在形下之理中。合言之，形上氣絪蘊變化爲形下氣者，而形上之理亦同時存於

形下氣中而轉化爲形下的氣之理。於是，透過「氣」者，形上下不只單純平行式的理氣合一，更是垂直的理氣合一。因此，與其說宗羲是批評薛瑄理氣聚散之矛盾，倒不如說宗羲「完整」了形上下理氣通貫合一之說，使理氣關係達到妙合而凝的境界。據此，宗羲亦從聚散的角度論王廷相之理氣關係，王廷相有云：

> 天地之間，一氣生生，而常而變，萬有不齊，故氣一則理一，氣萬則理萬。世儒專言理一而遺萬，偏矣。天有天之理，地有地之理，人有人之理，物有物之理，幽有幽之理，明有明之理，各各差別。統而言之，皆氣之化，大德敦厚，本始一源也；分而言之，氣有百昌，小德川流，各正性命也。〔註176〕

王廷相認爲「天內外皆氣，地中亦氣，物虛實皆氣，通極上下造化之實體。是故虛受乎氣，非能生氣；理載于氣，非能始氣。」〔註177〕明確以「氣」爲無限普遍存在宇宙之中，爲通貫天地、虛實及上下的造化實體，是沒有任何超越此造化實體外之物的存在，即以「氣」爲唯一最高之本體，故「虛」只是氣之遍在性表現，而此「理載于氣，非能始氣」，以理只是氣之內在規律存於氣中爲氣之理。因此，由「大德敦厚」之統體言，萬物皆一氣所生，而氣化生生不失其則的內在氣之理，只是形上原則性之理，是存於本體之氣中，所以「氣一則理一」之論是須在形上層討論。接著，再由「小德川流」之實體上言，雖氣化無窮生萬有不齊之形質萬物，但萬物仍各具其自身之條理，此爲實然層分解地說萬物各有形質及所具之理，是形下層面的「氣萬則理萬」的表現。然而，宗羲主張「通天地、互古今，無非一氣而已，氣本一也。」〔註178〕如同王廷相以「氣」爲本體之論，但其對於王廷相之「理」卻有不同的看法。其云：

> 先生（王廷相）主張橫渠之論理氣，以爲氣外無性，此定論也。……先生受病之原，在理字不甚分明，但知無氣外之理，以爲氣一則理一，氣萬則理萬，氣聚則理聚，氣散則理散，畢竟視理若一物，與氣相附爲有無，不知天地之間，只有氣，更無理。所謂理者，以氣

〔註176〕（明）王廷相：《王廷相集》（北京：中華書局，1989年9月），頁848。

〔註177〕（明）王廷相：《王廷相集》，頁753。

〔註178〕（明）黃宗羲：《宋元學案》，卷十二，〈濂溪學案下〉，附「黎洲太極圖講義」（《黃宗羲全集》增訂版），冊三，頁609。

自有條理，故立此名耳。……故氣有萬氣，理只一理，以理本無物
也。宋儒言理能生氣，亦只誤認理爲一物。先生非之，乃仍蹈其失
乎？〔註179〕

宗義以爲王廷相主張「氣外無性」、「天地之間，一氣生生」、「理載於氣」等
論，與自身本體之「氣」論相合，當然視之爲定論。但是，宗義卻又指出王
廷相的問題在於將「理」視若一物與氣並存，以爲氣一理一，氣萬理萬，氣
有聚散而理亦隨之聚散，完全是對「理」字不甚分明，而造成理氣分爲二物
的結果。不過，筆者以爲王廷相之理氣主張，其實應該與宗義之論相同，即
「氣一則理一」應就「大德敦厚」之形上層言，而「氣萬則理萬，氣聚則理
聚，氣散則理散」是就「小德川流」之形下層表示。應是符合前述宗義的理
氣主張，以爲理氣有形上下之區別，且以「氣」爲本體者。而王俊彥先生對
此亦有類似的主張，其云：

黃宗羲肯定王廷相「氣外無性」爲定論，知其亦主張理在氣中。惟
其批評王廷相氣萬則理萬似視理爲附氣而有之一物，所以才有理萬
之稱。實則黃宗羲立於氣自有之條理的立場言理，與王廷相理載於
氣之主張應相同，但因其立於理本無物的形上層言，故主張理只一
理。而王廷相之氣屬本體，故氣中之理亦屬形上層，此即所謂「氣
一理一」，但王廷相又甚重形下之萬物，並視之爲各具主體性之實
有，自然重視在萬物之理，此或爲黃宗羲未及察明之處。〔註180〕

既然如此，宗義爲何還會對王廷相提出質疑呢？筆者以爲宗義所質疑的是「在
理字不甚分明」、「視理若一物」的部份。爲什麼呢？因爲在前述推論的基礎
上得知，宗義在形上本體層主張氣無聚散，理亦無聚散；而形下發用層則是
氣有聚散，理亦隨之聚散。如此結論，雖然「完整」形上下理氣關係，但卻
也容易造成理氣彷彿爲二物之平行存在的錯覺，故宗義透過對王廷相的質
疑，正好用以反顯出「氣」無論處在「氣一」或「氣萬」的模式下，「理只一
理」，即「理」永遠只是「氣之理」的存在，「以理本無物也」。因此，這不但
「完整」形上下理氣關係，更是明確以「氣」爲首出，理只是「氣之理」的
本體氣論。

〔註179〕（明）黃宗羲：《明儒學案》，卷五十，〈諸儒學案中四〉，「肅敏王浚川先生廷
　　　　相」（《黃宗羲全集》增訂版），冊八，頁487。
〔註180〕王俊彥：《王廷相與明代氣學》，頁71～72。

　　總而言之，第一：宗羲的理氣論是成熟完整的理氣架構。簡單分析，在形上層面言，以「氣」爲形上之本體，而此氣中的「氣之理」亦屬形上層面，故在這永恆普遍上「氣一則理一」，自然無理氣聚散之疑問，是形上層的理氣合一。在形下層面言，本體氣化生萬有氣質之形物，而氣質形物之理即在氣質形物之中，故處在形下「氣萬理萬」具體世界中，不但氣有聚散，理亦有聚散，於是在形下發用層之理氣依舊是合一的表現。因此，宗羲透過對薛瑄日光飛鳥的修正，解決了朱學之矛盾，即只有形上理而無形上氣，造成不知此時形上「理」安頓何處的問題。故宗羲主張「氣本一也」，以形上本體之氣，彌補朱學形上層只有理而無氣的缺漏。

　　第二、就在理氣於形上及形下兩層面皆「合一」之時，宗羲爲避免造成理氣彷彿爲二物平行存在的錯覺，其透過對王廷相的質疑，反顯「氣」無論處在形上「氣一」或形下「氣萬」之地位時，「理」永遠「只一理」，即「氣之理」的存在，決「無氣外之理」，〔註181〕決非一獨立實體之物。如此，宗羲的理氣主張，不僅是以「氣」爲首出而已，更論及形上與形下兩層理氣平行式的合一，而且透過「氣」之通貫，還能達到垂直式的合一。簡言之，就是一完整成熟的本體之氣論。

四、天地不能無愆陽伏陰之理

　　通過以上三節的論述，確定了宗羲本體之氣論在造化上言「理氣合一」，在根本質性上二者又皆以「氣」爲內容的「理氣是一」，故理氣是同一「氣」之物在兩方面不同的表現。因此，當本體之氣作用時，其流行不失其則的「氣之理」亦隨之作用，二者同時完成形上本體之派生及形下具體之發用。至此，宗羲完整的形上下理氣架構已有清楚之輪廓，即形上下理氣兼備，並依內在之條理以行而不紊，若依此理路繼續發展下去，氣化宇宙應是和諧流行而不亂，故寒暑不爽其則、萬物各有其序、日月星辰運行而不失其度等現象作用，應皆如同鐘擺機械化運作而無誤差。但事實並非如此，宗羲有云：

> 天地之氣，寒往暑來，寒必於冬，暑必於夏，其本然也。有時冬而暑，夏而寒，是爲愆陽伏陰，失其本然之理矣。失其本然，便不可

〔註181〕（明）黃宗羲：《孟子師說》，卷六，〈生之謂性章〉（《黃宗羲全集》增訂版），冊一，頁133。

名之爲理也。〔註182〕

宗羲明確指出氣之流行會有失其本然的情形發生，即有時冬而暑，有時夏而寒，完全不依冬寒夏暑的內在氣之條理運行，是「愆陽伏陰」的狀態，是不符合宗羲自身「所謂理者，氣之流行而不失其則者也」〔註183〕之主張。因此，必然產生一個疑問，即氣化流行雖千條萬緒，紛紜輵輵，但終不克亂，乃因爲有不失其則之理內在於氣化之中，指導氣之流行，是理氣合一的表現，自然不會有「失理」脫序之流行。不過，現實世界畢竟有「愆陽伏陰」的異常現象發生，似乎與宗羲自身流行不失其則的理論矛盾。其實不然，其自云：

> 然天地不能無愆陽伏陰之寒暑，而萬古此冬寒夏暑之常道，則一定之理也。〔註184〕

宗羲以爲「天一而已，四時之寒暑溫涼，總一氣之升降爲之。」〔註185〕即本體之氣依形上內在氣之理化生形下四時之變化，而四時變化之理便在其中。換言之，氣之升降往來，皆氣自爲主宰，遵循內在所以然之理，按一定規律運行無誤。但宗羲並非局限於自我主觀思想的推論之中，其重「氣」的務實思路，進一步讓宗羲注意到現實世界有「愆陽伏陰」現象的客觀存在，即冬暑夏寒是偶然現象的存有，而萬古此冬寒夏暑才是一定之理。不過，宗羲從偶然中感受到必然，了解到冬暑夏寒與冬寒夏暑一樣，皆是氣化運行之固有現象，並非沒有規律，即偶然的冬暑夏寒亦是一必然的規律現象。例如全球的氣侯變化，每隔數年便偶有「暖冬」的情形發生，若依氣化流行之論言之，「暖冬」則爲「愆陽伏陰」之反常現象，但以長時期的觀察來看，每隔數年便規律性產生暖冬的情形，此不外亦是一種規律之理。因此宗羲表示：

> 蓋天地之氣，有過有不及，而有愆陽伏陰，豈可遂疑天地之氣有不善乎？夫其一時雖有過不及，而萬古之中氣自如也，此即理之不易者。〔註186〕

〔註182〕　（明）黃宗羲：《明儒學案》，卷二十九，〈北方王門學案〉，「侍郎楊晉菴先生東明」（《黃宗羲全集》增訂版），冊七，頁755。

〔註183〕　（明）黃宗羲：《明儒學案》，卷二十二，〈江右王門學案七〉，「憲使胡廬山先生直」（《黃宗羲全集》增訂版），冊七，頁593。

〔註184〕　（明）黃宗羲：《明儒學案》，卷二十九，〈北方王門學案〉，「侍郎楊晉菴先生東明」（《黃宗羲全集》增訂版），冊七，頁756。

〔註185〕　（明）黃宗羲：《破邪論·上帝》（《黃宗羲全集》增訂版），冊一，頁194。

〔註186〕　（明）黃宗羲：《明儒學案》，卷五十，〈諸儒學案中四〉，「肅敏王浚川先生廷相」（《黃宗羲全集》增訂版），冊八，頁487。

宗羲此處之論，明確否定了愆陽伏陰不爲氣化流行之理者。其實氣化流行之理即是「所以然之理」，其中包含了「愆陽伏陰之理」的成分。詳言之，二者同爲氣化流行之規律，只是表現的方式不同，即「所以然之理」是必然的表現，而「愆陽伏陰」是偶然的表現，但此偶然又在必然之中，所以愆陽伏陰其實還是所以然而然者的一種規律性展現。故宗羲又直云：

　　　氣之有過不及，亦是理之當然，無過不及，便不成氣矣。〔註187〕

宗羲不但重申過與不及的愆陽伏陰狀態是「理之當然」外，更表明「無過不及，便不成氣矣」，更是凸顯本體氣中的氣之理，雖以「所以然而然之理」者爲內容，但此內容中必有「流行不失其則」者及「過與不及」者（過與不及仍是所以然之理）的成分存在。可見宗羲的氣之理是有完整的內涵，是同時存有「以不失其則爲條理者」與「以過與不及爲規律者」兩種內容成分。不過此處卻有個新問題產生，就是宗羲雖承認愆陽伏陰其實亦是必然的規律，主張「氣之有過不及，亦是理之當然」，但宗羲卻又有「失其本然，便不可名之爲理也」之論，二者在理路似上似乎互爲衝突。

　　筆者以爲此衝突處，其實只是對「理」的定位不明所造成之誤解。根據前一節的結論得知，宗羲的理氣論是形上及形下兼備，是以「氣」爲首出，並透過此「氣」達到形上下貫通無間。因此，形上本體之氣根據自身形上氣之理，氣化生生形下萬有氣質之形物，而形下萬有氣質形物之理亦隨之在萬有氣質形物之中。所以，此處「愆陽伏陰」的偶然異常現象，雖是失其本然之理，但此「失其本然之理」其實亦是「理」的一種規律表現。明確分解，此時之「理」是專指形上位階的氣之理，所以自然只有「所以然而然」的規律運行，故形下表現雖有過與不及，但此過與不及亦只是依形上所以然之理來規律展現過與不及，故無論氣化流行是否合於中道，其實皆一氣依形上氣之理以行，「亦是理之當然」，而無所謂其他規律與否的問題。至於其又謂：「有時多而暑，夏而寒，是爲愆陽伏陰，失其本然之理矣。失其本然，便不可名之爲理也。」〔註188〕則是專指「不能以多暑夏寒的愆陽伏陰狀態，來做爲流行不失其序的原則性根據」，即此過與不及的狀態，其實亦只是形上氣之理中

〔註187〕（明）黃宗羲：《明儒學案》，卷三，〈崇仁學案三〉，「恭簡魏莊渠先生校」（《黃宗羲全集》增訂版），冊七，頁42。

〔註188〕（明）黃宗羲：《明儒學案》，卷二十九，〈北方王門學案〉，「侍郎楊晉菴先生東明」（《黃宗羲全集》增訂版），冊七，頁756。

的某種規律性而已，並不能以愆陽伏陰之理來包含形上氣之理，而是形上氣之理含括愆陽伏陰之理，兩者之間的邏輯是不容顛倒，故失其本然的愆陽伏陰之理，當然不可成為形上普遍原則性之理。因此，此處理路上的衝突，只要在氣分形上下，理亦分形上下的基礎立論，便可迎刃而解決，並推得形上之理是流行不失其序者，而其中又包含了過與不及之理。簡言之，愆陽伏陰之異常變化，其實亦是一種規律性的變化，即偶然亦在必然之中。

既然如此，失其本然的愆陽伏陰之理不能取代形上普遍性原則之理，則此愆陽伏陰的過與不及之理，最終將如何演變呢？宗羲自云：

> 蓋氣之往來屈伸，雖有過不及，而終歸於條理者，則是氣中之主宰，故雨暘寒燠，恆者暫而時者常也。惟此氣中一點主宰，不可埋沒。〔註189〕

又

> 夫氣之流行，不能無過不及，故人之所稟，不能無偏。氣質雖偏，而中正者未嘗不在也。猶天之寒暑，雖過不及，而盈虛消息，卒歸於太和。〔註190〕

宗羲以為大化流行只有一氣，不能無過與不及，故現實世界才能有萬殊之物及萬殊之規律的存在，甚至人亦有高矮胖瘦之形質，世間亦有富貴貧賤現實生活，即此氣化「流行者雖是不齊，而主宰一定」，〔註191〕並不失天則之自然，故所有愆陽伏陰不齊之理，終必歸於形上本體氣中之理。換言之，只要依形上氣之理而生生形下萬有不齊之形質者，其實就是合乎「理」之標準。因此，就形下發用立場言，氣化之結果，必有合乎規律之理者，以及過與不及者，於是產生千變萬化之世界。但就形上普遍性立場言，卻只有一規律性的氣之理，而過與不及之理亦只是此形上氣之理中的某種規律性表現。所以，從長時間的角度觀察，其實偶然產生的愆陽伏陰之理者，最終還是必然條理中必然產生的偶然之理，其不僅存於所以然之理中，而且與之相較，是有限短暫的存在，不具成為普遍性之原則。故「恆者暫而時者常」，即表面上的永恆不

〔註189〕（明）黃宗羲：《明儒學案》，卷二十六，〈南中王門學案二〉，「太常唐凝菴先生鶴徵」（《黃宗羲全集》增訂版），冊七，頁700。

〔註190〕（明）黃宗羲：《明儒學案》，卷三十八，〈甘泉學案二〉，「太僕呂巾石先生懷」（《黃宗羲全集》增訂版），冊八，頁182。

〔註191〕（明）黃宗羲：《孟子師說》，卷五，〈人有言章〉（《黃宗羲全集》增訂版），冊一，頁124。

變之理，其實是暫時性存在；至於在永恆規律性之理中，含有「變化」成分者，才是「常」。因此宗羲才會直言：「但見一時之愆陽伏陰，不識萬古常存之中氣也。」〔註192〕即愆陽伏陰之理其實存在形上本體氣中之理。總而言之，所有萬有不齊的過與不及之理，最終必歸於一「理」。故宗羲才會直云：

> 氣之流行，不能無過不及，而往而必返，其中體未嘗不在。如天之亢陽過矣，然而必返於陰；天之恆雨不及矣，然而必返於晴。向若一往不返，成何造化乎？〔註193〕

宗羲此處明確指出若過與不及的氣化流行，只單往不返的話。此氣化流行將無法造化世界，此論亦符合宗羲自身「氣之往來屈伸，雖有過不及，而終歸條理者」之主張，故其透過流行往而必返之過程，凸顯「中體」未嘗不在，即偶然之失理存於必然之理中。然而，宗羲此種「氣雖有條理，而其往來屈伸，不能無過不及」〔註194〕之論點，並非獨學而無友，孤陋而寡聞之學說。其仍是承繼其師劉宗周之思想，劉宗周有云：

> 周天三百六十五度四分度之一，曰一歲一周天，而天以一氣進退平分四時，溫涼寒燠，不爽其則。一歲如此，萬古如此。即其間亦有愆陽伏陰，釀為災祥之數，而終不易造化之大常。此所謂：「大哉乾乎，剛健中正，純粹精也。」〔註195〕

此處明確可看出宗羲是繼承劉宗周氣化亦有愆陽伏陰之理的存在，且此理最終仍不易造化之大常，即失理亦在理中之主張，完全為宗羲所接受。故宗羲主張過與不及之「失」，其實亦是有所以然的失之理，即是愆陽伏陰仍是所以然之理。因此，與宗羲同時期的王夫之，亦有相類似的主張，其云：

> 氣之失理，非理之失也，失亦於其理之中。〔註196〕

由此可知，王夫之亦主張失理其實亦在於理之中，可謂與宗羲的思路一致。而此結論正凸顯出在明末清初的時期，氣學之理論已達到成熟的境界，不僅

〔註192〕（明）黃宗羲：《明儒學案》，卷五十，〈諸儒學案中四〉，「肅敏王浚川先生廷相」（《黃宗羲全集》增訂版），冊八，頁487。

〔註193〕（明）黃宗羲：《明儒學案》，卷二十七，〈南中王門學案三〉，「中丞楊幼殷先生豫孫」（《黃宗羲全集》增訂版），冊七，頁720。

〔註194〕（明）黃宗羲：《明儒學案》，卷二十六，〈南中王門學案二〉，「太常唐凝菴先生鶴徵」（《黃宗羲全集》增訂版），冊七，頁701。

〔註195〕（明）劉宗周：《學言中》（《劉宗周全集》），冊二，頁493。

〔註196〕（明）王夫之：《讀四書大全說》，卷七，〈論語·陽貨篇〉（《船山全書》，湖南：嶽麓書社，1991年12月1版），冊六，頁861。

形上形下兼備，更從現實世界的變化，推得氣化流行雖遵循一定規律運行，但此規律中必然有例外，而此「必然有例外」者卻是沒有例外的必然存在。故此時期的氣論，是理論與現實的結合，因此，將此愆陽伏陰之論由現象界演化為理論，再落實回現實世界上，是「氣」學重實際的表現。所以其具體的落實，即宗義所謂現實世界的千變萬化「蓋一陰一陽之流行往來，必有過有不及，寧有可齊之理？」〔註197〕而「人生之雜揉偏勝，即愆陽伏陰也。」〔註198〕皆明確以「造化流行之理，萬有不齊，小之而為窮通得喪，大之而為生死夭壽。此不齊者，正是其畫一所在。」〔註199〕據此，此萬有不齊者正是畫「一」之所在，是在流行造化中，對愆陽伏陰之失理亦在理中最簡潔的論述了。

五、氣之一本萬殊

宗義以為「盈天地皆氣也」，以形上本體之氣生化流行形下具體之萬物，並且將形上本體的氣之理下貫至形下萬物之理中，使形下萬有之形物，雖在形質與物理上各不相同，但卻皆本之於形上本體之氣而來。換言之，宗義以「天以氣化流行而生人物，純是一團和氣」〔註200〕為「一本」，而化生為人與萬物樣態互異之展現為「萬殊」。因此，此種「一本」於氣，而生化為「萬殊」之別的「一本萬殊」理論架構，正好真實反映了宇宙天地之間，雖然無非本於一氣之生生，但天地萬物畢竟還是形態各異，多彩多姿的存在。故宗義對此直云：

> 蓋一陽一陰之流行往來，必有過有不及，寧有可齊之理？然全是一團生氣，其生氣所聚，自然福善禍淫，一息如是，終古如是，不然，則生滅息矣。此萬有不齊中，一點真主宰，謂之「至善」，故曰「繼之者善也」。「繼」是繼續，所謂「於穆不已」。及到成之而為性，則

〔註197〕（明）黃宗羲：《孟子師說》，卷三，〈道性善章〉（《黃宗羲全集》增訂版），冊一，頁 77。

〔註198〕（明）黃宗羲：《明儒學案》，卷二十九，〈北方王門學案〉，「侍郎楊晉菴先生東明」（《黃宗羲全集》增訂版），冊七，頁 757。

〔註199〕（明）黃宗羲：《孟子師說》，卷七，〈盡其心者章〉（《黃宗羲全集》增訂版），冊一，頁 149。

〔註200〕（明）黃宗羲：《孟子師說》，卷四，〈人之所以異章〉（《黃宗羲全集》增訂版），冊一，頁 111。

萬有不齊，人有人之性，物有物之性，草木有草木之性，金石有金
石之性，一本而萬殊，如野葛鴆鳥之毒惡，亦不可不謂之性。〔註201〕

劉宗周曾表示「盈天地間，一氣也。氣即理也，天得之以爲天，地得之以爲
地，人得之以爲人，一也。」〔註202〕而宗羲承繼其師說，明確表示在理氣「一」
也之氣即理的立場下，人物得所以爲人物之理而爲人物，草木金石亦然，皆
一本於形上理氣是一之本體者。換言之，一本於形上之氣本體者的同質之氣，
如何能構成形下多姿多彩之宇宙天地，在於具體之形物雖一本形上本體者，
但卻又各自依其內在互異的形下氣之理，以生成等差不齊的萬殊之物。如此，
「一本萬殊」之世界模型即生化完成。不過，此時則將產生個有趣問題，即
形下氣之理皆由形上氣之理下貫萬物之中而來，故形下氣之理的展現必然如
同形上氣之理的特色，應具有普遍永恆性，能超越形質之界限，而不應有「萬
殊」情形的產生。

對此，宗羲明確提出氣之流行往來，「必有過有不及，寧有可齊之理？」
以爲唯一之本體者「氣」也，而此本體之氣者依自身形上氣之理以生化，其
生化的結果應以「齊一」狀態呈現，不過事實上卻是造化出萬殊之物，其因
在於形上氣之理雖以流行不失其則爲內容，但此內容中又含有合乎所以然之
理者，以及過與不及者兩種不同成分，其中萬殊之物乃是依其內在過與不及
的氣之理生化，而有萬殊之呈現。但此呈現並不表示萬殊非本於一氣，或離
形上氣之理自爲生化者。因爲「氣之流行，不能無過不及」，〔註203〕因此「或
得其過，或得其不及，以至萬有不齊」〔註204〕皆理不失其則的正常表現，故
一本「萬殊」之立論，在於前述以愆陽伏陰之失理亦在理之中爲基礎。所以，
此氣稟失理亦在理中之理以生「萬殊」，因此無論是「萬殊」之物質或物理，
其實最終仍是「一本」於「氣」者或「氣之理」者。簡言之，宗羲氣論上的
「一本萬殊」，是宇宙天地生成的基本架構，不僅解決了現實世界爲何有千殊
百態萬物的產生，亦解決了萬物流行，雖千變萬化，其實仍皆本於「一氣」

〔註201〕 （明）黃宗羲：《孟子師說》，卷三，〈道性善章〉（《黃宗羲全集》增訂版），
　　　　　冊一，頁77。
〔註202〕 （明）劉宗周：《學言中》（《劉宗周全集》），冊二，頁480。
〔註203〕 （明）黃宗羲：《明儒學案》，卷三十八，〈甘泉學案二〉，「太僕呂巾石先生懷」
　　　　　（《黃宗羲全集》增訂版），冊八，頁182。
〔註204〕 （明）黃宗羲：《明儒學案》，卷二十六，〈南中王門學案二〉，「太常唐凝菴先
　　　　　生鶴徵」（《黃宗羲全集》增訂版），冊七，頁700。

的生化問題。因此，宗羲對此有云：

> 自其分者而觀之，天地萬物各一理也，何其博也；自其合者而觀之，
> 天地萬物一理也，理亦無理也，何其約也。〔註205〕

宗羲此處以「分」、「合」的角度論萬殊與一本，以爲自其分者觀之，天地萬物各有其分殊之理，例如竹子有竹子之理，蓮花有蓮花之理，故此理所涉及的範圍甚廣不得不分殊，即所謂「博」也。若自其合者觀之，天地萬物之存在，無非本於共同唯一的形上氣之理者，此時萬殊之理其實皆一氣下貫而來，莫不單純而謂之「約」。故此一本萬殊之論，可說是宗羲生成論的依據，不過，此處卻要特別注意的是「理亦無理也」一句的分解。筆者以爲天地萬物一理之「理」是超越形下層面「何其博也」之理，是專指萬物所共同存有「何其約也」的形上所以然之理，所以此萬物一理者之理當然不同於萬物「各」一理者之理，故曰：「理亦無理也。」簡言之，形上氣之理者具永恆普遍性，非其他形下分殊氣之理所能取代。

至此，宗羲「一本萬殊」之論，可謂是「理一分殊」之旨的進一步借鑑。不過，此二者在生成意義上卻是有差異的，故此處不得不先論「理一分殊」之說，此說最早是程伊川回答楊時對張載《西銘》一文有混同墨家兼愛之論所提出。楊時認爲張載《西銘》從「尊高年，所以長其長；慈孤弱，所以幼其幼。聖其合德，賢其秀也。凡天下疲癃殘疾，惸獨鰥寡，皆吾兄弟之顛連而無告者也。」〔註206〕是只言「民胞物與」之體而無親疏差等之用，恐有走向墨子兼愛一途。對此，伊川有云：

> 《西銘》之爲書，推理以存義，擴前聖所未發，與孟子性善養氣之
> 論同功，豈墨氏之比哉？《西銘》明理一而分殊，墨氏則二本而無
> 分。分殊之蔽，私勝而失仁；無分之罪，兼愛而無義。分立而推理
> 一，以止私勝之流，仁之方也。無別而迷兼愛，至於無父之極，義
> 之賊也。子比而同之，過矣。且謂言體不及用。彼欲使人推而行之，
> 本爲用也，反謂不及，不亦異乎？〔註207〕

〔註205〕（明）黃宗羲：《孟子師說》，卷四，〈博學章〉（《黃宗羲全集》增訂版），冊一，頁110。

〔註206〕（宋）張載：《西銘》（《張子全書》，臺北：臺灣中華書局，1968年8月，臺2版），頁3下。

〔註207〕（宋）程顥、程頤：《河南程氏文集》，卷九，〈答楊時論西銘書〉（《二程集》，北京：中華書局，2004年2月第2版），頁609。

伊川認爲張載《西銘》是主張親親而仁民，愛有差等的，並非墨子兼愛無差等之說。故《西銘》中的「理一而分殊」觀念，是以儒家「老吾老以及人之老，幼吾幼以及人之幼」的原則性之愛爲「理一」；其後再以各親其親、各子其子「施由親始」〔註208〕的個別性之愛爲「分殊」。至於墨子的主張則是「二本而無分」，即「以他人之親與己親等，是爲二本，故欲同其愛也。」〔註209〕是不分親疏的「無分」。由此可知，伊川「理一分殊」是「施由親始」等級之差別，與墨子兼愛之論相異；是要在現實生活上實踐，並非只言體而不及用。據此，伊川雖強調萬物一體之說，但其並不排斥個別性之差異，故「理一分殊」在此道德上的具體實踐，即主張一般普遍性的道德原則可以表現爲各種不同的具體規範，而各種不同的具體規範中又含有此普遍性的道德原則。此後，「理一分殊」之論遂透過楊時〔註210〕及朱子〔註211〕等大力宣揚，成爲宋明理學家所普遍接受的命題，故朱子明確表示「《西銘》要句句見『理一而分殊』。《西銘》通體是一箇『理一分殊』，一句是一箇『理一分殊』。」〔註212〕因此，朱子又直云：

> 問：「『理性命』章注云：『自其本而之末，則一理之實，而萬物分之以爲體，故萬物各有一太極。』如此，則太極有分裂乎？」曰：「本只是一太極，而萬物各有稟受，又自各全具一太極爾。如月在天，只一而已；及散在江湖，則隨處而見，不可謂月已分也。」
> 〔註213〕

〔註208〕（漢）趙岐注，（宋）孫奭疏：《孟子注疏》，卷第五下，〈滕公文章句上〉（《十三經注疏》），頁11上。

〔註209〕（漢）趙岐注，（宋）孫奭疏：《孟子注疏》，卷第五下，〈滕公文章句上〉（《十三經注疏》），頁11下。

〔註210〕（明）黃宗羲：《宋元學案》，卷二十五，〈龜山學案〉，「文靖楊龜山先生時」（《黃宗羲全集》增訂版，冊四，頁195。）宗羲：「橫渠著《西銘》，先生（楊時）疑其近于兼愛，與伊川辯論往復，聞『理一分殊』之說，始豁然無疑。由是浸淫經書，推廣師說。」

〔註211〕（明）黃宗羲：《宋元學案》，卷三十九，〈豫章學案〉，「文質羅豫章先生從彥」（《黃宗羲全集》增訂版，冊四，頁560。）宗羲案：「龜山三傳得朱子，而其道益光。」

〔註212〕（宋）黎靖德編：《朱子語類》，卷九十八，〈張子之書一〉（北京：中華書局，2004年2月北京第1版第5次印刷），冊七，頁2522。

〔註213〕（宋）黎靖德編：《朱子語類》，卷九十四，〈周子之書〉，「通書」，冊六，頁2409。

朱子此處引用佛學「月印萬川」之論，認爲月在天即「一」而已，雖散在江湖之中而各有一月，但此江湖中之月卻皆由在天「唯一」之月所統攝。故朱子以此爲基礎，主張天地萬物皆出自太極之理，然天地萬物卻又各有其稟受而分殊，但此太極之理仍下貫於天地萬物之中而爲其體之太極，即萬物統體一太極，一物亦各具一太極。不過此萬物所稟之一太極，其實仍由太極之理而來，故此太極之理是具超越普遍性的唯一者而已，是統體一太極者。

　　朱子自本而末從太極乃一理之實，到萬物分殊以爲體而各具一太極的理路，已可以明顯感受到「理一分殊」不僅在道德、性理上可立論，在宇宙創生過程中亦可建立其世界模型，是一放諸四海皆準的理論架構。合言之，整個宇宙之生成及其性理皆稟太極之理而來，但卻並非分有太極的一部分，而是此生成及其性理本身即是太極之理的展現。簡言之，宇宙萬物的本體只是一太極，但萬殊之後，萬物仍以那太極本體之理作爲自身之本性。至此，朱子「理一分殊」宇宙生成論過程，原則上與宗羲「一本萬殊」的理路並無不同，但其在生化的根本基礎上，兩人卻有者明顯的差異，其最大的差別在於朱子根本上是以「理」爲唯一之本體，其主張：

> 未有天地之先，畢竟也只是理，有此理，便有此天地；若無此理，便亦無天地，無人無物，都無該載了！有理，便有氣流行，發育萬物。〔註214〕

朱子明確以「太極理也，動靜氣也」〔註215〕以「理」者爲唯一的本體。爲第一性，而「氣」者則爲第二性，如同其他程朱學者以爲天地間只有一理，其居形上主宰地位而能派生一切形下萬物及其萬物之理，而此形下萬物及其性理又統攝於至高無上之一「理」，是以「理」爲本的「理一分殊」。此結論當然爲主張理氣是一的宗羲所反對，宗羲曾有云：

> 以造化言之，天高地下，萬物散殊，無處非氣之充塞也。天不得不高，地不得不下，物之本乎天者親上，本乎地者親下，亙萬古而不易，即是理也，亦渾然不可分析也。〔註216〕

〔註214〕（宋）黎靖德編：《朱子語類》，卷第一，〈理氣上〉，冊一，頁1。

〔註215〕（宋）黎靖德編：《朱子語類》，卷九十四，〈周子之書〉，「太極圖」，冊六，頁2376。

〔註216〕（明）黃宗羲：《明儒學案》，卷四十八，〈諸儒學案中二〉，「文莊汪石潭先生俊」（《黃宗羲全集》增訂版），冊八，頁448。

宗羲認為「大化之流行，只有一氣充周無間。」〔註217〕以「氣」為宇宙造化之根本，具本體義，故此本體主張明顯與朱子不同。至於朱子至高無上的「理」，宗羲則以為「所謂理者，氣之流行不失其則者也。」明確以此為理的內容，表現為亙萬古而不易，並將其定位為「氣之理」，主張「一本萬殊」是在理氣合一渾然不可分析的基礎上，以「氣」為本體。故宗羲表示「天地之間，只有氣，更無理。所謂理者，以氣自有條理，故立此名耳。」〔註218〕即以「氣」為「一本」，故流行後的萬殊，亦皆是「氣之萬殊」，而「理」只是氣中之條理，仍本之於一氣者。

因此，將以「氣」為本的「一本萬殊」與「理氣之聚散」（參閱本章第二節）結合來討論。在形上本體層，「氣」為唯一之本體，而「理」存於此本體氣中為氣之理，亦同時為形上層的存有，是超越聚散的層次；當此本體氣發用流行為形下萬殊之形物，其萬殊形物中之物理亦由形上氣之理下貫為萬殊之物理，此時萬殊之形物與其各自之物理結合，仍以形下理氣合一的形態存在。因此，在「理氣是一」的前提下，自其「一本」者觀之，天地萬物皆一氣也；自其「萬殊」者觀之，天地萬物各一氣也。故宗羲直云：

> 氣無始終，而質有始終；質不相通，而氣無不通。〔註219〕

宗羲曾主張「以大德敦化者言之，氣無窮盡，理無窮盡，不特理無聚散，氣亦無聚散也。以小德川流者言之，日新不已，不以已往之氣為方來之氣，亦不以已往之理為方來之理，不特氣有聚散，理亦有聚散也。」〔註220〕因此「氣無始終，而質有始終」，完全符合宗羲形上本體氣者無始終聚散可言，而其形下物質卻隨時聚散存亡的主張。不過其「質不相通，而氣無不通」一段，除了承上述之主張外，更重要的是凸顯以氣為本的「一本萬殊」，即形下萬殊之物質，各有其形貌及物理而彼此互異，當然互不相通，但是這些萬殊之物質卻本之於同一氣者並無不同，所以從「一本」角度言之，焉有不相通的道理。因此宗羲又直云：

〔註217〕 （明）黃宗羲：《南雷文案》，卷三，〈與友人論學書〉（《黃宗羲全集》增訂版），冊十，頁152。

〔註218〕 （明）黃宗羲：《明儒學案》，卷五十，〈諸儒學案中四〉，「肅敏王浚川先生廷相」（《黃宗羲全集》增訂版），冊八，頁487。

〔註219〕 （明）黃宗羲：《南雷文案》，卷三，〈與友人論學書〉（《黃宗羲全集》增訂版），冊十，頁153。

〔註220〕 （明）黃宗羲：《明儒學案》，卷七，〈河東學案上〉，「文清薛敬軒先生瑄」（《黃宗羲全集》增訂版），冊七，頁121。

統體之神，與各具之神，一而已矣，舍各具之外，無所謂統體也。
其生生不息，自一本而萬殊者，寧有聚散之可言？夫苟了當其生生
不息之原，自然與乾元合體。醉生夢死，即其生時，神已不存，況
死而能不散乎？〔註221〕

宗羲此明確從「一本」立場，表示統體之神與各具之神皆本之於同「一」本
體氣者。因此，自統體之神而言，本體位階之氣，當然無聚散的問題；自各
具之神而言，其生生不息之本體與乾元合體化爲形下之萬殊，雖隨神而有存
亡，但萬殊者仍同本於一氣。故此論依然是重申以氣爲本的「一本萬殊」之
論。不過此處卻另有一重點，在於「舍各具之外，無所謂統體也」，宗羲認爲
一本雖流行爲萬殊，但若無萬殊之呈現即舍各具之外，則一本之內容將無法
體顯，故宗羲云：

蓋生生之機，洋溢天地間，是其流行之體也。自流行而至畫一，有
川流便有敦化，故儒者於流行見其畫一，方謂之知性。……夫儒釋
之辨，眞在毫釐，今言其偏於內而不可以治天下國家，又言其只是
自私自利，又言只消在跡上斷，終是判斷不下。以義論之，此流行
之體，儒者悟得，釋氏亦悟得。然悟此之後，復大有事，始究竟得
流行。今觀流行之中，何以不散漫無紀，何以萬殊而一本，主宰歷
然？釋氏更不深造，則其流行者亦歸之野馬塵埃之聚散而已。故吾
謂釋氏是學焉而未至者也，其所見固未嘗有差，蓋離流行亦無所爲
主宰耳。〔註222〕

宗羲眼中的世界是個生動活潑、「無一非生氣之充滿」〔註223〕的流行萬殊之世
界，其中又有「生生之機，洋溢天地間」的流行之體。換言之，此生生之機
者即一本之氣，而充塞洋溢於天地間之流行，故在此流行世界中，流行之體
必須藉由此流行萬殊之世界，才得以展現其活活潑潑的生化能力及主宰性。
因此宗羲表示「自流行而至畫一，有川流便有敦化」，明確主張「一本」必須
透過「萬殊」才可以展現其自身之能力，即從流行萬殊之中體顯一本，簡言

〔註221〕（明）黃宗羲：《明儒學案》，卷二十一，〈江右王門學案六〉，「徵君劉瀘瀟先
　　　　生元卿」（《黃宗羲全集》增訂版），冊七，頁576。

〔註222〕（明）黃宗羲：《明儒學案》，卷三十四，〈泰州學案三〉，「參政羅近溪先生汝
　　　　芳」（《黃宗羲全集》增訂版），冊八，頁4。

〔註223〕（明）黃宗羲：《破邪論·地獄》（《黃宗羲全集》增訂版），冊一，頁198。

之，就是宗羲所謂：「萬殊總爲一致。」〔註224〕所以，宗羲認爲儒釋之辨的關鍵性，就在於儒釋雖皆悟得流行之體，但儒者能「於流行見其畫一」，故足以謂之「知性」；而釋氏卻只內求流行之體，即於流行作用中體認「空性」，視流行萬殊者爲「假相」，將其歸之野馬塵埃聚散之類。故儒釋間最大的差異，在於儒者能於流行之中思索「何以不散漫無紀」、「何以萬殊而一本」，最後推得「自流行而至畫一」之結論，即儒者能從萬殊之流行中，體認到專一且不變動之本體。因此，「離流行亦無所爲主宰」，即如同上述「舍各具之外，無所謂統體也」，皆明確表示「萬殊」之中有「一本」，而「一本」又必須透過「萬殊」以體現。所以從萬殊回歸一本，可謂是由下往上的逆向體證；而一本藉萬殊展現，可謂是由上順下的順向體顯。故無論是逆向推理或順向發展，宗羲以氣爲本的一本萬殊，皆能上通本體，下達萬物，故姑且不論宗羲對釋氏的理解是否得當，但其對釋氏偏重內求而不可以治天下國家，即釋氏只有一本而無萬殊的批評，卻正好反顯了宗羲一本萬殊之論是主宰與流行並重，是理論與實際並行，即一本流行爲萬殊，萬殊之中有一本。

　　若再將「一本萬殊」與「天地不能無愆陽伏陰之理」相結合來討論，不僅二者的思路彼此相吻合，更證明了形上一本者與形下萬殊者雖有差異，卻可透過兩種表面不同的方式達到互通。其一，透過萬殊來展顯一本，即流行之中見一本，而一本即在流行中，流行之萬殊與形上之一本其實皆「氣」不同位階之表現而仍爲「一」也。其二，透過愆陽伏陰之失理亦在理中凸顯「氣之理」亦爲互通，即萬殊之表現無論合理或失理與否，其實皆本形上氣之理而來，自然無所謂「失理」的表現，因此萬殊不但仍是合乎形上氣之理者，亦是表明本體及萬殊中的氣之理是可彼此通貫形上下間。總而言之，兩種不同的互通方式，其實皆以「一本」之氣爲其通貫基礎，是「一本而萬殊」在氣上的貫通作用。

　　據此，筆者以爲宗羲的「一本萬殊」是在「理氣是一」的基礎上立論，並以「氣」爲本體。其架構爲在形上層理氣平行式的合一，並以「氣」爲首出，爲萬物生化之「一本」者；其後此「一本」者流行生化「萬殊」之形物，同時亦將形上之理氣下貫於萬殊之形物中，使萬殊形物中雖各有其形貌及物理，亦仍是形下理氣平行式的合一。因此，其由形上理氣下貫至形下理氣的

〔註224〕　（明）黃宗羲：《南雷文定》五集，卷一，〈明儒學案序〉改本（《黃宗羲全集》增訂版），冊十，頁75。

過程，除了透過「氣」之通貫下達萬物中爲垂直的理氣合一外，更是「一本」之氣表現爲「萬殊」的呈現，故由此一本而萬殊，可謂之順向發展理氣是一之一本萬殊。反言之，形下萬殊之形物，雖彼此的形貌、物理各不相同，但不同之形物仍各有其物理是形下的理氣是一，而此形下之氣理者其實皆一本於形上本體氣者，即亦是透過「氣」以垂直方式上通一本，即「自流行而至畫一」的過程，可謂之逆向體證理氣是一之一本萬殊。由此可知，透過「氣」者，可由一本推得萬殊，亦可由萬殊上通一本，其過程雖與程朱「理一分殊」相當，但程朱以「理」派生一切萬物，爲宇宙之本體，與宗羲主張「氣」爲本體者有根本上的差異。因此，宗羲主張理氣是一的一本萬殊，簡言之，即一本者氣也，故整個宇宙的存在可用一氣萬殊表示；而萬殊之氣的動靜、往來、升降等不失其則之表現，乃所謂「儒者之道，從至變之中，以得其不變者。」〔註225〕即流行變化雖萬殊，但最終仍歸之於一本者，即爲宗羲以「氣」爲本體的「一本萬殊」主張。

第三節　太極、陰陽本是一氣

宗羲曾謂先師劉宗周發先儒之所未發者，其大端有四，〔註226〕其中之一乃「太極爲萬物之總名」，主張天地萬物無非本之於太極而生生不息。再加上宗羲自身以「氣」爲本的思路，以爲「太虛中無處非氣，則亦無處非理。孟子言萬物皆備於我，言我與天地萬物一氣流通，無有礙隔。」〔註227〕而這「我與天地萬物一氣流通」者，應正是太極在萬殊形下的展現，即形下萬殊之物皆一本於形上太極本體。於是宗羲必然要對「太極」下一明確定義，亦自然會觸及到「無極」與「太極」的問題。因此，宗羲對朱、陸《太極圖說》之論辯，自有其立場，故本節必須先由宗羲對朱、陸之論辯的贊同與否，用以反顯宗羲自身太極之觀念，及其與陰陽之關係。

〔註225〕（明）黃宗羲：《明儒學案》，卷二，〈崇仁學案二〉，「文敬胡敬齋先生居仁」（《黃宗羲全集》增訂版），冊七，頁22。

〔註226〕宗羲有云：「（劉宗周）發先儒之所未發者，其大端有曰：一曰：『靜存之外無動察。』……一曰：『意爲心之所存，非所發』……一曰：『已發未發，以表裏對待言，不以前後際言。』……一曰：『太極爲萬物之總名。』」（〈子劉子行狀〉卷下。《黃宗羲全集》增訂版，冊一，頁250～252。）

〔註227〕（明）黃宗羲：《明儒學案》，卷二十二，〈江右王門學案七〉，「憲使胡廬山先生直」（《黃宗羲全集》增訂版），冊七，頁593。

一、黃宗羲對朱、陸「無極而太極」論辯之立場

（一）朱、陸「無極而太極」之論辯

周敦頤的《太極圖說》，自南宋以來，學者就對該文首句「無極而太極」的解釋產生爭論，隨後又對此文衍生出來歷、眞僞等問題。然而朱子對太極的理解，最早可由從學李侗〔註228〕時論起，李侗主張以太極爲天地之本源，故天地人物只是一理，不可做兩節看；但此時朱子並未對太極本體思想產生興趣，且對李侗主靜之說亦有不安，不過「萬物統體一太極」的觀念卻已開始萌芽。〔註292〕之後朱子於乾道三年丁亥（1167年）赴長沙訪張栻，〔註230〕兩人主要就《中庸》已發未發的中和問題作討論，而張栻喜以太極論性，主張先察識後涵養，而朱子頗受其影響，亦認爲太極即未發之性，須通過察識端倪來體認未發之性；故臨別時張栻贈詩云：「超然會太極，眼底無全牛。」〔註231〕朱子答詩云：「昔我抱冰炭，從君識乾坤。始知太極蘊，要眇難名論。謂有寧有跡？謂無復何存？」〔註232〕仍是主張以「性」論太極。但隨著朱子的體會，逐漸對李侗的主靜與張栻的主動之說，已覺其偏，故從而轉向周敦頤《太極圖說》，並改以「理」解釋太極，開始從事校正《太極圖》及其《太極圖說》之內容。〔註233〕

〔註228〕宗羲：「李侗字願中，南劍人。……其始學也，默坐澄心，以驗夫喜怒哀樂未發之前氣象爲何如，久之而知天下之大本，眞在乎是也。」（《宋元學案》，卷三十九，〈豫章學案〉，「文靖李延平先生侗」。《黃宗羲全集》增訂版，冊四，頁569。）

〔註292〕朱熹嘗云：「太極只是天地萬物之理。在天地言，則天地中有太極；在萬物言，則萬物各有太極。」（《朱子語類》，卷一，〈理氣上〉，冊一，頁1。）

〔註230〕宗羲：「張栻字敬夫，一字樂齋，號南軒，號南軒，廣漢人，遷于衡陽。……以古聖賢自期，作《希顏錄》以見志。」（《宋元學案》，卷五十，〈南軒學案〉，「宣公張南軒先生栻」。《黃宗羲全集》增訂版，冊四，頁950。）

〔註231〕（宋）張栻：《南軒先生文集》上，卷一〈古詩〉，「詩送元晦尊兄」（臺北：中文出版社，廣文書局印行，1993年），頁137。

〔註232〕（宋）朱熹：《朱子文集》，卷五，〈二詩奉酬敬夫贈言以爲別〉，冊一，頁172。

〔註233〕陳來先生對《太極圖》與《太極圖說》已有明確的研究成果，故此處謹引其成果。其云：「《太極圖說》首句公案，迄無定論，按南宋時圖、說皆有不同傳本。如今本太極圖，第一圖無極太極，第二圖陽動陰靜，而與朱熹同時之胡廣仲所藏舊本則第一圖爲陰靜，第二圖爲陽動（見《文集》四十二答胡廣仲五），據《朱子語類》『時紫芝亦曾見尹和靖來，嘗注太極圖，不知何故渠當時所傳圖本第一個圈子內誤有一點，紫芝於是從此起意，謂太極之秒皆在此一點』（卷九十四）。至於圖說，除朱熹於淳熙末年所見當時所修國史之《濂溪傳》中作『自無極而爲太極』（《文集》七十一，《記濂溪傳》）外，時楊方

　　此後數年，學者對《太極圖說》首句「無極而太極」的爭論並無止息。其中在淳熙十三年丙午（1186 年）十四年丁未（1187 年），陸九韶〔註234〕兩次致書朱子，〔註235〕質疑其圖說並非周敦頤所為，其云：

> 《太極圖說》與《通書》不類，疑非周子所為；不然，則或是其學未成時所作；不然，則或是傳他人之文，後人不辨也。蓋《通書》理性命章言：「中焉止矣，二氣五行，化生萬物，五殊二實，二本則一。」曰：「一」、曰：「中」，即太極也，未嘗於其上加無極字。動靜章言五行、陰陽、太極，亦無「無極」之文。假令《太極圖說》是其所傳，或其少時所作，則作《通書》時，不言無極，蓋已知其說之非矣。〔註236〕

陸九韶認為《通書》言五行、陰陽、太極，卻無提及任何「無極」一詞，據此用以證明「無極」之說並非周敦頤的學說宗旨。因此，陸九韶對《太極圖說》之作提出了三種可能性，第一：疑其非周敦頤本人所作；第二：或是其

九江舊本則作『無極而生太極』（見《延平本跋》，載周子全書卷七一，未收入《文集》），可見當時通過不同途徑所傳的圖、說互有差別。朱熹所定圖、說，固與其哲學思想密切關聯，然《濂溪傳》之見在朱子定本已出十餘年後，故未可言朱子初即為牽就己意而去掉『自』、『為』二字，且孝宗乾道年間，《太極圖說》已為學者普遍注意，張南軒亦有一《太極解》，若朱熹所訂圖、說皆出於己意之私，同時學者必然提出異議，而除胡廣仲外，張、呂諸人與朱論辯《太極解義》時從未提出這些問題，可見朱子定本亦非全無根據。

　　張南軒之《太極解》今見於《元公周先生濂溪集》（北京圖書館藏宋本）卷三，又南軒答彭子壽書「問無極而太極曰：此語只作一句玩味，無極而太極存焉，太極本無極也，若曰自無而生有，則是析為二體矣」。可見南軒亦以圖說首句為『無極而太極』，非獨朱子為然。」（陳來：《朱熹哲學研究》。臺北：文津出版社，1990 年 12 月初版，頁30。）

〔註234〕（明）黃宗羲：「陸九韶，字子美，撫州金溪人。復齋、象山之兄也。學問淵粹，隱居不仕，與學者講學梭山，因號梭山居士。」（《宋元學案》，卷五十七，〈梭山復齋學案〉，「隱君陸梭山先生九韶」。《黃宗羲全集》增訂版，冊五，頁250。）

〔註235〕顧諟謂梭山與朱子二書皆已不可得見（《宋元學案》，卷五十七，〈梭山復齋學案〉，「隱君陸梭山先生九韶」案語，《黃宗羲全集》增訂版，冊五，頁255～256）。不過，《宋元學案》的〈濂溪學案下〉「附朱陸太極圖說辯」以及〈象山學案〉「辯太極圖說書」中，尚有數段資料可供參考，但皆非全錄。又其中朱、陸無極太極之辯，亦收錄於陸九淵《象山全集》卷二〈與朱元晦書〉及朱熹《朱子文集》卷第三十六〈答陸子美書〉。

〔註236〕（宋）陸九淵：《象山全集》，卷二，〈與朱元晦一〉（臺北：臺灣中華書局，1979 年 7 月臺三版），頁5下。

學未成時所作；第三：或是傳他人之文，但後人不察而誤認。不過，此對「無極」的懷疑，卻也無疑是對朱子太極本體之說產生了根本性的疑問，故朱子當然反對此論，其《答陸子美一》書即云：

> 只如〈太極〉篇首一句，最是長者所深排，然殊不知不言無極，則太極同於一物，而不足爲萬化之根；不言太極，則無極淪於空寂，而不能爲萬化之根。〔註237〕

朱子此處明確回答「無極」與「太極」二者必須同時而論，即不言無極，則太極將流於一物；不言太極，則無極徒有虛名。換言之，兩者缺一皆無法爲萬化之本體。故朱子接著表示「只此一句（無極而太極），便見其下語精密，微妙無窮。而向下所說許多道理，條貫脈絡，井井不亂。只今便在目前，而亙古亙今，顛撲不破。」〔註238〕簡言之，「無極而太極」一句，其語精妙無窮，完全符合朱子太極本體具抽象無極之特色，但卻爲形上具體之存有。隨後，朱子又對陸九韶第二書復《答陸子美二》，其云：

> 且如〈太極〉之說，熹謂周先生之意，恐學者錯認太極別爲一物，故著「無極」二字以明之。此是推原前賢立言之本意，所以不厭重複，蓋有深指。而來諭便謂熹以太極下同一物，是則非惟不盡周先生之妙旨，而於熹之淺陋妄說，亦未察其情矣。又謂著「無極」字，便有虛無好高之弊，則未知尊兄所謂太極，是有形器之物耶？無形器之物耶？若果無形而但有理，則無極即是無形，太極即是有理，明矣！又安得爲虛無而好高乎？〔註239〕

陸九韶答朱子第二書亦不可得見，但由朱子復書中可知其反對「不言無極，則太極同於一物，而不足爲萬化之根。不言太極，則無極淪於空寂，而不能爲萬化之根。」更指出「著『無極』字，便有虛無好高之弊」。朱子認爲太極就是無形器之物，而無極就是形容「無形」的太極。故簡言之，「無極而太極」即指「太極無形但有理」的存在，焉得可謂虛無而好高呢？所以朱子主張著「無極」二字的目的，在於避免學者錯認太極別爲一物，即明確以「無極」乃是形容「太極」的無形形上本體地位之辭。之後，由於二人無意繼續無極與太極的爭論，故此論辯暫告一段落。直到陸九淵以爲「梭山兄所以不復致

〔註237〕（宋）朱熹：《朱子文集》，卷第三十六，〈答陸子美一〉，冊四，頁1433。
〔註238〕（宋）朱熹：《朱子文集》，卷第三十六，〈答陸子美一〉，冊四，頁1433。
〔註239〕（宋）朱熹：《朱子文集》，卷第三十六，〈答陸子美二〉，冊四，頁1434。

辨者，蓋以兄（朱子）執己之意甚固，而視人之言甚忽，求勝不求益也，某（陸九淵）則以爲不然。」〔註240〕故代爲兄陸九韶辯之，爭論遂起。陸九淵《與朱元晦一》書云：

> 夫太極者，實有是理，聖人從而發明之耳，非以空言立論，使後人簸弄於煩舌紙筆之間也。其爲萬化根本固自素定，其足不足，能不能，豈以人言不言之故耶？……後書又謂：「無極即是無形，太極即是有理。周先生恐學者錯認太極別爲一物，故著『無極』二字以明之。」《易》之《大傳》曰：「形而上者謂之道」又曰：「一陰一陽之謂道」，一陰一陽已是形而上者，況太極乎？曉文義者舉知之矣。自有《大傳》，至今幾年，未聞有錯認太極別爲一物者。……朱子發謂濂溪得《太極圖》於穆伯長，伯長之傳出於陳希夷，其必有考。希夷之學，老氏之學也。「無極」二字，出於《老子、知其雄章》，吾聖人之書所無有也。〔註241〕

陸九淵對朱子之辯，原則上可分爲兩點。〔註242〕第一：陸九淵認爲「《易大傳》曰：『《易》有太極』，聖人言有，今乃言無，何也？作《大傳》時不言無極，太極何嘗同於一物而不足爲萬化根本耶？《洪範》五皇極，列在九疇之中，不言無極，太極亦何嘗同於一物而不足爲萬化根本耶？太極固自若也。」〔註243〕明確指出《易經》、《尚書》等儒家經典皆不論無極一詞，且自儒家經典傳至今日以來，也從未聞有人錯認太極別爲一具體形下之物。所以，對朱子所提出周敦頤著無極二字是恐學者誤認「太極別爲一物」即「太極同於一物」的存在，完全是不知曉文通義之舉。

第二：陸九淵亦認爲提出無極二字，必是老氏之學。故其云：「《太極圖說》以無極二字冠首，而《通書》終篇未嘗一及無極字，二程言論文字至多，亦未嘗一及無極字。假令其初實有是圖，觀其後來未嘗一及無極字，可見其道之進，而不自以爲是也。」〔註244〕陸九淵指出「無極二字，出於《老子、知其雄章》。」而《通書》及二程言論皆未言無極一詞。故如同其兄的觀點以

〔註240〕（宋）陸九淵：《象山全集》，卷二，〈與朱元晦一〉，頁7下。
〔註241〕（宋）陸九淵：《象山全集》，卷二，〈與朱元晦一〉，頁5下。
〔註242〕朱、陸之辯尚涉及到字義訓詁問題，即朱子對「極」字訓爲「至極」之義，而陸九韶則以爲應訓爲「中」之義。此屬小學應用範圍，故此不贅述。
〔註243〕（宋）陸九淵：《象山全集》，卷二，〈與朱元晦一〉，頁6上。
〔註244〕（宋）陸九淵：《象山全集》，卷二，〈與朱元晦一〉，頁6下。

爲《太極圖說》與《通書》「不類」，於是主張此圖說乃傳之於穆伯長、陳希夷者，而此希夷之學即老氏之學，明確提出此圖說與道家的關聯性。

朱子得書之後，當然反駁其觀點，復《答陸子靜第五書》，其云：

> 然以熹觀之，伏羲作《易》，自一畫以下，文王演《易》，自乾元以下，皆未嘗言太極也，而孔子言之。孔子贊《易》，自太極以下，未嘗言無極也，而周子言之。夫先聖後聖，豈不同條而共貫哉！……若論「無極」二字，乃是周子灼見道體，迴出常情，不顧旁人是非，不計自己得失，勇往直前，說出人不敢說底道理，令後之學者曉然見得太極之妙，不屬有無，不落方體。……周子所以謂之無極，正以其無方所，無形狀，以爲在無物之前，而未嘗不立於有物之後；以爲在陰陽之外，而未嘗不行乎陰陽之中；以爲通貫全體，無乎不在，則又初無聲臭影響之可言也。……老子「復歸於無極」，無極乃無窮之義，如莊生「入無窮之門，以遊無極之野」云爾，非若周子所言之意也。〔註245〕

朱子此書主要以條析的方式說明「不能盡乎人言之意者」共七點回復陸九淵，不過主要仍是就「無極」二字爲論辯中心。其要可分爲三點。第一：伏羲作《易》，文王演《易》，皆未言太極，然孔子卻明言之。同理類推，孔子贊《易》雖未言無極，但周敦頤亦可言之，即不須顧及旁人是非與自我得失，而說出人所不敢言的「無極」二字。換言之，先儒未嘗講者並不等於後儒不可言及，故「若於此有以灼然實見太極之眞體，則知不言者不爲少，而言之者不爲多矣。」〔註246〕據此，朱子主張「無極」之義雖是先儒早已灼然實見太極的形容詞，但其卻無明言「無極而太極」之眞義，遂成爲千聖以來不傳之秘，而周敦頤只是道出此太極無形而有理的不傳之秘即「無極」而已。

第二：朱子認爲周敦頤所謂的「無極」，正是用以形容太極本體「無方所、無形狀」的形上存在。簡言之，無極即是無形，太極即是有理，故無極而太極即是太極雖是無形但卻有理，是在無物之前未嘗不立於自有物之後，是在陰陽之外未嘗不行乎陰陽之中。不過此處尚有個有趣的地方，即朱子認定周敦頤的太極不但立於無物之前與陰陽之外，且立於有物之後與行乎陰陽之中，正好凸顯了朱子自身理在氣先的思路，故陸氏兄弟對無極而太極的質疑，

〔註245〕 （宋）朱熹：《朱子文集》，卷第三十六，〈答陸子靜五〉，冊四，頁1440～1442。

〔註246〕 （宋）朱熹：《朱子文集》，卷第三十六，〈答陸子靜五〉，冊四，頁1440。

已是從根本上對朱子學說的挑戰，無怪乎兩方措辭皆十分急迫。

　　第三：朱子明確指出周敦頤所言無極之義，絕非老氏之無極，認爲周敦頤的無極若出於老氏之言，則太極之理將有未明。

　　然而陸九淵對朱子之論並不能合，故又《與朱元晦二》書，亦逐條回應云：

> 某竊謂尊兄未曾實見太極，若實見太極，上面必不更加「無極」字，下面必不更著「眞體」字。上面加「無極」字正是疊床上之床，下面著「眞體」字正是架屋下之屋。虛見之與實見，其言固自不同也。……若謂欲言其無方所，無形狀，則前書固言，宜如《詩》言「上天之載」，而於其下贊之曰「無聲無臭」可也，豈宜以「無極」字加之太極之上。……老氏以無爲天地之始，以有爲萬物之母，以常無觀妙，以常有觀竅，直將無字搭在上面，正是老氏之學，豈可諱也。……又謂「周子所以謂之無極，正以其無方所，無形狀。」誠令如此，不知人有甚不敢道處，但加之太極之上，則吾聖門正不肯如此道耳。夫乾確然示人易矣，夫坤隤然示人簡矣，太極亦曷嘗隱於人哉？〔註247〕

陸九淵此處仍是重複其前書的觀點，主張：一、反對朱子將無極解釋爲無方所、無形狀。其認爲若欲形容太極本體無形，宜如《詩經》言「上天之載」，而後贊之「無聲無臭」即可，不須另加無極於太極之上，如此只是多此一舉的「疊床上之床」。更何況「前書舉《大傳》『一陰一陽之謂道』、『形而上者謂之道』兩句，以見粗識文義者，亦知一陰一陽即是形而上者，必不至錯認太極別爲一物，故曰：『況太極乎』？」〔註248〕明確說明只要粗曉文義者，即不可能錯認太極別爲一物。其二，陸九淵更直接指出將「無」字搭在上面，乃是老氏之學，故「無極而太極」正是置無極於太極之上，與老氏「有生於無」的宗旨一致。所以，其主張「此理（太極）乃宇宙之所固有，豈可言無。」〔註249〕其三，反對朱子言周敦頤是道人所不敢道之論，主張先儒以乾坤之易、簡解釋太極，就已是明確示人太極之義，尚何須隱其義於人後呢？

　　朱子得此書後，仍以條析形式回答，其論辯內容依舊不外以「無極」問

〔註247〕　（宋）陸九淵：《象山全集》，卷二，〈與朱元晦二〉，頁9上～頁11上。
〔註248〕　（宋）陸九淵：《象山全集》，卷二，〈與朱元晦二〉，頁10下。
〔註249〕　（宋）陸九淵：《象山全集》，卷二，〈與朱元晦二〉，頁9下。

題為中心，其《答陸子靜第六書》云：

> 熹亦謂老兄正為未識太極之本無極而有其體。……熹詳老氏之言有
> 無，以有無為二；周子之言有無，以有無為一。……「無極而太極」，
> 猶曰「莫之為而為，莫之致而至。」又如曰「無為之為」。皆語勢之
> 當然，非謂別有一物也。……而不知所謂「太極」，乃天地萬物本然
> 之理，亙古亙今，顛撲不破者也。〔註250〕

朱子明確主張太極之本無極而有真體，是天地萬物本然之理，是亙古今而不
變者。與陸九淵的觀點依然沒有交集，故其於書末直云：「各尊所聞，各行所
知，亦可矣。無復可望於必同也。」〔註251〕而陸九淵亦《與朱元晦三》書答
云：「願依末光，以卒餘教。」〔註252〕故無極而太極之辯，從此結束。

筆者以為朱陸兩人各洋洋乎數千言的論辯，連字義訓詁也圍繞者無極而
太極的思想發展，可見兩人語言文字雖多，但所爭論者不外「無極」之定位。
然而宗羲對朱陸無極之爭，卻是自有其立場主張，並非一味的接受朱子或陸
九淵一方之說，而是認為「朱陸往復幾近萬言，亦可謂無餘蘊矣。然所爭只
在字義先後之間，究竟無以大相異也。」〔註253〕宗羲最後提出朱陸之論「究
竟無以大相異」，即明顯可見宗羲是應力圖調和朱陸的異同。但筆者卻以為宗
羲並非是以「圓融」的方式來解釋兩人的差異，所謂「圓融的方式」之意，
即是指從不同的觀點當中，提出相通的成分，用以解釋這相異的觀點，事實
上是相通之論，只是最初立論切入的角度不同而已，但最終結論卻是一致。
然而宗羲真正調和的方式，是對朱陸個別的觀點既有贊同亦有反對，並非只
是單純以「圓融」方式調和，而是對部分觀點提出批評，部分觀點接受。因
此，宗羲對「無極而太極」的立場究竟為何？其所贊同與反對的又為何？於
是先透過本節對朱陸論辯的認識，再轉至下一節討論宗羲之立場。

（二）黃宗羲對「無極而太極」之立場

宗羲在自身理氣是一的立場下，自有對無極與太極一系統的解釋，其《太
極圖講義》有云：

〔註250〕 （宋）朱熹：《朱子文集》，卷第三十六，〈答陸子靜六〉，冊四，頁 1444～1448。
〔註251〕 （宋）朱熹：《朱子文集》，卷第三十六，〈答陸子靜六〉，冊四，頁 1451。
〔註252〕 （宋）陸九淵：《象山全集》，卷二，〈與朱元晦書三〉，頁 11 下。
〔註253〕 （明）黃宗羲：《宋元學案》，卷十二，〈濂溪學案下〉，附「朱陸太極圖說辯」
案語（《黃宗羲全集》增訂版），冊三，頁 619。

通天地，亙古今，無非一氣而已。氣本一也，而有往來闔闢升降之
殊，……千條萬緒，紛紜膠轕，而卒不克亂，萬古此寒暑也，萬古
此生長收藏也。莫知其所以然而然，是即所謂理也，所謂太極也。
以其不紊而言，則謂之理；以其極至而言，則謂之太極。……其曰
無極者，初非別有一物依于氣而立，附于氣而行。或曰：因「易有
太極」一言，遂疑陰陽之變易，類有一物主宰乎其間者，是不然矣，
故不得不加「無極」二字。……而二氏又以無能生有，于是誤認無
極在太極之前，視太極爲一物，形上形下，判爲兩截。蕺山先師曰：
「千古大道陸沉，總緣誤解太極。『道之大原出于天』，此道不清楚，
則無有能清楚者矣。」〔註254〕

宗羲認爲天地萬物無非本之於一氣，而其中流行不紊者謂之理，其流行不紊
之極至者謂之太極，然無論理或太極其實皆一氣流行之所以然而然者，卻又
非別爲一物的存在，故不得不加無極二字以區別之。至此明確可知宗羲是依
據自身理氣是一的思路，重新對無極與太極作新的解釋，其要點有三。第一：
宗羲所謂的太極，是氣之理的極至表現。反言之，既然是氣之理的表現，則
太極本身就是氣之理，就是以氣爲本體的太極，完全符合宗羲氣本一的理論。
第二：在宗羲自身理氣論中，理是氣之流行不失其序者，是類有一物主宰乎
流行之間。故爲了避免別有一物的存在，宗羲曾直言：「天地間只有氣，更無
理。」即明確主張「氣外無理」。故相對而言，太極雖是氣之理的極至，但其
如同氣之理非別爲一物的存在，故不得不加無極，以凸顯太極乃無極之眞體，
是具費隱妙合之實體但卻不可見者。可見此論點仍是依宗羲理在氣中的思路
而發展。第三：宗羲認爲無極是專指造化流行之體不可見者，並非將無極置
於太極之前，視太極爲一物，此乃是佛老「以無生有」之說，是誤將無極與
太極分爲形上下兩截。

　　以上三點，可見宗羲在理氣是一基礎下無極與太極的觀點，其說較之於
朱、陸無極太極之論，確實有明顯不同。故此處先與朱子作比較，用以反顯
宗羲無極太極之義。因此，先就兩人類似之處來討論，朱子曾表示無極二字
乃周敦頤灼見道體之眞而提出，其用意在於使後世學者通曉太極之妙，不屬
有無，不落方體，故主張無極之意正是以無方所、無形狀來形容太極雖是無

〔註254〕　（明）黃宗羲：《宋元學案》，卷十二，〈濂溪學案下〉，附「梨洲太極圖講義」
　　　　　（《黃宗羲全集》增訂版），冊三，頁609。

形但有理的存在。至於宗羲言無極者，是指氣化流行中，類有一太極之物主宰其間，故不得不加無極用以形容太極並非別爲一物的存在，即凸顯此太極不可見但卻以氣之理的形式存在。故兩人類似之處，就在於皆以無極來解釋太極是無形體而不可見者。不過在此表面類似之處，卻有根本上的差異。其一、宗羲以氣爲本體，認爲天地之間一氣而已，非有理而後有氣，故此氣之理極至的太極，卻實無太極之可言，只好以「無極而太極」言之，即無極與太極其實皆一氣之流行者。換言之，無極指太極非氣上之存在，而是用以限定太極於氣之中。因此，宗羲當然反對「朱子謂『無極即是無形，太極即是有理，在無物之前而未嘗不立于有物之後，在陰陽之外而未嘗不行于陰陽之中。』此朱子自以『理先氣後』之說解周子，亦未得周子之意也。」〔註255〕宗羲明確指出朱子太極之理在無物之前與陰陽之外，就是理先氣後之論。因此，朱子離氣言理，認爲無極即無形，太極即有理，就是主張理氣二分之論，與宗羲依氣言理，認爲理、太極與無極皆一氣之流行者，有根本思想上的差異。其二、朱子認爲「不言無極，則太極同於一物，而不足爲萬化之根。」〔註256〕因此，朱子「無極而太極」是形容太極無形而有理，反對在太極之前加無極二字便是佛老之言。然而宗羲卻持相反之論，認爲無極在太極之前，正是佛老「無能生有」的觀點，並將無極與太極判爲形上下兩截。因此，宗羲雖亦用無極來解釋太極非別爲一物存在，但並不表示宗羲贊同在太極之前加無極之論。至此，可明顯看出宗羲與朱子的論點，既有相類似之處，又有根本上的差異，所以透過兩人的比較，正好反顯宗羲無極與太極的特點。

接著，再就宗羲與陸九淵作一比較討論。陸九淵認爲「易有太極」卻不言無極，而太極仍自足爲萬化之根本，即「夫太極者，實有是理。」〔註257〕並不因人是否言無極與否而改變。因此，若要表示太極爲無方所、無形狀，應如同《詩》言「上天之載」，而後贊之「無聲無臭」即可，而不須在太極之前再冠上無極，否則便是老氏之學。而宗羲對陸九淵此論則有正反兩面的看法。陸九淵主張太極自爲形上太極之理，故不必再言無極以疊牀上之牀。但宗羲主張所謂無極者，初非別爲一物而依於氣立、附於氣行，但「或曰：因

〔註255〕（明）黃宗羲：《宋元學案》，卷十二，〈濂溪學案下〉，附「朱陸太極圖說辯」案語（《黃宗羲全集》增訂版），冊三，頁619。
〔註256〕（宋）朱熹：《朱子文集》，卷第三十六，〈答陸子美一〉，冊四，頁1433。
〔註257〕（宋）陸九淵：《象山全集》，卷二，〈與朱元晦書一〉，頁5下。

『易有太極』一言，遂疑陰陽之變易，類有一物主宰乎其間者，是不然矣，故不得不加無極之字。」即明確指出加無極二字是不得不的舉動，其目的在於避免氣化流行之中，類有一物主宰其間的誤會。故在有無「無極」的立場下，二人所持的看法並不相同。但是對於陸九淵以爲置無極於太極之上，便是有生於無的老氏之學，宗羲則與陸九淵的看法一致，皆認爲此乃以無能生有的佛老之說。然而在此相同的結論下，卻又有對《太極圖說》來源不同的主張，其中陸九韶最早質疑此圖說非周敦頤所爲，或是其學未成時所作，或傳他人之文，後世未察而誤認；陸九淵贊同其兄的觀點，更明確引用朱震之語「謂濂溪得《太極圖》於穆伯長，伯長之傳出於陳希夷，其必有考。希夷之學，老氏之學也。」〔註258〕即指出《太極圖說》與老氏之學有淵源的關係。而此論爲宗羲所反對，其云：

> 後世之異論者，謂《太極圖》傳自陳搏，其圖刻于華山石壁，列元
> 牝等名，是周學出于老氏矣；又謂周子與胡文恭同師僧壽涯，是周
> 學又出于釋氏矣。此皆不食其蒇而說味者也。〔註259〕

宗羲此處明確表示周敦頤之學出於佛老之說，是「不食其蒇而說味者」的說法，故對於陸九淵的主張，宗羲視其爲後世之「異論者」，就此點而論，宗羲與陸九淵除了「無極」的立場不同外，又有其他相異的論點。

　　不過，筆者以爲尚有一處要點須特別注意，就是宗羲雖以無極來凸顯太極並非氣化流行中的一物存在，但卻又主張無極在太極之前是老氏之學，此對無極的定位彷彿相互矛盾。其實不然，宗羲認爲氣之理的極至爲太極，即太極本體以氣之理爲內容，亦即是本之於一「氣」；而無極亦非爲一物的存在，而是依附氣而立以行，可見無極本身亦本於「氣」，而兩者之關係，即宗羲直云：「弟（宗羲）以爲濂溪原主太極，加無極二字，恐其落於形氣也。」〔註260〕明確表示加無極二字是爲了避免太極被誤認爲形氣而別爲一物。（此處語勢要注意，是指加無極二字，乃恐太極落於形氣也；並非指加無極二字，乃恐「使」太極落於形氣也。）故在此一氣立場下，無極與太極皆一氣之流行，是符合宗羲自身盈天地間一氣的主張。因此，宗羲反對無極在太極之前，並

〔註258〕（宋）陸九淵：《象山全集》，卷二，〈與朱元晦書一〉，頁6下。

〔註259〕（明）黃宗羲：《宋元學案》，卷十二，〈濂溪學案下〉，「附錄」案語（《黃宗羲全集》增訂版），冊三，頁636。

〔註260〕（明）黃宗羲：《南雷文案》三刻，〈復秦燈巖書〉（《黃宗羲全集》增訂版），冊十，頁210。

非是反對無極的存在，而是反對將無極與太極各視為一物的存在，若各為一物的存在，則是老氏有無之說。所以，宗羲所主張的是無極與太極其實皆一氣也，反對將其二分之說（除了老氏有無二分外，亦包括朱子理先氣後之二分），可見宗羲對無極與太極的定位是一貫而非相互矛盾之論。

總而言之，宗羲對朱、陸的觀點，既有相同也有相異。故大致歸納如下：

一、宗羲主張無極乃表示太極非氣化流行中之主宰而別為一物的存在，頗類似朱子以無極來形容太極無形卻有理之說，換言之，即贊同朱子以無極為太極的思想。而與陸九淵認為太極本體應如《詩》言「上天之載」，而後贊之「無聲無臭」即可，不須另外冠以無極二字之論相異。

二、宗羲認為無極與太極，是在一氣之下同時並存者，故其反對無極與太極為老氏形上下之分的結論與朱子相同。但其卻又主張無極在太極之前，則是以無生有的老氏之旨，即反對無極在太極之前的次第之論又轉與陸九淵相同。

三、承上述第二點，宗羲雖然認為無極在太極之前乃老氏之旨，而與陸九淵同。但宗羲卻又表示周敦頤的《太極圖說》出自於老氏，是後世之異論者所言，〔註261〕而此則又不同於陸九淵之論。

四、宗羲依據自身理氣是一的思路，認為無極與太極皆一氣之流行，無極是指在氣化流行中之太極非別一物的主宰其間，兩者本質是一而非二。故宗羲既不同於朱子以理先氣後的二分之說解釋無極與太極，亦不同於陸九淵

〔註261〕宗羲既然反對《太極圖說》與《通書》「不類」的主張，其在《濂溪學案》內容的編排上，應如同明人《性理大全》列《太極圖說》於《通書》之前的習慣。然而今日察看其次序的安排，卻是《通書》列於《太極圖說》之前，似乎不同於宗羲自身的主張。其因在於宗羲於清康熙三十四年（1695）逝世，當時《宋元學案》的編纂尚未完成，而是歷經其子黃百家及私淑全祖望等後學續修，才成為百卷定本。不過黃百家卻不認同其父宗羲的主張，而認為「蓋周子之《通書》固粹白無瑕，不若《圖說》之儒非儒、老非老、釋非釋也，況《通書》與二程，俱未嘗言及無極，此實足徵矣。百家所以不敢仍依《性理大全》之例，列《圖說》于首，而止附于《通書》之後，并載仲父（黃宗炎）之辯焉。」（《宋元學案》，卷十二，〈濂溪學案下〉，「附朱陸太極圖說辯」黃百家案語。《黃宗羲全集》增訂版，冊三，頁630。）至此可得到三個結論第一，列《太極圖說》於《通書》之後，乃黃百家之主張，並非宗羲原意。第二，《清史稿・儒林一》言黃百家「傳宗羲學」，不過父子兩人其實在此論點上，還是有所區別。第三，黃百家選擇其仲父黃宗炎之論，在於黃宗炎亦認同「周子《太極圖》創自河上公，乃方士修鍊之修也。」（同上，頁626。）可見黃百家在此論點上是傾向二陸之言。

言「無極而太極」即老氏有無二分之旨。

　　至此，可以得到一個結論，就是宗羲雖曾言：「朱陸往復幾近萬言，……然所爭只在字義先後之間，究竟無以大相異也。」於是便進而主張宗羲是力圖調和朱陸之說，證據似乎是不足夠的。然而筆者卻以爲，與其說宗羲是調和朱陸之辯，還不如表示宗羲在自身「氣本一也」立場下，對無極與太極另有一番新的解釋。因此，宗羲主張理氣是一，理只是氣之理，及太極乃氣之理極至的條件下，無極與太極其實皆本之於一「氣」。所以在以氣爲本的立場下，宗羲對朱、陸的主張雖有相同，卻是同中有異；雖有相異，卻是異中有同。其根本之因，就在於宗羲是以「氣」來解釋無極與太極，當然與理氣二分的朱子，及反對無極存在的陸九淵，皆有根本上的差異。因此，筆者認爲宗羲自有其思想理路，主張以「氣」爲本的無極與太極，兩者皆一氣之流行而非形上下二物的存在，絕對不只是單純的調和朱、陸之辯而已。故就在此基礎上，接著討論太極與陰陽的關係。

二、太極與陰陽之關係

（一）太極乃氣之太極

　　宗羲主張氣是宇宙間唯一的實體存在，故其無極與太極的理論系統，其實是本於一「氣」的立場而發展。所以，前已提及宗羲於《太極圖講義》有云：「莫知其所以然而然，是即所謂理也，所謂太極也。以其不紊而言，則謂之理；以其極至而言，則謂之太極。」〔註262〕明確得到太極即莫知其所以然而然之理，即流行而不紊之極至者。簡言之，「理」之極至者即爲「太極」。然而，此「理」又爲何呢？宗羲曾云：

> 夫所謂理者，氣之流行而不失其則者也，太虛中無處非氣，則亦無處非理。〔註263〕

又

> 天地之間，只有氣，更無理。所謂理者，以氣自有條理，故立此名

〔註262〕　（明）黃宗羲：《宋元學案》，卷十二，〈濂溪學案下〉，附「梨洲太極圖講義」（《黃宗羲全集》增訂版），冊三，頁609。

〔註263〕　（明）黃宗羲：《明儒學案》，卷二十二，〈江右王門學案七〉，「憲使胡廬山先生直」（《黃宗羲全集》增訂版），冊七，頁593。

耳。〔註264〕

又

> 天地間祇有一氣，其升降往來即理也。……夫孰使之哉？皆氣之自爲主宰也。以其能主宰，故名之曰理。〔註265〕

宗羲認爲理只是氣之流行自有條理而不失其則者，是依附於氣上，具主宰之能力（此處產生理、氣孰爲本體的矛盾，請參考本章第一節中的「氣之流行不失其則」一節）。不過，此理雖具主宰流行氣化的能力，但其位階卻早由本體氣者所取代，故此「理爲氣之理，無氣則無理」〔註266〕即此理以「氣之理」的形式存於氣之中，故無氣則無有理的存在，是以氣爲本體者。因此，可以得到一個結論，即氣之自爲主宰就是理，簡言之，理只是氣之理。

因此，在「理只是氣之理」及「理之極至者即爲太極」兩個條件之下，依其邏輯推理可知，既然「理」只是氣之理，所以「理」之極至者即爲太極就成爲「氣之理」之極至者即爲太極，於是太極就等於氣之理，以氣之理的形勢存在，即是以氣爲本體的太極，因此太極就是氣之太極。換言之，理只是氣之理，而太極亦只是氣之理；因此太極雖具有「理」主宰氣化流行的能力，但其位階亦如同「氣之理」者，以「氣」爲本體。故「造化只有一氣流行，流行之不失其則者，即爲主宰。非有一物以主宰夫流行。然流行無可用功，體當其不失則者而已矣。」〔註267〕明確指出太極即主宰流行不失其則者，但卻非以一實體存有之物主宰其間，因爲太極乃氣之太極，非別爲一物的存在，是必須於流行之中「體會」、「感受」此實有作用但卻無形的太極，即氣之理極至的表現。至此，宗羲此太極乃氣之太極的理路，完全符合自身「理氣是一」及「理只是氣之理」的以氣爲本之主張，是在氣本體下對太極新的詮釋，絕非單純調和朱、陸太極之辯而來。

既然太極乃氣之太極，其必如同「理不可見，見之於氣」〔註268〕的氣之

〔註264〕（明）黃宗羲：《明儒學案》，卷五十，〈諸儒學案中四〉，「蕭敏王浚川先生廷相」（《黃宗羲全集》增訂版），冊八，頁487。

〔註265〕（明）黃宗羲：《明儒學案》，卷三，〈崇仁學案三〉，「恭簡魏莊渠先生校」（《黃宗羲全集》增訂版），冊七，頁42。

〔註266〕（明）黃宗羲：《明儒學案》，卷七，〈河東學案上〉，「文清薛敬軒先生瑄」（《黃宗羲全集》增訂版），冊七，頁121。

〔註267〕（明）黃宗羲：《明儒學案》，卷十九，〈江右王門學案四〉，「同知劉師泉先生邦采」（《黃宗羲全集》增訂版），冊七，頁505。

〔註268〕（明）黃宗羲：《孟子師說》，卷二，〈浩然章〉（《黃宗羲全集》增訂版），冊

理。故宗羲要如何形容此具實有主宰作用但卻無形的太極呢？宗羲前已提及云：

> 其曰無極者，初非別有一物依于氣而立，附于氣而行。或曰：因「易有太極」一言，遂疑陰陽之變易，類有一物主宰乎其間者，是不然矣，故不得不加「無極」二字。〔註269〕

此處要從兩方面來分解，第一：宗羲明確指出在氣化流行之中，類有一「太極」之物主宰其間，故爲了避免太極別爲一物的存在，因此不得不加無極二字，用以表示太極非氣之外的存在，而是將太極限定於氣之中。說明了太極雖具實理作用卻非實體存在，是以「氣」爲本體。因此，就宇宙整體而言，盈天地間皆氣，無論任何實體的存在，本質上皆是以氣爲本體，而太極當然也不例外，亦以氣爲本；就太極本身而言，太極乃氣之理的極至者，存於氣之中，離氣則無所謂太極，即太極乃氣之太極。故無論就宇宙整體或太極本身來看，太極必定以氣爲本體，非氣外別爲一物的存在、故不得不加「無極」二字以凸顯太極具實理作用卻無形。第二：至於「無極」亦如同太極一般，並非別爲一物的存在，是依附於氣而立以行。簡言之，無極亦是氣之無極，其作用是爲了限定太極於氣之中，避免類有一實體之物主宰氣化流行。

　　綜合上述可以得到以下推論。一、從本體上言之，即太極乃氣之太極，而無極亦是氣之無極，故在以「氣」爲基礎的前提下，無極與太極其實皆爲一氣而已，是本體上的合一。二、從特性上言之此氣之理的極至者，其炯然不昧，故謂之太極；又以其湛然無物，不得不加無極。因此，此理雖炯然不昧卻又湛然無物，故不得不無極太極合言之，用以凸顯此氣之理的極至者雖有實理作用卻無實體存有，是二者在特性上的合一。據此，宗羲在太極乃氣之太極的基礎下，認爲無極與太極無論在本體上或特性上皆是一，因此，無極太極二者合一才是儒者的主張，並以此批評佛老二氏，其云：

> 佛者之言曰：「有物先天地，無形本寂寥；能爲萬象主，不逐四時凋。」夫無形亦何物之有，不誠無物，而以之爲萬象主，此理能生氣之說也。以無爲理，理亦非其理矣。總緣解物字錯，後儒以紛紜應感所

　　一，頁60。

〔註269〕　（明）黃宗羲：《宋元學案》，卷十二，〈濂溪學案下〉，附「梨洲太極圖講義」（《黃宗羲全集》增訂版），冊三，頁609。

交之物，纔為之物，佛者離氣以言物，宜乎格物之義不明也。〔註270〕

又

佛氏「明心見性」，以為無能生氣，故必推原於生氣之本，其所謂「本
來面目」，「父母未生前」，「語言道斷，心行路絕」，皆是也。〔註271〕

宗羲認為儒者主張氣化流行應感之後，才有物的產生，並認為佛氏有物先天
地生，無形本寂寥的主張，是以無為理而能生氣，以無生於有之前，其雖能
為萬物主，但卻是離氣而言理，此不但是理生氣之說，更是分理氣為二，故
宗羲直言：「理生氣之說，其弊必至于語言道斷，心行路絕而後已。」〔註272〕
因此，宗羲反對理氣二分，認為理在氣之先，即以無生於有之前，此亦正是
老氏「有生於無」之學。故其反對云：

凡先儒之言氣者，必曰本乎老，虛即是理。固未聞先儒有此言也。

獨不觀張子曰：「知虛空即氣」。則有無隱顯，神化性命，通一無二。

若謂虛能生氣，則入老氏有生于無自然之論，不識所謂有無混一之
常，則虛無生氣之說，正先儒之所呵者，顧牽連而矯誣之乎？〔註273〕

張載站在「虛空即氣」〔註274〕的立場，主張「若謂虛能生氣，則虛無窮，氣
有限，體用殊絕，入老氏有生於無自然之論，不識所謂有無混一之常。若謂
萬象為太虛中所見之物，則物與虛不相資，形自形，性自性，形性天人不相
侍而有，陷於浮屠以山河大地為見病之說。」〔註275〕即老氏以「無」為萬物
之本源，其雖無名不可形容，卻是最高實體的存在；然而張載認為太虛即氣，
以氣為實體存有，當然反對老氏以「無」為實體存在。故宗羲則承繼了張載
太虛即氣的思路，認為「有無混一」之常即是理氣合一的表現；因此，批評
了佛氏離氣言物之說及老氏無能生有之論，明確反對置無極於太極之前，並

〔註270〕（明）黃宗羲：《南雷續文案》，卷二，〈答萬充宗論格物書〉（《黃宗羲全集》
增訂版），冊十，頁202。

〔註271〕（明）黃宗羲：《孟子師說》，卷二，〈浩然章〉（《黃宗羲全集》增訂版），冊
一，頁61。

〔註272〕（明）黃宗羲：《宋元學案》，卷十五，〈伊川學案上〉，「正公程伊川先生頤」
語錄案語（《黃宗羲全集》增訂版），冊三，頁745。

〔註273〕（明）黃宗羲：《南雷文案》，卷三，〈與友人論學書〉（《黃宗羲全集》增訂版），
冊十，頁153。

〔註274〕（宋）張載：《正蒙・太和篇》（《張子全書》，臺北：臺灣中華書局，1968年
7月臺二版），卷二，頁2上。

〔註275〕（宋）張載：《正蒙・太和篇》（《張子全書》），卷二，頁2上。

認爲：

> 二氏又以無能生有，于是誤認無極在太極之前，視太極爲一物，形
> 上形下，判爲兩截。〔註276〕

宗羲認爲佛、老二氏是以無於有之先，故視無極在太極之前，將其判爲二物，是理氣二分之論。因此，宗羲主張太極乃氣之太極；而無極是形容太極爲實有理之作用卻非實體存有的專有名詞，其本身亦屬於氣，爲氣之無極。總而言之，其實二者皆本於一氣。因此，宗羲又云：

> 弟（宗羲）以爲濂溪原主太極，加無極二字，恐其落於形氣也。忠
> 憲（高攀龍）單拈無極，已自有病，先生（秦燈巖）合儒釋而言之，
> 則儒者亦是無理，儒釋界限，越不清楚。〔註277〕

宗羲此處明確指出「無極」的作用，是爲了避免誤將太極落於形氣之中，而將其限定爲「氣之太極」，因此，再綜合前述無極與太極皆各非爲一物的存在，而本之於一氣，於是可以推得無極與太極並無先後次序，而且無極又爲太極的屬性，故二者在本質上及特質上又是合一，完全符合理氣合一之論。所以，將無極「單拈」出來，以爲無極先於太極，這當然違反了周敦頤的本意，而「已自有病」。如果認爲儒釋可以合言之，則無極乃成爲無理，則儒釋之分「越不清楚」。故宗羲言其師劉宗周發先儒所未發者有四，其中「太極爲萬物之總名」，宗羲對此有云：

> 謂子曰：「《易》有太極」，周子則云：「無極而太極」。無極則有極之
> 轉語，故曰：「太極本無極」，蓋恐後人執極於有也。而後之人，又
> 執無於有之上，則有是無矣。轉云無是無，語愈玄而道愈晦矣。不
> 知一奇即太極之象，因而偶之，即陰陽兩儀之象。兩儀立，而太極
> 即隱於陰陽之中，故不另存太極之象。〔註278〕

劉宗周認爲「或曰：『虛生氣。』夫虛即氣也，何生之有？吾溯之未始有氣之先，亦無往而非氣也。」〔註279〕又「有是氣方有是理。無是氣則理於何麗？但既有是理，則此理尊而無上，遂足以爲氣之主宰。氣若其所從出者，非理

〔註276〕（明）黃宗羲：《宋元學案》，卷十二，〈濂溪學案下〉，附「梨洲太極圖議義」
　　　　（《黃宗羲全集》增訂版），冊三，頁609。

〔註277〕（明）黃宗羲：《南雷文案》三刻，〈復秦燈巖書〉（《黃宗羲全集》增訂版），
　　　　冊十，頁210。

〔註278〕（明）黃宗羲：〈子劉子行狀〉，卷下（《黃宗羲全集》增訂版），冊一，頁252。

〔註279〕（明）劉宗周：《學言中》（《劉宗周全集》），冊二，頁480。

能生氣也。」〔註280〕明確指出氣爲理之所寓，此理雖具形上主宰之作用，但其本質仍屬於氣，而爲氣之理，因此反對理生氣之說，直言「理即是氣之理，斷然不在氣先，不在氣外。」〔註281〕此外，劉宗周又承繼張載太虛無形，氣之本體的觀點，認爲「虛即氣也」，主張無形的「虛」與有形的萬物，其實皆一氣不同形態的存在。簡言之，即以「氣」爲最高本體，且具有理主宰作用的能力。故此氣爲形上無形卻有實理作用存在，故「非有非無之間，而即有即無，是謂太虛，又表而尊之曰太極。」〔註283〕因此，可以得到兩個結論，一、劉宗周以太虛存於有（實理作用）與無（本體無形）之間，即此太虛以有無合言。二、此太虛以氣爲本體，並尊之曰太極；故此太極亦是以氣爲本體，即氣之太極，並反對理生氣之論。

據此，宗羲認爲其師劉宗周以太極合有無爲形上最高之本體，是「萬物之總名」，是名副其實的。故宗羲對此點的論述，可以得到三個結論。第一：劉宗周的太極乃氣之太極，而宗羲亦贊同此主張。因此，對於無極與太極的看法，宗羲從本質上認爲，太極乃氣之太極，而無極亦依附於氣非別爲一物的存在，故二者皆是以氣爲本體，是氣上的合一。再從特性上言之，太極具實理作用但卻無實然之體，而無極的作用乃是限定太極於氣之中的專有名詞。因此，二者在特性上是同時表現「氣之太極」的特色。據此，明確可知宗羲的太極乃「氣之太極」，是氣之理的極至者。

第二：宗羲主張太極乃氣之太極，是有無合一的，是理氣是一的展現。因此，宗羲當然反對無極在太極之前，即理氣二分的主張；認爲周敦頤最早提出無極的用意，是爲了避免執太極於有，然後世學者不察，遂以佛老無能生有釋之，反而造成「語愈玄而道愈晦矣」。所以，宗羲贊同周敦頤不得不加無極二字，是用以形容太極的狀態，而反對陸氏兄弟以其爲佛老之說。由此可發現，宗羲對無極的解釋，頗類似朱子以無極來形容太極爲無方所、無形狀，即二人皆以「無極」來解釋或形容「太極」。不過，二人卻在根本的質性上有極大的差異，宗羲主張理氣是一，朱子卻認爲以理生氣、理氣二分。故二人的結論雖相近，但推演的路徑卻完全迥異。據此，正好印證上一節的結論，即宗羲爲何對朱子無極太極之說，既有贊同又有反對，其實並非宗羲思

〔註280〕（明）劉宗周：《學言中》（《劉宗周全集》），冊二，頁483。
〔註281〕（明）劉宗周：《學言中》（《劉宗周全集》），冊二，頁483。
〔註283〕（明）黃宗羲：〈子劉子行狀〉，卷下（《黃宗羲全集》增訂版），冊一，頁252。

想上的矛盾，而是宗羲站在自身理氣是一的立場，自然對無極與太極有所發明。因此，筆者以爲宗羲的太極乃氣之太極，是依循著理氣是一的思路，給予全新的詮釋，絕非修正朱、陸無極太極之辯而來。

　　第三：宗羲此處完全引用劉宗周之語，以爲「無極則有極之轉語」，其目的在於避免「後人執極於有也」；再加入劉宗周曾表示「盈天地間，一氣而已矣，而陰陽分。非謂分一氣以爲陰，分一氣以爲陽也。一氣也，而來而伸者，陽也；往而屈者，陰也。來則必往，伸則必屈，總一陽之變化也。」〔註283〕因此宗羲繼承其「一氣」之論並進一步表示「一奇即太極之象，因而偶之，即陰陽兩儀之象。」而以奇數之「一」爲宇宙創生的氣本體，即漢代王充《論衡・說天》中所云：「元氣未分，混沌爲一」〔註284〕的原始物質之「氣」。〔註285〕就明確說明了元氣未分、混沌一奇之象，即是太極之象。由此可知太極是「混沌無形」的元氣，除了符合上述以無極形容太極混沌無形的狀態外；此一元之氣偶之而成陰陽兩儀之象，更見其本體生化之功。合言之，太極乃氣化最高之主宰，並以氣爲其本體，是混沌無形卻實然的存在。據此，宗羲直言「太極即隱於陰陽之中，故不另存太極之象。」不過，此處要特別注意一點，即太極既然隱於陰陽之中，又太極乃氣之太極，則此陰陽亦應以「氣」爲內容。故對此陰陽的特色，轉至下節「陰陽本是一氣」討論。

（二）陰陽本是一氣

　　宗羲認爲「氣本一也，而有往來闔闢升降之殊，則分之爲動靜，有動靜則不得不分之爲陰陽。然此陰陽之動靜也，千條萬緒，紛紜膠轕，而卒不克亂，萬古此寒暑也，萬古此生長收藏也。莫知其所以然而然，是即所謂理也，所謂太極也。」〔註286〕宗羲此處首先確定了氣是宇宙間唯一的本體，此氣本體透過往來、闔闢、升降等運動變化而有動靜之分，有動靜變化則表現爲陰

<hr>

〔註283〕（明）劉宗周：《讀易圖說・圖三》《劉宗周全集》，冊二，頁149。

〔註284〕黃暉：《論衡校釋》，卷十一，〈談天篇〉（北京：中華書局，1996年11月3刷），頁472。

〔註285〕王俊彥先生有云：「王充是漢代理性主義的代表，生於氣化宇宙論盛行的時代，不免受陰陽氣化說的影響，但在思想本質上，以理智的判斷爲主，擺脫神格化的色彩。以爲氣是純粹物質屬性，是宇宙萬物生滅運動的實質原因，不具有意義與感覺的。」（《王廷相與明代氣學》，頁20。）

〔註286〕（明）黃宗羲：《宋元學案》，卷十二，〈濂溪學案下〉，附「梨洲太極圖講義」（《黃宗羲全集》增訂版），冊三，頁609。

陽。由此推論可知，氣本體有動靜變化不得不分之爲陰陽；反言之，此陰陽
乃一氣之動靜變化而分，故此陰陽仍是以「氣」爲其內容。因此，陰陽相互
作用而成宇宙天地萬物，其間雖千殊百態彼此互異，卻不紊亂，其因在於有
莫知其所以然而然的氣之理即太極主乎其中。於是太極如同氣之理般，亦非
別爲一物，而是依於陰陽而立，附於陰陽而行。所以，太極是必須透過陰陽
動靜才能顯現出來，然而陰陽動靜究竟爲何呢？簡言之，陰陽之動靜即氣之
動靜，是以氣爲內容，本之於一氣的。在此陰陽本是一氣的基礎上，宗羲當
然反對季本〔註287〕理爲陽，氣爲陰之論，其云：

> 夫大化只此一氣，氣之升爲陽，氣之降爲陰，以至於屈伸往來，生
> 死鬼神，皆無二氣。故陰陽皆氣也，其升而必降，降而必升，雖有
> 參差過不及之殊，而終必歸一，是即理也。今以理屬之陽，氣屬之
> 陰，將可言一理一氣之爲道乎？先生（季本）於理氣，非明睿所照，
> 從考索而得者，言之終是鶻突。〔註288〕

季本認爲「先儒謂陰陽者氣也，所以一陰一陽者道也；又曰：『不離乎陰陽，
而亦不雜乎陰陽』，則似陰陽之中，自有一理也。殊不知理者陽之主宰，氣者
陰之包含。時乎陽也，主宰彰焉，然必得陰以包含於內，而後氣不散。時乎
陰也，包含密焉，然必得陽以主宰於中，而後理不昏。此陰中有陽，陽中有
陰，所謂道也，通乎晝夜之道可知。」〔註289〕季本主張一陰一陽者道也，而
陰陽者氣也，故道不離陰陽亦不雜於陰陽，此乃傳統儒學之說。不過，季本
此論表面上雖合乎傳統儒學，但其立論基礎，卻是以理爲陽之主宰，氣爲陰
之包含。即理主宰，氣包含於內，氣含密，理主宰於中；是理氣二者在作用
及位階上，彼此具有相當的地位，故理氣二者的關係雖以不離不雜的形式存
在，但已非傳統的理氣論。所以季本在自身理氣不離不雜的思路下，以理爲
陽、氣爲陰的主張，表面上雖合於「一陰一陽者道也」，但實際上卻是分陰陽

〔註287〕 （明）黃宗羲：「季本，字明德，號彭山，越之會稽人。……先生（季本）之
學，貴主宰而惡自然。以爲理者陽之主宰，乾道也；氣者陰之流行，坤道也。
流行具往而不返，非有主於內，則動靜皆失其則矣。」(《明儒學案》，卷十三，
〈浙中王門學案三〉，「知府季彭山先生本」。《黃宗羲全集》增訂版，冊七，
頁307。）

〔註288〕 （明）黃宗羲：《明儒學案》，卷十三，〈浙中王門學案三〉，「知府季彭山先生
本」(《黃宗羲全集》增訂版)，冊七，頁308。

〔註289〕 （明）黃宗羲：《明儒學案》，卷十三，〈浙中王門學案三〉，「知府季彭山先生
本」，《說理會編》(《黃宗羲全集》增訂版)，冊七，頁309。

爲二，即是以陽屬理、陰屬氣，陰陽二者亦各有其作用位階。換言之，一陰一陽之謂道者，是陰陽二者各有其地位不離不雜的平行式合一，但此「平行式」的合一，正好反顯出陽具理之作用，陰具氣之作用，兩者乃平行相等的地位，可見陰陽是二而非一。

宗羲則明確指出大化流行只有一氣，其氣之升爲陽，氣之降爲陰，雖不同前述以氣之動靜分陰陽，但其直言：「氣本一也，而有往來、闔闢、升降之殊，則分之爲動靜，有動靜則不得不分之爲陰陽。」即說明了氣化流行無論以往來、闔闢、升降等任何方式進行，其實皆本之於一氣，而表現爲陰陽者，故此氣之陰陽「屈伸往來，生死鬼神，皆無二氣」。換言之，陰陽乃一氣升降之表現，絕非二氣存在。故宗羲反對季本「理陽氣陰」之論，認爲陰陽皆本於一氣，其流行不失其則即爲理。由此可見，季本的「理陽氣陰」之論，是將陰陽劃分爲二，而宗羲則主張陰陽皆是一氣，兩人有明顯的差異。

既然宗羲主張氣本一也，而陰陽又爲一氣之升降表現，爲氣的屬性。所以，陰陽不在氣之外，二者是同存於氣之中，非陰氣之外有陽氣，亦非陽氣之外有陰氣。如此，則產生了一個疑問，即陰陽本是一氣，此氣將透過何種方式產生既相對又統一的陰陽兩者呢？宗羲有云：

> 氣則合下只有一氣，相生而後有陰陽，亦非合下便有陰陽也；數以相生而後變化，若無所生，則無所用數矣。陰陽本是一氣，其互生也，非於本氣之外又生一氣，……一陰一陽乃一氣之變化，若由下而上，則認陰陽爲二氣矣。〔註290〕

宗羲認爲氣合下就只有一氣，此氣透過「相生」或「互生」的方式，作用而產生陰陽二者。換言之，氣之動靜升降而有陰陽，並非指氣之外還有產生陰陽二者之本體，而是氣自我「相生」或「互生」所相互滲透、相互作用之後有陰陽。故宗羲明確直言：「陰陽本是一氣」，即指出陰陽只是一氣，並非兩種不同之氣的存在，其名之爲陰陽，是在於對氣不同屬性的表現，例如：氣之動爲陽、氣之靜爲陰；氣之升爲陽，氣之降爲陰等等，皆只是一氣之變化而謂之陰陽，而非陰陽自我之變化。因此，若單純就形下氣化世界推論，天地萬物皆由一氣流行而來，而此一氣流行中包含了陰陽兩種不同質性的成分，所以，陰陽雖本是一氣，但在形下氣化世界卻僅能感知陰陽二者的作用，

〔註290〕 （明）黃宗羲：《南雷文定》五集，卷一，〈答忍菴宗兄書〉（《黃宗羲全集》增訂版），冊十，頁226。

而容易忽略陰陽其實本一氣而來，於是自然誤認陰陽以二氣的形式存在於形上下之中，遂造成陰陽二氣取代了形上本體之氣的錯誤結論。故宗羲「以爲二氣雖有形，然不可竟指二氣爲太極。」〔註291〕即反對陰陽以二氣的形式存在於形上地位，主張陰陽只是一氣之中兩種不同的質性成分。至此，可以得到兩個結論。一、宗羲明確指出「陰陽本是一氣」，而一氣之中又有往來升降闔闢等不同屬性的存在，故不得不分爲陰陽。二、此本體之氣中因有相對屬性的存在而不得不分陰陽，但其能夠分陰陽二者之因，則在於此氣透過自我「相生」或「互生」的方式作用，並非氣外別有陰陽二氣之本體。因此，宗羲又云：

> 然此陰陽之動靜也，千條萬緒，紛紜膠轕，……以其不紊而言，則謂之理；以其極至而言，則謂之太極。識得此理，則知「一陰一陽」即是「爲物不貳」也。〔註292〕

從狹義角度而言，宗羲在理氣是一的基礎下，認爲陰陽之動靜而不紊亂者，以氣之理在其中；故不紊亂者理也，而陰陽之動靜必爲氣也，如此才能符合理氣是一的思路。因此，識得此理，便知一陰一陽其實皆由一氣而來，即陰陽自爲同一氣而非二物的存在。若從廣義角度而言，宗羲認爲理只是氣之理，而氣之理的極至爲太極，故太極如同氣之理一般，以氣爲本體，使之成爲氣之太極；再加上「陰陽本是一氣」的結論，太極與陰陽皆以氣爲本，兩者自然同爲一氣的存在而「爲物不貳」。總而言之，氣是宇宙萬物中唯一的本體，其透過自我「相生」或「互生」的方式作用而分陰陽。因此，氣包含陰陽兩種不同質性成分，而陰陽又本是一氣，非氣外別有陰陽的存在，故陰陽含於未分之氣中，又不等於氣，二者只是氣之往來升降動靜等屬性，分之後才有陰陽。不過，此處廣義而言的結論，已觸及到另一問題，即太極乃氣之太極，而陰陽又皆氣也，故二者在氣本一的立場下，其關係又爲何呢？接著由下一節詳論。

三、一陰一陽之謂道，道即太極，離陰陽無從見道

宗羲曾《答忍菴宗兄書》中有云：「宗兄謂陰陽二氣，皆一理之散見，即

〔註291〕（明）黃宗羲：《南雷文定》五集，卷一，〈答忍菴宗兄書〉（《黃宗羲全集》增訂版），冊十，頁226。
〔註292〕（明）黃宗羲：《宋元學案》，卷十二，〈濂溪學案下〉，附「梨洲太極圖議義」（《黃宗羲全集》增訂版），冊三，頁609。

是太極之昭者，以先師所云二氣分，極隱於無形爲非是。」〔註293〕即反對忍菴宗以理生陰陽二氣之說，並承繼劉宗周的主張，劉宗周有云：

> 盈天地間，一氣而已矣。有氣斯有數，有數斯有象，有象斯有名，
> 有名斯有物，有物斯有性，有性斯有道，故道其後起也。而求道者，
> 輒求之未始有氣之先，以爲道生氣。則道亦何物也，而能遂生氣乎？
> 〔註294〕

劉宗周認爲天地萬物都以氣爲存在根據，有氣之後才有數、象、名、物、性以及道，其生成過程明確以氣能生道，道爲後起，反對求道於氣先的程朱之學。換言之，氣是唯一最高本體，除了氣之外，天地間沒有其他本體的存在。因此，「夫虛即氣也，何生之有？吾溯之未始有氣之先，亦無往而非氣也。當其屈也，自無而之有，有而未始有；及其伸也，自有而之無，無而未始無也。非有非無之間，而即有即無，是謂太虛，又表而尊之曰太極。」〔註295〕此處可分兩點說明：一、劉宗周認爲此本體氣「虛」也，但不是相對於形下有形象的虛無，而是指此「氣」實有卻無形可見，明顯受到張載「太虛即氣，則無無」即以虛是氣的表現形式，而絕非虛無一物。二、既然此最高本體之氣即是太虛、太極，可見劉宗周的宇宙生成論是以氣爲基礎，顯然具有氣本體色彩。因此，其與陰陽的關係必不同於傳統之說，劉宗周云：

> 太極之妙，生生不息而已矣。生陽生陰，而生水、火、木、金、土，
> 而生萬物，皆一氣自然之變化，而合之只是一箇生意，此造化之蘊
> 也。〔註296〕

又

> 只此動靜之理，分言之是陰陽，合言之是太極，故曰：「一陰一陽之
> 謂道。」即分即合是太極，非分非合是無極，故曰：「陰陽不測之謂
> 神。」〔註297〕

劉宗周此處明確指出陰陽皆一氣自然之變化，但其言「太極之妙，生生不息

〔註293〕（明）黃宗義：《南雷文定》五集，卷一，〈答忍菴宗兄書〉（《黃宗義全集》增訂版），冊十，頁226。

〔註294〕（明）劉宗周：《學言中》（《劉宗周全集》），冊二，頁480。

〔註295〕（明）劉宗周：《學言中》（《劉宗周全集》），冊二，頁480。

〔註296〕（明）劉宗周：《聖學宗要》，濂溪周子，〈圖說〉（《劉宗周全集》），冊二，頁268。

〔註297〕（明）劉宗周：《學言上》（《劉宗周全集》），冊二，頁443。

而已矣，生陽生陰」彷彿還是傳統儒學太極之理生陰陽二氣之說，其實不然。第一、前已提及劉宗周是以最高本體氣爲太極的內容，而非以理爲內容。第二、劉宗周曾解釋「《太極圖說》言：太極生陰陽，陰陽生五行，五行生成萬物，物鍾靈有人，人立極有聖，聖合德天地。似一事事有層節，豈知此理一齊俱到？在天爲陰陽，在地爲剛柔，在人爲仁義。」〔註298〕說明太極與陰陽是「一齊俱到」，是皆本之於一氣。〔註299〕故簡言之，在一氣立場下，分言之是陰陽，合言之是太極。而此太極與陰陽本一氣的觀念，自然影響到宗羲，宗羲主張太極乃氣之太極及陰陽本是一氣。然而，二者的關係，宗羲有云：

> 宗（忍菴宗）兄以先師之陰陽分，極隱於無形爲可議。云太極無形，本來如此，若以陰陽分，始謂之無形，豈陰陽未分前，已分後，隱見尚有不同乎？弟以爲一陰一陽之爲道，道即太極也，離陰陽無從見道。所謂《易》有太極，是生兩儀，此爲作《易》者言之。〔註300〕

宗羲在太極與陰陽皆本之於一氣的基礎上，認爲「一陰一陽之爲道，道即太極。」詳言之，依照上述推論，陰陽即道，道即太極，則陰陽即太極。不過，此處必須要特別說明的是陰陽即太極，並非指陰陽完全等同於太極，而是專指陰陽與太極皆同以一氣爲其內容，故在以氣爲內容的條件下，此時陰陽才等同於太極，此是就兩者內容本質而論。若從二者作用來看，陰陽與太極則有明顯的差異；爲什麼呢？因爲宗羲指出「離陰陽無從見道」，即說明了形上太極之道是須藉由陰陽之相生或互生以氣化生成具體形物，這就表示陰陽與太極的關係，除了同以一氣爲其本體內涵外，更重要的是太極之道須透過陰陽以呈現。故宗羲又云：

> 《易》言：「一陰一陽之道」，道不離陰陽。〔註301〕

〔註298〕（明）劉宗周：《學言中》（《劉宗周全集》），冊二，頁482。

〔註299〕劉宗周此處亦有表示五行乃一氣自然之流化，而宗羲對此仍承繼其師之說，主張「蓋木、火、金、土、水，目雖五而氣則一，皆天也；其成形而爲萬物，皆地也。若以水、木、土，天之所生，火、金，地之所生，則春、冬屬天，夏、秋屬地，五行各有分屬。一氣循環，忽截爲天，忽截爲地，恐無此法象矣。」（黃宗羲：《易學象數論》，卷一，〈圖書四〉。《黃宗羲全集》增訂版，冊九，頁 8。）即明確指出五行本一氣而非各有所屬，若分五行爲天地所分屬，則一氣流行恐截爲二而無法成象。

〔註300〕（明）黃宗羲：《南雷文定》五集，卷一，〈再答忍菴宗兄書〉（《黃宗羲全集》增訂版），冊十，頁228。

〔註301〕（明）黃宗羲：《孟子師說》，卷六，〈五穀者章〉（《黃宗羲全集》增訂版），冊一，頁 143。

又

　　《易傳》曰：「一陰一陽之爲道。」蓋舍陰陽之氣，亦無從見道矣。
〔註302〕

既然宗羲認爲陰陽與太極的關係，是離陰陽而無從見太極本體，即太極本體
不可見，須見之於陰陽上。是符合《易傳、繫辭》：「形而上者謂之道，形而
下者謂之器。」〔註303〕的道器關係，即形而上之道作爲宇宙天地生化的本體，
其內在本質的變化是抽象不可見，是無法藉由人的感覺器官有所感知。故必
須透過形而下之器來具體呈現形而上道體的變化，是道器不即不離的表現，
凸顯了傳統儒學超越義與實踐義的並重。因此，《易傳、繫辭》又言：「一陰
一陽之謂道」，以陰陽爲道，乃指道以陰陽爲存在的基礎，而不是以陰陽爲本
體，只有在陰陽變化流行中才可以見道。

　　因此，由儒學道器關係的角度來看，宗羲「一陰一陽之爲道，道即太極
也，離陰陽無從見道。」是太極透過陰陽體顯，而不是陰陽，是合乎儒學道
器相即的觀點。不過，若依照宗羲陰陽即道，道即太極，則陰陽即太極的邏
輯，易造成形上之太極等同於形下之陰陽的誤解。故除了從上述兩者內容質
性皆本於一氣的角度來解決外，宗羲更直言：

　　二氣雖有形，然不可竟指二氣爲太極。程、朱言性不離氣，不可指
　　氣即是性。〔註304〕

明確指出雖然陰陽與太極在本質上同屬一氣，且捨陰陽之氣則無從見太極之
道，但二者的屬性畢竟不相同，即太極自爲太極之主宰生化，陰陽自爲陰陽
氣化流行，故從二者在作用與屬性的立場上言，不可指陰陽即爲太極。既然
太極與陰陽的屬性不同，是否太極與陰陽就爲二物的存在？若兩者以二物的
形態存在，則又違反了宗羲自身太極與陰陽皆同一氣本體的主張，故宗羲引
用羅欽順對「太極與陰陽果二物乎」的評論，羅欽順有云：

　　周子《太極圖說》，篇首無極二字，如朱子之所解釋，可無疑矣！至
　　於「無極之眞，二五之精，妙合而凝」三語，愚則不能無疑。凡物

〔註302〕　（明）黃宗羲：《南雷文案》，卷三，〈與友人論學書〉（《黃宗羲全集》增訂版），
　　　　　册十，頁152。
〔註303〕　（魏）王弼、韓康伯注，（唐）孔穎達等正義：《周易正義》，卷七〈繫辭上〉
　　　　　（臺中：藍燈文化事業公司，景印嘉慶二十年江西南昌府學開雕），頁31下。
〔註304〕　（明）黃宗羲：《南雷文定》五集，卷一，〈答忍菴宗兄書〉（《黃宗羲全集》
　　　　　增訂版），册十，頁226。

必兩而復可以言合，太極與陰陽果二物乎？其為物也果二，則方其未合之先，各安在邪？朱子終身認理氣為二物，其源蓋出於此。愚也積數十年潛玩之功，至今未敢以為然也。嘗考朱子之言有云：「氣強理弱」、「理管攝他不得」。若然，則所謂太極者又安能為造化之樞紐，品物之根柢耶？〔註305〕

先就朱子而言，朱子對於「無極之真、二五之精、妙合而凝」三語，認為「『無極之真』，已該得太極在其中，『真』字便是太極。」〔註306〕又「生物之初，陰陽之精，自凝結成兩箇，後來方漸漸生去。萬物皆然。如牛羊草木，皆有牝牡，一為陽，一為陰。萬物有生之初，亦各自有兩箇，故曰『二五之精，妙合而凝』。陰陽二氣更無停息。」〔註307〕朱子以太極為無極之真，而陰陽二者為萬物具體生成的氣化者，故兩者關係是「太極只是一箇氣，迤邐分做兩箇；氣裏面動底是陽，靜底是陰。又分做五氣，又散為萬物。」〔註308〕明確以太極為理，陰陽為氣，其生化順序以「理」生「氣」，而「氣」中又含有陰陽兩種質性分做五行散為萬物。可見朱子主張理氣二分，以氣為理所派生，即太極自為理，陰陽自為氣，太極與陰陽是二且各自獨立存於形上下之間。因此，太極與陰陽各自為一物的存在，故須妙「合」而凝，才能完成萬物之生化。換言之，在「妙合而凝」之前，太極與陰陽「必兩而後可以言合」，即太極與陰陽是為二物，是理氣二分的主張。所以朱子直言「天地之間，有理有氣，理也者，形而上之道也，生物之本也；氣也者，形而下之器也，生物之具也。是以人物之生，必稟此理然後有性，必稟此氣然後有形。」〔註309〕即明確指出萬物須透過形上之理與形下之氣妙合而凝的過程，才能完成生化作用。

羅欽順站在「理氣為一物」〔註310〕的立場，主張理氣是一，當然反對朱子「妙合而凝」理氣二分之說。因為在理氣妙合而凝聚成萬物之前，理氣為二物的存在，兩者將有「各安在邪」的疑問，是違反了理氣為一物的思路，

〔註305〕（明）羅欽順：《困知記》，卷下（明嘉靖十六年吳郡陸粲刊本），頁7下。
〔註306〕（宋）黎靖德編：《朱子語類》，卷第九十四，〈周子之書太極圖〉，冊六，頁2379。
〔註307〕（宋）黎靖德編：《朱子語類》，卷第九十四，〈周子之書太極圖〉，冊六，頁2380。
〔註308〕（宋）黎靖德編：《朱子語類》，卷第三，〈鬼神〉，冊一，頁41。
〔註309〕（宋）朱熹：《朱子文集》，卷第五十八，〈答黃道夫一〉，冊六，頁2798。
〔註310〕（明）羅欽順：《困知記》，附錄，〈與林次崖僉憲〉，頁59上。

亦是理氣二分在形上本體的矛盾。故羅欽順認爲朱子在理與氣未合之前，只言理在，卻忽略了未合之前，理在氣亦應在，是只在形上本體言「理」，而產生未合之前「氣」無處安頓的困難。〔註311〕因此，羅欽順主張「理氣爲一物」，在理氣未合前即形上本體生化根源的層面，應是理氣同爲一物的存在，並以「氣」爲首出，用以解決朱子理氣二分所產生「氣」無所頓放的矛盾。所以，羅欽順引用朱子自己所言「氣強理弱」、「理管攝他（氣）不得」之論，表示朱子本體之理只能是指導氣化流行的形上原則，其本身並非形下氣化流行者，再加上氣經由理指導生化萬物後，本體之理即退位不顯於外，終產生最高價值本體之理的太極無法管攝氣化世界的偏差，即氣強理弱的結果。因此，羅欽順認爲理氣爲二物，氣雖依理而生化萬物，但形具之後，萬物受氣稟不同而理又管攝不得，故此理自然無法成爲「造化之樞紐，品物之根柢」，只有在「理氣爲一物」的立場下，以氣生化萬物，並以其氣之理主宰流行，才能達到眞正的和諧的境界。所以宗羲承繼羅欽順「理氣爲一物」的主張，並贊同羅欽順此處「太極與陰陽果二物乎？其爲物也果二，則方其未合之先各安在邪？」之論，故其云：

> 羅整菴（欽順）《困知記》謂：「『無極之眞，二五之精，妙合而凝』三語不能無疑，凡物必兩而後可以言合，太極與陰陽果二物乎？其爲物也果二，則方其未合之先各安在邪？朱子終身認理氣爲二物，其原蓋出于此。」不知此三語正明理氣不可相離，故加「妙合」以形容之，猶《中庸》言「體物而不可遺」也，非「二五之精」則亦無所謂「無極之眞」矣。朱子言無形有理即是，是尋「無極之眞」于「二五之精」之外，雖曰無形而實爲有物，亦豈無極之意乎？〔註312〕

宗羲認爲「非二五之精則亦無所謂無極之眞」，即是捨陰陽之氣則無從見太極矣，是在作用上反對太極與陰陽二分。此外，在本體上宗羲亦反對太極與陰

〔註311〕 此處必須特別説明，羅欽順主張未合之前，理氣爲一物的存在，即是表示在形上層面理氣是同爲一物的存在，並以「氣」爲首出。而朱子理氣二分之説，卻是以理爲形上者，氣爲形下者，彷彿兩人對理氣的討論不在同一層面上。其因在於羅欽順的理氣論是於形上層理氣是一，是彌補了朱子不談形上氣者，及修正理生氣之説；而其形下層亦是理氣是一，則又避免了朱子「氣強理弱」所造成形氣偏失之危。故二人的主張是有明顯的區別。

〔註312〕 （明）黃宗羲：《宋元學案》，卷十二，〈濂溪學案下〉，附「朱陸太極圖説辯」案語（《黃宗羲全集》增訂版），冊三，頁620。

陽爲二物的存在，認爲朱子「無形有理」是指太極雖爲無形體，但卻實爲一氣外之物的存在，既違反了無極之意，亦是分理氣爲二。因此，宗羲主張理氣是一，以爲盈天地間一氣而已，理爲氣之理的存在，故太極與陰陽在內容本質上同以一氣爲本體內涵，在作用上太極則須透過陰陽以體顯。所以，宗羲對此又云：

> 所謂《易》有太極，是生兩儀，此爲作《易》者言之。因兩儀而見太極，非有先後次第也。宗兄（忍菴宗）之意，是先有太極，而後分之爲陰陽，當其未分陰陽之時，不知太極寄於何所？「有物先天地，無形本寂寥；能爲萬象主，不逐四時凋。」此二氏之言也，《易》豈有是乎？〔註313〕

宗羲此言必須從兩部分來討論。第一：宗羲仍如同前述的主張，依舊認爲「離陰陽無從見道」，故其批評若先有太極，而後分之爲陰陽，將導致兩個錯誤結果。其一，「氣則合下只有一氣，相生而後有陰陽，亦非合下便有陰陽也。」〔註314〕故在陰陽未分之時，此氣已是實然存有。因此，先有太極存在的主張，即是如同朱子以太極即理的方式存於形上地位，是違反了宗羲「氣本一也」以氣爲形上本體之說。所以宗羲認爲先有太極之論，是在已有本體之氣的形上層面，再強制安插一太極之理使其成爲本體，而造成「不知太極寄於何所」的矛盾。其二，宗羲認爲先有太極，而後分之爲陰陽，就是主張先立一「太極之理」爲本體，而後才有形下之氣的產生。此說頗類似佛老「有物先天地，無形本寂寥，能爲萬象主，不逐四時凋。」之論，易落入佛老之主張，視太極別爲氣外之物的存在，如此形上形下判爲兩截，儒釋之界限越不清楚，只因誤認太極在陰陽之前。

　　第二：宗羲不但反對將太極與陰陽視爲二物，亦反對太極與陰陽二者有先後次第。其認爲「以其不紊而言，則謂之理；以其極至而言，則謂之太極。」〔註315〕即氣之理的極至爲太極，換言之，太極亦爲氣之理者。又此氣之理「初

〔註313〕（明）黃宗羲：《南雷文定》五集，卷一，〈再答忍菴宗兄書〉（《黃宗羲全集》增訂版），冊十，頁228。

〔註314〕（明）黃宗羲：《南雷文定》五集，卷一，〈答忍菴宗兄書〉（《黃宗羲全集》增訂版），冊十，頁226。

〔註315〕（明）黃宗羲：《宋元學案》，卷十二，〈濂溪學案下〉，附「梨洲太極圖議義」（《黃宗羲全集》增訂版），冊三，頁609。

非別有一物，依于氣而立，附于氣而行。」〔註316〕因此，合言之，太極只是氣之理的極至，亦非別爲氣之外的他物，是依於陰陽而立，附於陰陽而行。所以太極即在陰陽之中，離陰陽無從見太極；又氣之動靜有陰陽，陰陽之變化而不紊亂，在於陰陽之中有太極。故太極透過陰陽變化以體顯，即「因兩儀而見太極」之義；而且陰陽變化又須太極來指導，因此宗羲直言：「然視太極若爲一物，歧陰陽而二之，所以有天之太極，人之太極，物之太極，蓋不勝其支離矣。」〔註317〕明確指出二者的關係，不僅不能歧分爲二，其作用上的彼此需求，更無所謂「先後次第」的問題。故宗羲又云：

> 其言太極也，統三百八十四爻之陰陽，即爲兩儀；統六十四卦之純
> 陽純陰，陽卦多陰，陰卦多陽，即爲四象；四象之分布，即爲八卦：
> 故兩儀四象八卦，生則俱生，無有次第。〔註318〕

總而言之，宗羲主張「一陰一陽之爲道，道即太極也，離陰陽無從見道。」可以得到兩個結論。一、太極與陰陽在本質上同屬一氣，即在以氣爲本體的前提上，符合理氣爲一物，否定太極與陰陽爲二物的存在，即太極乃氣之太極，陰陽乃氣之陰陽，兩者在本質上「是一」。不過，兩者的作用畢竟不同，即太極具指導能力，陰陽具流行作用，即兩者在作用上卻是「非一」。可見宗羲在自身「氣本一」的內在一元思路下，太極與陰陽雖有作用上的差異，但仍統一於「氣」上，即一陰一陽之爲道，道即太極也。二、太極與陰陽雖在本質上「是一」，但作用上的「非一」，並不表示二者互不相干，反而是太極必須透過陰陽才能得以體顯，若捨陰陽則無從見太極，故太極寓於兩儀四象八卦之中。換言之，太極不可見，必見於陰陽之中，與陰陽生則俱生，無有先後次第可言。

　　不過，筆者以爲此處尚有一重要觀點，就是宗羲提出道即太極，離陰陽無從見道；太極與陰陽生則俱生，無有次第的理論，若再加上其最根本「盈天地一氣」的主張。將可發現一個新推論，即形上本體之氣與其氣之理，透過自身氣化流行生成形下氣質萬物，同時間萬物又各具其萬物之理，不但是

〔註316〕　（明）黃宗羲：《宋元學案》，卷十二，〈濂溪學案下〉，附「梨洲太極圖議義」（《黃宗羲全集》增訂版），冊三，頁609。

〔註317〕　（明）黃宗羲：《明儒學案》，卷五十三，〈諸儒學案下一〉，「文節舒梓溪先生芬」（《黃宗羲全集》增訂版），冊八，頁615。

〔註318〕　（明）黃宗羲：《南雷文定》五集，卷三，〈萬公擇墓誌銘〉（《黃宗羲全集》增訂版），冊十，頁517。

形上之氣、理下貫至形下之氣、理之中，而達到理氣合一；更是氣論下的理一分殊。尤其是以本體之氣生化形下氣質之形物，完整了以「氣」爲本體的氣本論，即以形上本體之氣能主宰並生化形下之氣質萬物。此種以本體氣者能主宰生化一切萬有之氣的主張，是不同於朱子以理生氣之說，可說是宗羲依照本身氣本一的思路，修正傳統理生氣之說，否定一切超越此「氣」之上的任何實體存在。而張立文先生對此亦有類似的主張，其從陰陽本一氣的角度立論太極與陰陽乃氣自生，其云：

> 所謂太極之動靜生陰陽不是氣之外還有產生陰陽的本體，而是氣的自我相生即自我運動的結果。陰陽是氣內部矛盾對立的要素，它們相互依存、相互滲透、相互作用，所以稱之爲「互生」。……陰陽只是一氣，而不是兩種不同的氣。這種「相生」、「互生」的觀點改正了太極生陰陽的理論，從而堵住了傳統太極—氣—陰陽論以理生氣的一大漏洞，在宇宙生成模上貫徹了氣本體的觀點。他（宗羲）把太極生陰陽從「理生氣」改爲氣自相生，再次明確了太極與氣的同一關係，並對朱熹把太極與陰陽截然分開的觀點作了批駁。……朱熹以太極生陰陽爲理生氣，太極無形而有理，實質上是在氣之外尋求太極的眞蘊，同於佛老無中生有之說。〔註319〕

總而言之，宗羲的太極乃氣之太極，陰陽亦本於一氣爲氣之陰陽，二者的關係即宗羲直言：「一陰一陽之爲道，道即太極也，離陰陽無從見道。」詳言之，即是太極與陰陽在本質上「是一」，但在作用上卻又「非一」。因此，太極與陰陽雖可分言之，仍不害其只是一氣之體，而且捨陰陽無以見太極，沒有了太極亦那會有陰陽，即太極與陰陽生則俱生，無有次第。不只是完整了以本體氣自相生氣的理論，修正傳統理生氣之說，更是貫徹了氣本體的觀點。

第四節　氣之道德意識

一、氣之道德價值賦予

宗羲的理氣論是建立在「理氣是一」的基礎之上，透過形上本體之氣化生形下氣質之形物，並將其形上氣之理下貫於形下氣質形物之中，使形上層

的理氣是一狀態，亦能下達至形下層，並藉由「氣」使形上下兩異質層彼此能通貫無間。因此，宗羲的主張不僅完整了程朱理氣論缺乏形上氣的缺憾外，更凸顯出宗羲的理氣論是形上及形下兼論，是以氣爲本體，而理只是氣之理的存在。

　　然而，若單純僅就宗羲以氣爲本體的成熟理氣論來討論，其本體之氣自能主宰流行生化，而理只是氣中流行不失其則者，是依附於氣之上爲氣之屬性，其位階已由氣本體取代；因此，相對的必然造成視此「氣」者爲理論上的唯一物質與物理屬性的存在，使之成爲不具有傳統儒學道德意識的絕對物質本體，進而不自覺將宗羲本體之氣視爲唯物論下的本體者。但是，事實上並非如此。站在唯物的立場言之，氣是生化宇宙萬物的物質本體，理則是此物質本體的物理屬性，而此屬性是不能離開萬物本身而獨自存在；若站在唯心的立場言之，理是構成宇宙世界的精神本體，氣則是此精神本體具體呈現的媒介，而此精神本體之理是先於氣的存在。不過，宗羲卻是將「理」與「氣」結合起來，主張理氣是一，即此物質本體之氣同時兼備精神本體之作用，故本體之氣不但能具體生化宇宙世界，其精神本體的作用亦同時發用爲日用倫常之禮秩。換言之，宗羲的理氣是一，絕非只是單純唯物的宇宙生成論，而是透過「氣」將「理」具體落實到人倫彝常之中，冀以達到人我和諧的綱常健順境界。故劉又銘先生對此傳統儒學以氣爲本之說，亦主張其不等同於唯物論，其云：

> 中國哲學傳統中的氣本論是很難歸到唯物論裡面去的。氣本論者所謂「氣」並非理氣二分下的乾枯的無關乎價值的氣，而是有「神」有「理」的「氣」；其所謂「神」正關乎心靈的作用；其所謂「理」也仍以儒家傳統底下關乎道德實踐和道德意義的理爲核心，而非以物質世界的物理屬性爲重點；可見「氣」與西方哲學心、物二分脈絡下的「物質」一詞並不相當，而「唯氣」思想跟西方哲學唯心論、唯物論對峙格局下的「唯物」思想也不對等。〔註320〕

由此可知，宗羲的理氣論是完整成熟的理論構架，尤其是以氣爲本體的宇宙生成論，自然容易造成對宗羲之「氣」只是唯物主義的理氣觀，其所提出「理氣是一」之論，更成爲唯物主義下的主張，而忽略了現實倫常綱維其實亦隨氣而具體落實爲人之德性，並發用於人倫日常之上。故宗羲有云：

〔註320〕劉又銘：《理在氣中──羅欽順、王廷相、顧炎武、戴震氣本論研究》，頁9。

> 夫大化之流行，只有一氣充周無間。時而爲和，謂之春；和升而溫，
> 謂之夏；溫降而涼，謂之秋；涼升而寒，謂之冬。寒降而復爲和，
> 循環無端，所謂生生之爲易也。聖人即從升降之不失其序者，名之
> 爲理。其在人而爲惻隱、羞惡、恭敬、是非之心，同此一氣之流行
> 也。聖人亦即從此秩然而不變者，名之爲性。〔註321〕

又

> 盈天地間皆氣也，其在人心，一氣之流行，誠通誠復，自然分爲喜
> 怒哀樂。仁義禮智之名，因此而起者也，不待安排品節，自然不過
> 其則，即中和也。〔註322〕

宗羲此處明確指出一氣之流行具體落實於人倫中，即爲惻隱、羞惡、恭敬、
是非等德性的表現。詳言之，仁義禮智之名，乃因一氣流行於人身上而起，
並非虛無徒有空名而已，是本體之氣將自身內在升降不失其序的氣之理落實
於形質之人上，而使形質之人成爲天賦德性的實踐者，是不須待安排品節，
自然擁有天賦道德本性。因此，人之所以具有道德意識，其實是本體之氣所
賦予。所以站在本體之氣的立場來看，人之所以有仁義禮智等道德觀念，事
實上就是一氣流行而凝成形下氣質之人，其形上流行不失其則的氣之理亦隨
之下貫於形下氣質之人身上，使氣質之人在理氣是一的條件下，同時具有道
德本性，故其所表現的一切道德規範，自然就是本體之氣不失其則的展現，
即天道不偏不倚的中和體現。故宗羲又云：

> 氣機流行之際，自其盎然而起也，謂之喜，仁之德也；自其油然而
> 暢也，謂之樂，禮之德也；自其肅然而斂也，謂之怒，義之德也；
> 自其愀然岑寂而止也，謂之哀，智之德也。乃四時之氣，所以循環
> 而不窮者，獨賴有中氣存乎其間，而發之即爲太和元氣，是以謂之
> 中，謂之和，性之德也。……須知一喜、怒、哀、樂，自其存諸中
> 言，謂之中，即天道之元、亨、利、貞運於於穆者是也，陽之動也。
> 自其發于外言，謂之和，即天道之元、亨、利、貞呈于化育者是也，
> 陰之靜也。〔註323〕

〔註321〕（明）黃宗羲：《南雷文案》，卷三，〈與友人論學書〉（《黃宗羲全集》增訂版），
　　　　　冊七，頁152。
〔註322〕（明）黃宗羲：《明儒學案》，卷六十二，〈蕺山學案〉，「忠端劉念臺先生宗周」
　　　　　（《黃宗羲全集》增訂版），冊八，頁890。
〔註323〕（明）黃宗羲：《子劉子行狀》，卷下（《黃宗羲全集》增訂版），冊一，頁252。

宗義認爲人之所以有道德觀念，在於本體之氣中的「中氣」由天之道下貫而來。然而，天之道中的道德成份究竟如何具體下貫呢？宗義以爲人之道德之於天道之運行，其透過天道「元、亨、利、貞」的流行，即一氣陽動陰靜的「於穆」與「化育」作用，除了具體表現爲喜怒哀樂等情感之外，更重要的體現出「仁義禮智」的道德屬性，如此，即將仁義禮智的道德成份下貫於人身上，使之具有道德意識。

因此，綜合上述可知，一氣之流行，在宇宙生成上表現爲春夏秋冬四種季節，溫涼寒暑四種氣候等自然界運行的秩序，其在人情上則具體呈現爲喜怒哀樂之情，以及在人倫上則又表現爲仁義禮智之性，發用爲惻隱、羞惡、辭讓、是非等倫理道德。所以，就理論上言之，本體之氣除了具體化生宇宙萬物，使其各具萬物之理外，更可依內在「氣之理」的發用於形質之人身上，使之具備道德觀念。換言之，「夫道一而已，修於身則爲道德，形於言則爲藝文，見於用則爲事功名節。豈若九流百家，人自爲家，莫適相通乎？」〔註324〕即說明「理」雖可流轉爲萬事萬物之理則，但其本質上仍是以一「氣」爲其本體，故此氣可流轉爲藝文、事功名節，當然亦可爲道德之表現。據此，本於一氣的天道，透過氣之「元亨利貞」具體落實爲現實社會的一切價值規範，尤其是在人倫上的「仁義禮智」觀念，正是傳統儒學的發展，即所謂「道德價值賦予」。故在道德價值賦予的「性與天道」模式下，〔註325〕宗義有云：

仁者天之主意，待人而凝，理不離氣也。〔註326〕

宗義此言乃是針對孟子「仁也者，人也。合而言之，道也。」〔註327〕的註解。然而，筆者以爲可從兩方面來分論。第一，就理氣是一的立場來討論，朱子在《四書集注》以爲：「仁者，人之所以爲人之理也。然仁，理也；人，物也。

〔註324〕（明）黃宗義：《南雷文定》三集，卷一，〈餘姚縣重修儒學記〉（《黃宗義全集》增訂版），冊十，頁134。

〔註325〕楊慧傑先生認爲「性與天道」代表孔子自證自驗的境界，在自證自驗中，「天道」完全在個體的生命中呈現，於是性與道合一，天人不二。因此，孔子「性與天道」遂爲後世儒學開出一條道德形上學的思路。（《天人關係論》，臺北：水牛圖書出版事業有限公司，1994年8月31日再版2刷，頁61～65。）

〔註326〕（明）黃宗義：《孟子師說》，卷七，〈仁也者，人也章〉（《黃宗義全集》增訂版），冊一，頁161。

〔註327〕（漢）趙岐注、（宋）孫奭疏：《孟子注疏》，卷第十四上，〈盡心下〉（《十三經注疏》），頁9上。

以仁之理，合於人之身而言之，乃所謂道者也。」〔註328〕即明確以仁爲理，而人爲氣質之形物，故以氣質之人實踐仁，就是所謂的道。此即朱子理氣二分的主張，以人在行仁之前，道德之仁自有道德之理，氣質之人亦自爲氣質之氣，理氣二者各自獨立且互不作用。然而宗羲依其自身理氣是一，以及氣能上下相通貫之主張，認爲道德之仁就存於具體形質之人身上，形質之人自然可以實踐內在本具之道德；相對而言，道德之仁亦必須藉由具體形質之人才得以體現；因此，人是唯一能具體落實各種道德性的主體，即所謂「理不可見，見之於氣」〔註329〕的理不離氣之表現。

　　不過，筆者以爲此處尚有一觀點須特別注意，就是若以「理不離氣」的理路來推論宗羲理氣是一之說，在邏輯上並不完整，因爲此處理不離氣，是指道德之理須透過形質之人才得以體顯，其論與朱子認爲形質之人實踐道德之理的結果才謂之道，實際上並無差異，皆是以氣體現理的存在，即理不離氣的表現，完全無法得知宗羲與朱子理氣論上的相異處。因此，宗羲學說的理論重心應在「仁者天之主意，待人而凝」二句話上，宗羲認爲道德之理雖由天而生，但並不表示道德之理的仁可以獨立爲一物的存在，而是須待本體之氣凝爲形質之人後，此道德之理同時由形上本體之氣下貫於形質之人身上，使形質之人同時擁有道德屬性，如此才是道德與人的結合，即「理氣是一」的表現。

　　第二，再就道德的立場來討論。宗羲認爲「仁者天之主意」，即明確表示天具有道德意識，使天成爲仁性的最根本之本源處。詳言之，宗羲本體之氣，自有其主宰義與生成義之外，並吸收傳統儒學「道德價值賦予」的方法，使本體之氣轉化而具有道德意義，即將自然的天，完全消融於道德體系之中，其步驟是先將形上本體之天「道德化」，再由此道德化的天以「鳶飛戾天，魚躍于淵」的作用體顯天之道德，使之隨氣化流行而下貫並落實於人之道上。因此，具體來說，人之出生雖一無所知、一無所能，但卻保有天賦的「良能」、「良知」的道德成分，即孟子所言：「親親，仁也；敬長，義也。無他，達之天下也。」〔註330〕之意，表明人之所以有仁、義等道德善性，其實是與生俱

〔註328〕（宋）朱熹：《孟子集註》，卷七，〈盡心下〉（《四書集注》，臺北：世界書局，1967 年 11 月 12 版），頁 208。（以下簡稱《四書集注》）
〔註329〕（明）黃宗羲：《孟子師説》，卷二，〈浩然章〉（《黃宗羲全集》增訂版），冊一，頁 60。
〔註330〕（漢）趙岐注、（宋）孫奭疏：《孟子注疏》，卷第十三上，〈盡心上〉（《十三

來，由自然天轉化而成的道德天，成為所有道德本性的根源處。故宗羲直云：
「凡人氣聚成形，無一物帶來，而愛親敬長，最初只有這些子。後來盛德大
業，皆原于此。」〔註331〕明確以人氣聚成形後，其內在氣之理同時具有愛親
敬長的道德屬性，即形質之人與道德價值二者合一。因此，簡單來說就是傳
統儒學的「道德價值賦予」，使本體之氣與道德精神同化，故此時本體之氣除
了能為宇宙生化的主體外，更是兼具形上道德價值，所以宗羲的氣化世界必
定是天人合德的和諧世界。

　　然而，宗羲此處所主張的理氣之道德觀，並非一時一隅一己之論，而是
傳統儒學思想的延伸。張岱年先生有云：

> 天人相通的學說，認為天之根本性德，即含於人之心性之中；天道
> 與人道，實一以貫之。宇宙本根，乃人倫道德之根源；人倫道德，
> 乃宇宙本根之流行發現。本根有道德的意義，而道德亦有宇宙的意
> 義。人之所以異於禽獸，即在人之心性與天相通。人是稟受天之性
> 德以為其根本性德的。此種天人相通的見解之最初倡導者，是孟子。
> 孟子說：「盡其心者，知其性也；知其性，則知天矣。」性在於心，
> 盡其心則能知性；人之性乃受於天者，實亦即天之本質，故知性則
> 亦知天。天性一貫，性不外心。〔註332〕

由此可知，宗羲的理氣論之所以具道德意識，可謂是傳統儒學「天命之謂性」
〔註333〕的再延續，絕非單純唯物的宇宙生成論。其承繼了孔、孟「性與天道」
合的道德觀，以本體之天乃人倫道德之根源。故就「氣」的立場而言，人為
氣凝結而形具，形具之後則形上道德本體隨之賦予仁義禮智等道德成分，使
人成為天地中唯一的道德實踐者，而此時的世界亦是倫理化的世界。換言之，

經注疏》)，頁9下。

〔註331〕（明）黃宗羲：《宋元學案》，卷十五，〈伊川學案上〉，「正公程伊川先生頤」
　　　　語錄案語（《黃宗羲全集》增訂版），冊三，頁744。

〔註332〕張岱年：《中國哲學大綱》（臺北：藍燈文化事業股份有限公司，1992年4月
　　　　出版），頁233。

〔註333〕朱子對《中庸》：「天命之謂性」。其注云：「命，猶令也。性，理也。天以陰
　　　　陽五行化生萬物，氣以成形，而理亦賦焉，猶命令也。於是人物之生，因各
　　　　得其所賦之理，以為健順五常之德，所謂性也。」（朱熹：《中庸章句》。《四
　　　　書集注》，頁1。）此論正凸顯出朱子的思想理論架構，其實仍是在傳統儒學
　　　　道德價值賦予的範圍內，認為人物之生，上天自然賦予其倫常之德，即是承
　　　　認「天」具有形上道德本體義，亦間接證明宋代理學仍是傳承了儒家道德化
　　　　的思想體系。

天是道德的形上本體，人的道德倫常即是道德形上本體的發用，故此「天賦」
在人爲善性，在物爲物理，在事爲節義，皆是一氣道德化的呈現。因此，此
道德天賦的觀念自然也存在於劉宗周思想之中，其云：

> 盈天地間，一氣而已矣，氣聚而有形，形載而有質，質具而有體，
> 體列而有官，官呈而性著焉，於是有仁義禮智之名。仁非他也，即
> 惻隱之心是；義非他也，即羞惡之心是；禮非他也，即辭讓之心是；
> 智非他也，即是非之心是也。是孟子明以心言性也。……至《中庸》
> 則直以喜怒哀樂逗出中和之名，言天命之性即此而在也，此非有異
> 指也。惻隱之心，喜之變也；羞惡之心，怒之變也，辭讓之心，樂
> 之變也；是非之心，哀之變也。是子思子又明以心之氣言性也。……
> 故將自其分者而觀之，燦然四端，物物一太極；又將自其合者而觀
> 之，渾然一理，統體一太極。〔註334〕

劉宗周明確指出，盈天地間只有一氣，其氣透過理一分殊的形式，使形上太
極之理散於萬殊形氣之中，使形質之人必內含太極天賦的四端之心即仁義禮
智之道德成分，而形質之人再依內在氣之理的作用，則又發用爲喜怒哀樂之
情。故仁義禮智與喜怒哀樂雖居不同層次，其本質上皆是依循形上道德本體
的作用而來。因此，無論是仁義禮智的道德表現或喜怒哀樂的中和發用，其
實是符合道德本體形上的規律，正是儒學道德化的表現。所以，綜合前述來
分析，儒學從先秦的孔、孟，與秦、漢之際的《中庸》等，一路到宋明朱子、
劉宗周以及宗羲，皆凸顯出一共同性，即形上之本體者除了具有主宰生化的
能力外，更重要的是將此形上本體消融於儒家道德體系中，使之具有道德本
性而成爲一切道德論的根據。故宗羲據此又云：

> 太虛之中，昆侖旁薄，四時不忒，萬物發生，無非實理，此天道之
> 誠也。人稟是氣以生，原具此實理，有所虧欠，便是不誠，而乾坤
> 毀矣。……善即是誠，明善所以明其誠者耳。吾之喜怒哀樂，即天
> 之風雨露雷也。天下無無喜怒哀樂之人，一氣之鼓盪，豈有不動？
> 苟虧欠是理，則與天地不相似，是氣不相貫通，如何能動？〔註335〕

宗羲此處明顯可知從「氣本一」的立場言天道之誠。宗羲認爲人稟氣以生，故

〔註334〕（明）劉宗周：《原旨・原性》（《劉宗周全集》），冊二，頁328。
〔註335〕（明）黃宗羲：《孟子師説》，卷四，〈居下位章〉（《黃宗羲全集》增訂版），
　　　　冊一，頁94。

必具此「天道之誠」之理，若無此理，則「天地不相似，是氣不相通」，而此論正是再次重申前敘宗羲的兩點思想主張。第一，在氣一元論的立場下，形上下之間的「氣」及其「氣之理」無不通貫，但若形下之氣質虧欠此分散的本體之理，則將造成邏輯上的矛盾，即氣化感應而生萬物，但萬物內在卻無萬物之理，故萬物將淪為「死物」，如此理氣二分，勢必造成天地乾坤毀即氣不相貫通的結果。第二，再就道德立場而言，人之道德意識皆源自於天道，天道本身即以「氣」為本質，而此「氣」不僅能主宰生化作用，更是人倫道德的本根。因此，人雖稟氣以生，但若缺少了「天道之誠」的道德之理，則人將不具道德義。此時形氣之人在理論上不僅淪為理氣二分下的「死物」，在道德上亦將與禽獸同層。而此論正是回歸傳統儒家孟子的思想主張。孟子有云：

> 人之所以異於禽獸者，幾希。庶民去之，君子存之。舜明於庶物、
> 察於人倫，由仁義行，非行仁義也。〔註336〕

宗羲對於孟子此論為之注云：

> 天以氣化流行而生人物，純是一團和氣。人物稟之即為知覺，知覺
> 之精者靈明而為人，知覺之麤者昏濁而為物。人之靈明，惻隱羞惡
> 辭讓是非，合下具足，不囿於形氣之內；禽獸之昏濁，所知所覺，
> 不出於飲食牡牝之間，為形氣所錮，原是截然分別。……天地之大，
> 不在昆侖旁薄，而在葭灰之微陽；人道之大，不在經綸參贊，而在
> 空際之虛明。其為幾希者此也。〔註337〕

孟子非常明確指出人與禽獸其實相類似，唯一的區別在於人能「由仁義行」，即人能順道德本體所賦予的仁義之理行事。簡言之，人與禽獸的差別，僅在於人具有「仁義禮智」的道德成分，而禽獸卻無此成分，故人與禽獸即以此為分水嶺。因此，宗羲承繼了孟子的道德觀，與自身氣一元論結合，主張氣化流行而生人，而人的本質之中當下就有惻隱羞惡辭讓是非道德本性，是「合下具足」。宗羲所謂「合下具足」之意，就「氣」上言，即形氣與內在氣之理的理氣合一；就「道德」上言，即道德實踐者內含道德本性，亦是理氣合一在道德上的表現。所以，宗羲對此相對於形上本體之「理」的定義，除了理

〔註336〕（漢）趙岐注，（宋）孫奭疏：《孟子注疏》，卷第八上，〈離婁下〉（《十三經注疏》），頁10上。

〔註337〕（明）黃宗羲：《孟子師說》，卷四，〈人之所以異章〉（《黃宗羲全集》增訂版），冊一，頁111。

氣論上的「天地之間，只有氣，更無理。所謂理者，以氣自有條理，故立此名耳。」〔註338〕的理只是氣之理，爲氣之屬性外，更藉由天道賦予其道德價值。其云：

> 夫所謂理者，仁義禮智是也。禽獸何嘗有是？……理者，純粹至善者也，安得有偏全！……禽獸所稟者，是無理之氣，非無理也，其不得與人同者，正是天之理也。〔註339〕

宗羲此處明確指出「理」的內涵就是「仁義禮智」之道德，其存於人身上，透過人的實踐，使人類社會表現爲道德化的世界，而此成爲人與禽獸區別的所在。不過此處須特別注意一點，宗羲直言此「理」爲純粹至善，是針對「人」而言，因爲人與禽獸雖同一氣所生，但禽獸所稟者爲「無理之氣，非無理也」，彷彿與宗羲自身「理在氣中」的思想理路衝突，其實不然，此處「無理之氣」並非主張理氣二分，而是指禽獸仍是稟氣而生，只是其中的「氣之理」並不具道德屬性。換言之，禽獸雖稟氣以成形，但其所依循的內在氣之理並無道德成分，但此並不礙其仍保有禽獸之所以爲禽獸的氣之理，故又「非無理也」。由此可知，宗羲認爲形上本體能賦予人道德本性，即表示天道是永恆普遍性的存在於人身上，所以宗羲又云：

> 綱常倫物之則，世人以此爲天地萬物公共之理，用之範圍世教，故曰命也。……孟子言此理是人所固有，指出性眞，不向天地萬物上求，故不謂之命也。〔註340〕

宗羲承繼了儒家所謂「道德價值賦予」的精神，認爲形上本體者爲具永恆普遍性的道德本根，故此天道本體即是「理一」，在氣化流行之中，天道本體存在於氣所凝成的具體而眞實形氣之人中，此即天道本體之「分殊」呈現。故此下貫的天道本體分殊之理是唯有人所固有，是形上本體直接將「道德」下貫賦予人身上，並非命中注定有、無道德的機率問題。故此處宗羲明確指出綱常倫物之則，雖是世人所遵守的天地萬物公共之理，但此公共之理其實即人自身所具天理在人事社會的呈現，即此理存於人身上，不必外求。

〔註338〕（明）黃宗羲：《明儒學案》，卷五十，〈諸儒學案中四〉，「肅敏王浚川先生廷相」（《黃宗羲全集》增訂版），冊八，頁487。

〔註339〕（明）黃宗羲：《孟子師說》，卷六，〈食色性也章〉（《黃宗羲全集》增訂版），冊一，頁135。

〔註340〕（明）黃宗羲：《孟子師說》，卷七，〈口之於味章〉（《黃宗羲全集》增訂版），冊一，頁161。

　　綜合來看，宗羲所主張的氣本體之論，除了理氣論上所謂的主宰及生成義外，其更承繼了自孔孟以來儒家道德化的精神，使本體之氣成為一切倫理道德的本根。換言之，即提供了倫常社會所依循的理論根據。不僅如此，此形上道德本體者，還能透過理一分殊的模式，將本體天理下貫於人身上而具道德天理，使人成為宇宙天地中唯一的道德實踐者。因此，人之所以能夠為人，以理氣生成論的角度言之，就是人有所以為人的氣之理。但是此所以為人的氣之理內容究竟為何呢？宗羲明確表示「理者，仁義禮智是也。」所以人之能夠成為人而異於禽獸，就在此「仁義禮智」的道德本性上。不過此仁義禮智又從何而來？其實是來自形上道德本體的下貫。又此形上本體者為何具有道德屬性呢？簡單來說，就是「道德價值賦予」於形上本體者，使之成為一切道德之本根。因此，筆者以為要成為「人」，其「完整」的條件是在於形上本體氣凝成形質之人後，當下還必須同時賦予其道德本性，使之成為能實踐道德者，如此才可謂之「人」。故宗羲據此直云：「父母全而生之，原不僅在形體。聞道，則可以全歸矣。」〔註341〕明確表示人是形氣與道德的結合者，即天地間唯一的道德實踐者，所以牟宗三先生雖不論及「氣」，但其亦肯定人「如果真要相應道德本性而自覺地作道德實踐，則必須承認有一個『自發自律自定方向而非在官覺感性中受制約』的超越的道德本心而後可。」〔註342〕即仍是主張人有主動實踐道德的自律自覺。而宗羲即將此道德實踐義轉化與氣融合，使氣具道德屬性並直接賦予人身上，其實就是理氣是一在道德上的表現，而道德上理氣是一的推論又為何呢？接著由下節討論。

二、由「理氣是一」到仁義禮智

　　經由上章節的推論可知，宗羲的道德價值賦予，是形上形下兼備，即形上本體為一切道德本根，透過理一分殊的模式，將形上道德成分下貫至形下氣質之人身上，使人成為形氣與道德之理的結合。而此推論明確是立足於理氣是一之上。因此，筆者以為如同推論宗羲的理氣是一觀，亦可從形上及形下兩方面來分論其理氣下的道德觀。故此處先就形上本體層來討論。宗羲有云：

〔註341〕（明）黃宗羲：《宋元學案》，卷十三，〈明道學案上〉，「純公程明道先生顥」語錄案語（《黃宗羲全集》增訂版），冊三，頁679。
〔註342〕牟宗三：《心體與性體》，冊三，第四章，〈中和新說後關于「仁說」之論辨〉，頁337。

仁、義、禮、智、樂，俱是虛名。人生墮地，只有父母兄弟，此一
段不可解之情，與生俱來，此之謂實，於是而始有仁義之名。「知斯
二者而弗去」，〔註343〕所謂知及仁守實有諸己，於是而始有智之名。
當其事親從兄之際，自有條理委曲，見之行事之實，於是而始有禮
之名。不待於勉強作爲，如此而安，不如此則不安，於是而始有樂
之名。……蓋赤子之心，見父自然知愛，見兄自然知敬，此是天理
源頭，何消去存天理而後發之爲事父乎！……先儒往往倒說了，理
氣所以爲二也。〔註344〕

宗羲曾言：「大虛之中，昆侖旁薄，四時不忒，萬物發生，無非實理，此天道
之誠也。人稟是氣以生，原具此實理。」〔註345〕又「夫所謂理者，仁義禮智
是也。……理者，純粹至善者也，安得有偏全！」〔註346〕即表示形上本體之
氣的內在氣之理，是純粹至善的道德之理，因此人稟氣以生，此道德之理亦
必隨之賦予。換言上，形上本體之氣即同時成爲一切道德的本根。故從形上
本體層言，人生而墮地，而同時間人之所以有仁義禮智等道德之性，其實是
「與生俱來」。而此「與生俱來」四字，正是凸顯理氣是一的表現。因爲就形
上本體層的生成義言之，形上氣本體能依內在形上氣之理而氣化流行凝成形
質之人，是生化上的理氣是一；若就形上本體層的道德義言之，形上氣本體
即爲道德本體，自能將道德成分下貫至形質之人，使之「與生俱來」就有道
德本性，此正是理氣是一在道德上的呈現。所以，宗羲直言赤子見父兄自然
知愛敬，此是天理源頭，即說明了道德本性來自形上道德本體，故形上本體
之氣除了是氣化流行的本源之外，亦是一切道德本根。反之，若以天理須求
之於外，並非形上本體氣所賦予，則將是分理氣爲二之論，因此宗羲直言此
是「先儒往往倒說了」。不過，藉此正好再次反顯形上本體其實即道德本體，
故能下達至形氣之人而使之有道德屬性。換言之，此爲理氣是一到仁義禮智

〔註343〕孟子曰：「仁之實，事親是也。義之實，從兄是也。智之實，知斯二者弗去是
也。禮之實，節文斯二者是也。樂之實，樂斯二者。」（《孟子注疏》，卷第
七下，離婁上《十三經注疏》，頁12上。）
〔註344〕（明）黃宗羲：《孟子師說》，卷四，〈仁之實章〉（《黃宗羲全集》增訂版），
冊一，頁101。
〔註345〕（明）黃宗羲：《孟子師說》，卷四，〈居下位章〉（《黃宗羲全集》增訂版），
冊一，頁94。
〔註346〕（明）黃宗羲：《孟子師說》，卷六，〈食色性章〉（《黃宗羲全集》增訂版），
冊一，頁135。

的表現。

　　綜合來看，宗羲理氣是一的道德論，是明確以形上本體氣具道德本體之作用，其形上本體的氣之理亦明確賦予其「純粹至善者也」、「仁義禮智是也」的道德內涵。故可以說宗羲的道德本體與其道德精神，在形上層亦是理氣是一的表現。

　　接著，再就形下發用層討論理氣是一。宗羲有云：

> 其實孟子之言，明白顯易，因惻隱、羞惡、恭敬、是非之發，而名之爲仁義禮智，離情無以見性，仁義禮智是從起之名，故曰仁義禮智根於心。若惻隱、羞惡、恭敬、是非之先，另有源頭爲仁義禮智，則當云心根於仁義禮智矣。是故「性情」二字，分析不得，此理氣合一之說也。〔註347〕

宗羲明確指出，人內在已有天理下貫的仁義禮智之本性，其發用則爲惻隱、羞惡、恭敬、是非之情。不過，無論是單純言「性」或單純言「情」，其實二者皆存在於唯一道德實踐者「人」的身上。故就形下發用層言之，氣質之人具有道德本性，其實就是理氣是一在形下層的作用。詳言之，氣質之人由形上本體氣依所以爲人的氣之理以生成，是形下生成義上的理氣是一。而此氣質之人又稟具形上道德本體所賦予的道德成分，使氣質之人又具德道本性，則又是形下道德義的理氣是一。

　　因此，綜合前述可以得到一個結論，就是理氣二者在宇宙生成論上，無論是形上本體層或形下氣質層皆爲「理氣是一」的呈現。而此「理氣是一」的主張，亦同時表現在形上道德本體及形下道德本性之中，即形上本體之氣具道德之理，成爲一切道德的本根並轉化成爲道德本體，是形上道德層的理氣是一；又形下氣質之人內存道德本體所賦予的天理本性，而成爲形質與道德的結合者，此又是形下道德層的理氣是一。亦是道德論上的道德價值賦予的根據。

　　但是，宗羲主張道德論上的理氣是一，其目的又爲何呢？筆者以爲可從兩方面來討論。第一，從理論發展的方向來看，宗羲本身主張理氣是一，以氣爲首出，派生一切宇宙萬物，並透過此氣貫通形上下之間，是形上形下兼備，其彌補了自朱子以來理氣論缺少形上氣的缺失，進而完整了理氣關係。

〔註347〕（明）黃宗羲：《孟子師說》，卷六，〈公都子問性章〉（《黃宗羲全集》增訂版），冊一，頁136。

但此理氣之論並非單純的唯物理氣觀，而是藉由傳統儒家的道德價值賦予，使理氣是一的主張，除了「貫穿」〔註348〕元氣形氣之外，亦「貫穿」了道德本體與實踐者之間，即理氣是一之論由理論層面自然發展到倫常日用之中。

第二，根據上述第一點的推論，可以得知既然理氣是一是能貫穿道德本體與實踐者之間，則身為世上唯一道德實踐者的「人」，豈能不依「內在所以實踐道德的氣之理」去實踐道德仁義。故宗羲將理氣是一落實在道德上，即是明確指出人有自我實踐道德的能力。換言之，此種能力來自超越的形上本體，形上本體不僅是道德生生不息的創造者，亦是形下氣質之人實踐道德的動力根源。故宗羲透過前述「仁義禮智樂，俱是虛名。人生墮地，只有父母兄弟，此一段不可解之情，與生俱來，此之謂實。」對「實」字的註說，說明了道德實踐，當下即是，不須外求，其云：

> 此「實」字乃虛實之實，非華實也。蓋仁義是虛，事親從兄是實，仁義不可見，事親從兄始可見。孟子言此，則仁義始有著落，不墮於恍惚想像耳，正恐求仁義者，無從下手，驗之當下即是，未有明切於此者也。〔註349〕

宗羲此處明確指出道德本性是天理直接賦予人身上，故道德本性的落實，在於人當下實踐道德即可達到，故道德本性不可見，必透過道德實踐才可見其本性，此論完全符合宗羲「理不可見，見之於氣」的主張。即離開形下具體的發用，則無從見形上本體之理。因此，宗羲將理氣之論與傳統儒家的道德觀結合，並據此提出人絕對可以實踐道德的理論根據，而進一步修朱子理氣二分的情悅，其云：

> 「其為氣也」兩段，後段釋所以塞於天地之故，言此氣自能有條理

〔註348〕王俊彥先生對理氣上的「貫穿」之義，有明確的分解，其云：「『貫穿』既屬於凝結，也屬於回歸的觀念。或者說凝結和回歸共通的特質就是貫穿，而貫穿所以可能是因本質相同。元氣形氣彼此能穿透，是因為藉由陰陽不得離之神用，穿透於彼此間。如此可打破形上下內外有無的分別，而只是一個無限時空的氣。氣會凝結成無限多有限之形器，而形器和元氣之本質仍然是一。」（《王廷相與明代氣學》，第三章，〈元氣無息論〉，頁43。）此處藉由「貫穿」的觀念，用以凸顯在形上道德本體與形下氣質實踐者之所以內含道德成分，其實是透過「理氣是一」的架構，由本體之氣將道德的氣之理「貫穿」形上下之間，使其亦達到道德上的理氣是一。

〔註349〕（明）黃宗羲：《孟子師說》，卷四，〈仁之實章〉（《黃宗羲全集》增訂版），冊一，頁102。

而不橫溢，謂之「道義」，流行之中有主宰也。若無此主宰，便不流
行，則餒而不與天地相似，豈能充塞哉！石渠言：「若無義、道，雖
欲行之而氣自餒矣」，是也。集註以「無是」之「是」，指氣而言，
若無此氣，則其一時所爲，雖未必不出於道義，然其體有所不充，
則亦不免於疑懼，而不足以有爲矣。如是，則道義是道義，氣是氣，
終成兩樣，朱子所以認理氣爲二也。〔註350〕

此處由邏輯的角度來分析道德論上的理氣是一，宗羲曾明白指出「天地之間，
只有氣，更無理。所謂理者，以氣自有條理。」〔註351〕又「所謂理者，氣之
流行而不失其則者也。」〔註352〕此即是主張「理在氣中」的理氣是一之論，
以理爲氣之屬性。不過，宗羲此處卻又云：「氣自能有條理而不橫溢，謂之道
義」，即是以道義爲氣之條理。因此，採用「比對」的方式來推論，可以明確
得知宗羲所謂的「理」是「氣自有條理」且「流行不失其則」者，而所謂的
「道義」則又是「氣自能有條理而不橫溢」者，如此比對則可知宗羲的「理」
與「道義」二者之內涵完全相同，即表示「理」與「道義」二者等同。所以，
在理只是氣之理的條件下，道義亦自然只是氣之道義。因此，理在氣中的理
氣是一表現，亦即是道德屬性存在於本體氣中的理氣是一觀。所以在宇宙生
成論上，宗羲的理氣是一主張是一種普遍性原則，相對而言，道義與氣的圓
融結合亦是一普遍性法則。如此，不僅證明了宗羲「理氣是一」論之架構，
完全適用於道德與氣之結合，並提供了道德本體的理論根據外，更是藉此以
修正朱子道德上的理氣二分之說。朱子此處對孟子浩然之氣中「其爲氣也，
配義與道；無是，餒也。」〔註353〕其注云：

餒，飢乏而氣不充體也。言人能養成此氣，則其氣合乎道義而爲之
助，使其行之勇決無所疑憚。若無此氣，則其一時所爲，雖未必不
出於道義，然其體有所不充，則亦不免於疑懼，而不足以有爲矣。

〔註350〕　（明）黃宗羲：《孟子師說》，卷二，〈浩然章〉（《黃宗羲全集》增訂版），冊
　　　　　一，頁62。
〔註351〕　（明）黃宗羲：《明儒學案》，卷五十，〈諸儒學案中四〉，「肅敏王浚川先生廷
　　　　　相」（《黃宗羲全集》增訂版），冊八，頁487。
〔註352〕　（明）黃宗羲：《明儒學案》，卷二十二，〈江右王門學案七〉，「憲使胡廬山先
　　　　　生直」（《黃宗羲全集》增訂版），冊七，頁593。
〔註353〕　（漢）趙岐注、（宋）孫奭疏：《孟子注疏》，卷第三上，公孫丑章句上（《十
　　　　　三經注疏》），頁9上。

〔註354〕

朱子認爲道義因爲有氣而充體，所以其行之勇決無所疑憚。不過日常言行中，卻有出於道義而無氣之充體的情況，此雖能無愧怍於心，但畢竟不能免於疑憚而有所作爲。故朱子主張本體之氣與道義之理須兩相配合，使道義之理自然存於氣中，使氣之所發皆道義之理；即道義得氣而彰顯，氣因道義而盛大。然而朱子此論頗類似宗羲「理不可見，見之於氣」的主張；不過探究其中，則可發現朱子與宗羲有根本上的差異，即朱子主張道義須配合氣以行，表面上彷彿是「理氣是一」的表現，事實上卻非如此，因爲若確實爲理氣是一表現的話，則朱子何須言道義無此氣則「飢乏而氣不充體也」，反而凸顯出道義自是道義，氣自是氣，二者終爲兩物，因此才需要「配合」以行。所以朱子對於自身理氣雖二分，卻又必須合一而行，其云：

> 所謂理與氣，此決是二物，但在物上看，則二物渾淪，不可分開，
> 各在一處，然不害二物之各爲一物也。若在理上看，則雖未有物，
> 而已有物之理，然亦但有其理而已，未嘗實有是物也。〔註355〕

朱子明白指出，在流行生化完成上說理氣，二者是渾淪而不可分開，但理畢竟在氣先爲第一義的本體，是絕爲二物的存在。由此可知，朱子雖承繼傳統儒家的道德觀，主張道義之理與氣是渾淪不可分的合一，但其本源處卻是依理氣二分言道義之理與氣之關係。因此，在理氣二分之下，道義之理與氣必然產生分離的情形，於是有可能造成氣化流行於人倫世界而有無道義之理的情況，即朱子所自云：

> 氣雖是理之所生，然既生出，則理管他不得。如這理寓於氣了，日
> 用間運用都由這箇氣，只是氣強理弱。〔註356〕

朱子表示本體之理只是指導氣化生成的形上原則，其本身並不是形下氣化流行的本體，故一旦氣經由本體之理指導而爲日用倫常之後，本體之理隨即退位而不顯於外，即「氣強理弱」的情況，此將造成形下之氣質有偏失下落的危險。因此，就道德層面來看，朱子的本體之理在完成氣化流行之後，便管不住氣；如此本體之理不但不能成爲形上的道德本體，而且形下氣質之人在「理管不住氣」的情形下，無形的道德之理將無法控制等同的形質之人，故

〔註354〕 （宋）朱熹：《孟子集註》，卷二，〈公孫丑上〉，（《四書集注》），頁39。
〔註355〕 （宋）朱熹：《朱子文集》，卷第四十六，〈答劉叔文一〉，冊五，頁2095。
〔註356〕 （宋）黎靖德編：《朱子語類》，卷第四，〈性理一〉，冊一，頁71。

形質之人則自然無實踐道德的必然性。所以朱子理氣二分、「氣強理弱」之論，完全凸顯出朱子本身理論的缺失，將造成形上道德本體無法指導氣質之人實踐道德的主宰能力。

　　因此，宗羲認為「朱子所以認理氣為二」，使道義為道義，氣是氣，只有在氣化運行時才「配義與道」，即透過外求道義的方式，才能完成所謂的道德實踐。此論反而不如宗羲由「理氣是一」推展到仁義體智的實踐道德路徑，即形上本體之氣就是形上道義之理，其發用為形下氣質之人亦就是同時成就一道德實踐者。故無論形上或形下皆是道德觀的理氣是一；簡言之，朱子的理氣二分道德觀，是不如宗羲理氣是一，以本體之氣本具道德屬性來得純粹。故宗羲又云：

> 朱子云：「配義與道，只是說氣會來助道義，若輕易開口，胡使性氣，卻只助得客氣，人纔養得純粹，便助從道義好處去。」義以為養得純粹，便是道義，何消更說助道義。朱子主張理氣為二，所以纍說有了道義，又要氣來幫貼，方行得去，與孔子「有能一日用其力於仁矣乎，吾未見力不足者」之言，似有逕庭。
>
> 朱子云：「氣只是身中底氣，道義是眾人公共底。天地浩然之氣，到人得之，便自有不全了，所以須著將道理，養到浩然處。」此言有病。人自有生以後，一呼一吸，尚與天通，只為私欲隔礙，全不成天地之氣耳，豈有到人身上，便自不全？〔註357〕

宗羲此處對朱子理氣二分所造成道德與氣的分裂，仍如同前述一般，對其提出了修正。不過，宗羲此處則是從形上本體及形下氣質兩層面作一完整的討論。

　　第一，先就形上本體來分析：朱子的理論之中，只有形上本體之理，而氣只是形而下者，故此形而下之氣在理氣二分的「理管不住氣」之情形下，雖偶而會有助道義的時候，但卻因缺乏道德本體的支持，故易胡使性氣，反而只助得那客感客形的「客氣」。因此，宗羲引用孔子「有能一日用其力於仁矣乎，吾未見力不足者」之言，而認為道義就在本體之中，不須外求，直言形氣之人只須本體養得純粹，便是道義，即理氣是一的表現。換言之，宗羲此處從本體層面修正朱子有了道義，卻又要氣來幫忙，方得以行的缺失，進

〔註357〕　（明）黃宗羲：《孟子師說》，卷二，〈浩然章〉（《黃宗羲全集》增訂版），冊一，頁65。

而主張形上本體即道德本體，是理氣是一的道德本體論。

　　第二，再由形下氣質層來分析：朱子認爲「天地浩然之氣，到人得之，便自有不全了。」因爲朱子主張「理生氣」之說，以本體之理生形氣之人後，本體之理則退位不顯，自然造成「氣強理弱」而導致形氣之人有缺乏「本體之理」的可能性。因此，宗羲主張形而下層其實亦是理氣是一的狀態，故本體之氣生成的形質之人內在即存有形上道德本體下貫的道德之理，使形質之人成爲道德與氣質「完整」結合的唯一道德實踐者，當然無有天地之氣下貫於人而產生「不全」的疑問。所以宗羲主張形質之人即是道德之理與形氣的合一，是不受私欲阻礙其道德之理的存在，此仍是理氣是一在形下層的體顯。因此筆者以爲藉由形上形下兩方面的分析，可以得到一明確的結論，即宗羲所云：

> 人身雖一氣之流行，流行之中，必有主宰。主宰不在流行之外，即流行之有條理者。……養氣者使主宰常存，則血氣化爲義理；失其主宰，則義理化爲血氣，所差在毫釐之間。〔註358〕

宗羲明確指出血氣能化爲義理，在於血氣能順其內在所以爲義理的條理而運作；相對而言，義理化爲血氣，則是因血氣不復依其內在條理運作以行。然而造成此種差異的根本之因爲何呢？宗羲認爲在於理氣二分造成血氣與義理的分離，而產生了血氣「失其主宰」的偏失，使義理無法正常指導血氣的運行。因此宗羲直言：「形色，氣也；天性，理也。有耳便自能聰，有目便自能明，口與鼻莫不皆然，理氣合一也。」〔註359〕故依此理氣是一的思路推論，則可得知「有人便自能道德實踐」。簡言之，透過本體之氣的貫穿，使儒家的道德仁義如同理氣論的生成模式，將形上道德成分下貫至形下氣質之人，而達到異質層及同質層的合一，即以圓融的方式主張「有人便自能道德實踐」之論。

　　綜合來看，朱子曾自言：「有得木氣重者，則惻隱之心常多，而羞惡、辭遜、是非之心爲其所塞而不發；有得金氣重者，則羞惡之心常多，而惻隱、辭遜、是非之心爲其所塞而不發。水火亦然。唯陰陽合德，五性全備，然後

〔註358〕（明）黃宗羲：《孟子師說》，卷二，〈浩然章〉（《黃宗羲全集》增訂版），冊一，頁61。

〔註359〕（明）黃宗羲：《孟子師說》，卷七，〈形色章〉（《黃宗羲全集》增訂版），冊一，頁157。

中正而爲聖人也。」〔註360〕即表示朱子之氣本身還是須配合著「仁義禮智」的道德成分，此觀念無非是承繼了儒家傳統道德價值觀。不過，朱子卻受自身理氣二分的限制，造成惻隱、羞惡、辭遜、是非之心「爲所塞而不發」，或受氣稟所「生壞了後，理終是拗不轉來」〔註361〕的情形，即道德上的理管不住氣。於是造成「人」對於道德的實踐與否，淪爲「機率」問題，反而須外求道義而助氣以行。因此，宗羲明確以理氣在形上本體及形下氣質皆合一的立場，提出了兩點修正方法。第一，主張形上本體之氣即道德本體，使之成爲氣化流行的主宰之外，亦同時成爲一切倫理道德的本根。第二，主張形下氣質之「人」本身內在即存有所以實踐道德的氣之理，使「人」必然擁有實踐道德的能力與任務，是不須外求其他道義來助力。由此可知，宗羲此處修正朱子道德上理氣二分之說，是因其「覺得理氣二元無法圓融的解釋儒學義理」。〔註362〕所以提出理氣是一之論，此論在生化流行上及道德上皆是形上形下兼備，因此宗羲是承繼了傳統儒學道德價值的賦予，以完整的理氣是一觀推展仁義禮智之道德，使道德倫常有了理論根據，並使人成爲世上唯一的道德實踐者。這證明了宗羲的氣一元論，不僅非單純的唯物生成論而已，而是具道德屬性，即「理氣是一」貫穿形上下之間，亦貫穿生成義與道德義之中，是成熟的本體氣論思想。簡言之，宗羲本體氣下儒家的理想人格，即其直言：「『通天地人曰儒』者，必非僥倖富貴之徒也。」〔註363〕

〔註360〕（宋）黎靖德編：《朱子語類》，卷第四，〈性理一〉，冊一，頁74。

〔註361〕朱子曰：「形質也是重。且如水之氣，如何似長江大河，有許多洪流！金之氣，如何似一塊鐵怎地硬！形質也是重。被此生壞了後，理終是拗不轉來。」（（宋）黎靖德編：《朱子語類》，卷第四，〈性理一〉，冊一，頁74。）

〔註362〕陳文章先生認爲宗羲「批評朱子理氣二分之說，而覺得理氣二元無法圓融的解釋儒學義理，所以梨洲進而提出氣一元論，將理氣心性融合爲一，而主張『盈天地間一氣而已』之說。」（《黃宗羲內聖外王思想之研究》，臺灣：睿煜出版社，1998年12月初版，頁69。）

〔註363〕（明）黃宗羲：《南雷文鈔·王君調先生七十壽序》（《黃宗羲全集》增訂版），冊十一，頁23。